新税法下企业财税风险防控与纳税筹划

屠建清◎编著

人民邮电出版社

北京

图书在版编目（CIP）数据

新税法下企业财税风险防控与纳税筹划 / 屠建清编
著. -- 北京：人民邮电出版社，2020.11
ISBN 978-7-115-54914-3

Ⅰ．①新… Ⅱ．①屠… Ⅲ．①企业管理－财务管理－
风险管理－中国②企业管理－税收管理－风险管理－中国
③企业管理－税收筹划－中国 Ⅳ．①F279.23
②F812.423

中国版本图书馆CIP数据核字(2020)第179319号

内 容 提 要

本书根据新财税政策编写，内容包括新税收政策解读与应用、新税收政策应用要点与案例分析、企业所得税新政策解读与应用问答、税务风险与税务风险管控、增值税风险管控、企业所得税风险管控、"营改增"后税务风险把控、税务稽查与风险分析、增值税稽查应对与风险控制、企业利润表项目稽查应对与风险控制、个人所得税稽查应对与风险控制、企业涉税风险自查、企业税务风险分析与化解对策、新税收政策下企业税收风险防范与控制、企业增值税筹划与风险防范、企业所得税筹划与风险防范、企业其他税种筹划、签订合同税务风险防范、企业生产经营税务筹划、企业产权重组税务筹划、企业筹（融）资税务筹划、企业投资税务筹划等。

本书内容丰富，思路清晰，案例典型，适合企业财税人员学习和参考。

♦ 编 著 屠建清
责任编辑 李士振
责任印制 周昇亮

♦ 人民邮电出版社出版发行   北京市丰台区成寿寺路 11 号
邮编 100164   电子邮件 315@ptpress.com.cn
网址 https://www.ptpress.com.cn
北京市艺辉印刷有限公司印刷

♦ 开本：700×1000 1/16
印张：19.5   2020 年 11 月第 1 版
字数：328 千字   2020 年 11 月北京第 1 次印刷

定价：89.80 元

读者服务热线：(010)81055296   印装质量热线：(010)81055316
反盗版热线：(010)81055315
广告经营许可证：京东市监广登字 20170147 号

前言

税收是国家收入的主要来源。

税法是保证国家税收的重要法律依据。

不管是什么企业，只要在工商部门注册成立，就会涉及税务问题。企业在拿到营业执照后，就开始经营，然后进行账务、税务处理。

我们编写本书的目的

税务是一门专业性较强的课程，初学者难免会有不知如何下手的感觉。在纳税实务中，税法的内容并非一成不变，而是动态变化的。随着社会经济的发展和业务的延伸，税法中的税目、税率、税收优惠政策等也在不断更新。

同时，税法的更新也为从事税务工作的人员带来了很多的困惑。本书通过对新税法的解析和案例分析，从多角度阐述新税法下企业税务风险防范与税务筹划的工作重点。我们编写本书的目的如下。

目的1：帮助企业相关人员了解新税法的修订变化情况，特别是"营改增"对增值税、所得税的影响。

目的2：以新税法、新政策为准绳，对新税法下税收政策的变更进行深入解析，以帮助相关人员不断地了解新事物、学习新规定、掌握新方法。

目的3：帮助相关人员深刻理解新税法政策，提高新税法背景下控制企业税务风险的能力。

目的4：帮助相关人员学会税务筹划的方法，从根本上防范税务风险。

阅读本书后，读者能获得的能力

本书旨在使读者在遵守新税法的前提下，学会税务筹划的技巧；通过对增值税、所得税及其他税种的税务筹划，减轻企业税收负担，获取税收利益，降低企业税务风险。通过本书，读者将获得以下能力。

能力1：在学习新税法、新知识时做到融会贯通。新税法是进行纳税工作的重要依据，因此，应掌握新税法修订的内容，掌握不同税种的税务筹划技巧，并做到融会贯通，举一反三。

能力 2：全面掌握税务筹划能力。学会新税法下的税务筹划技巧，对纳税实务中具体业务的处理具有很强的指导意义。

能力 3：迅速提升税务实务能力。本书通过典型、具体的案例分析，再现了纳税实务中的真实情景，有助于读者用实践来验证自己对所学知识的掌握情况，并学以致用，解决工作中令人困扰的现实问题。

能力 4：显著提升会计职业素养。理论与实践相辅相成，用理论知识指导会计实务，通过实务操作加深对理论的理解，可以大大提升会计人员的综合能力和职业素养。

本书的读者对象

本书理论与实践结合，对案例解析透彻，并以新税法为理论依据，使不同的读者在阅读、学习本书时会有不同的收获。

税务人员：对于一个企业来说，纳税处理是税务人员的本职工作，新税法是税务人员必须掌握的新知识。例如，作为企业的税务人员，该了解哪些财税知识才能不为财税问题所累？企业应如何规避纳税风险，正确处理税务问题？税务人员能在本书中找到这些问题的答案。

企业高管：企业高管是一个企业全面的"操盘手"，如果缺乏税务知识，可能会干扰正常的财税工作，导致企业偷税、逃税、漏税行为的发生，甚至被税务机关稽查。通过阅读本书，企业高管可避免上述情况的发生。

企业所有者：如果企业的税务问题得不到解决，企业运营得再好，也可能出现危机。税务问题甚至会让企业难以经营下去。因此，企业所有者必须考虑企业的税务问题。通过本书，企业所有者可以检查本企业的税务情况。

本书通俗易懂，却不乏一定的专业深度。本书通过深入浅出的论述，能让读者掌握税务知识，让外行人成为税务行家，让企业税务人员的技能得到有效提升。

在本书编写过程中，我们参考了相关资料以及相关专家的观点，并加以借鉴，在此谨向这些文献的作者致以诚挚的谢意。

由于编者水平有限，书中难免存在疏漏之处，恳请读者批评指正。

屠建清

2020 年 8 月

目录
CONTENTS

1.1 《财政部 税务总局 海关总署关于深化增值税改革有关政策的公告》政策解读与应用

《财政部 税务总局 海关总署关于深化增值税改革有关政策的公告》（财政部 税务总局 海关总署公告 2019 年第 39 号）解读与应用。

1.1.1 政策要点

（1）增值税一般纳税人（以下称纳税人）发生增值税应税销售行为或者进口货物，原适用 16% 税率的，税率调整为 13%；原适用 10% 税率的，税率调整为 9%。

（2）纳税人购进农产品，原适用 10% 扣除率的，扣除率调整为 9%。纳税人购进用于生产或者委托加工 13% 税率货物的农产品，按照 10% 的扣除率计算进项税额。

（3）原适用 16% 税率且出口退税率为 16% 的出口货物劳务，出口退税率调整为 13%；原适用 10% 税率且出口退税率为 10% 的出口货物、跨境应税行为，出口退税率调整为 9%。

（4）纳税人购进国内旅客运输服务，其进项税额允许从销项税额中抵扣。

① 纳税人未取得增值税专用发票的，暂按照以下规定确定进项税额。

a. 取得增值税电子普通发票的，为发票上注明的税额。

b. 取得注明旅客身份信息的航空运输电子客票行程单的，为按照下列公式计算进项税额。

航空旅客运输进项税额 =（票价 + 燃油附加费）÷（1+9%）× 9%

c. 取得注明旅客身份信息的铁路车票的，为按照下列公式计算的进项税额。

铁路旅客运输进项税额 = 票面金额 ÷（1+9%）× 9%

d. 取得注明旅客身份信息的公路、水路等其他客票的，按照下列公式计算进项税额。

公路、水路等其他旅客运输进项税额 = 票面金额 ÷（1+3%）× 3%

②《营业税改征增值税试点实施办法》（财税〔2016〕36 号印发）第二十七条第（六）项和《营业税改征增值税试点有关事项的规定》（财税〔2016〕36 号印发）第二条第（一）项第 5 点中"购进的旅客运输服务、贷款服务、餐饮服务、居民日常服务和娱乐服务"修改为"购进的贷款服务、餐饮服务、居民日常服务和娱乐服务"。

（5）自 2019 年 4 月 1 日至 2021 年 12 月 31 日，允许生产、生活性服务业纳税人按照当期可抵扣进项税额加计 10%，抵减应纳税额（以下称加计抵减政策）。

本公告所称生产、生活性服务业纳税人，是指提供邮政服务、电信服务、现代服务、生活服务（以下称四项服务）取得的销售额占全部销售额的比重超过 50% 的纳税人。四项服务的具体范围按照《销售服务、无形资产、不动产注释》（财税〔2016〕36 号印发）执行。

2019 年 3 月 31 日前设立的纳税人，自 2018 年 4 月至 2019 年 3 月期间的销售额（经营期不满 12 个月的，按照实际经营期的销售额）符合上述规定条件的，自 2019 年 4 月 1 日起适用加计抵减政策。

2019 年 4 月 1 日后设立的纳税人，自设立之日起 3 个月的销售额符合上述规定条件的，自登记为一般纳税人之日起适用加计抵减政策。

纳税人确定适用加计抵减政策后，当年内不再调整，以后年度是否适用，根据上年度销售额计算确定。

纳税人可计提但未计提的加计抵减额，可在确定适用加计抵减政策当期一并计提。

1.1.2　政策解读与应用

1. 政策解读

（1）2019 年 4 月 1 日降低增值税税率政策实施后，纳税人发生销售折让、中止或者退回等情形的，如何开具红字发票及蓝字发票？

增值税一般纳税人在增值税税率调整前已按原 16%、10% 适用税率开具的增值税发票，发生销售折让、中止或者退回等情形需要开具红字发票的，按照原适用税率开具红字发票；开票有误需要重新开具的，先按照原适用税率开具红字发票，再重新开具正确的蓝字发票。

需要说明的是，如果纳税人此前已按原 17%、11% 适用税率开具了增值税发票，发生销售折让、中止或者退回等情形需要开具红字发票的，应按照《国家税务总局关于统一小规模纳税人标准等若干增值税问题的公告》（国家税务总局公告 2018 年第 18 号，以下简称 18 号公告）相关规定执行。

（2）2019 年 4 月 1 日降低增值税税率政策实施后，纳税人需要补开增值税发票的，如何处理？

纳税人在增值税税率调整前未开具增值税发票的增值税应税销售行为，需要补开增值税发票的，应当按照原 16%、10% 适用税率补开。

需要说明的是，如果纳税人还存在 2018 年税率调整前未开具增值税发票的应税销售行为，需要补开增值税发票的，可根据 18 号公告相关规定，按照原 17%、11% 适用税率补开。

（3）火车票、飞机票如何抵扣？如何申报？

① 抵扣方式。

一是按发票上注明的税额抵扣。如果取得增值税电子普通发票，可以抵扣的税额为发票上注明的税额。

二是按发票上的金额计算抵扣。

a. 取得注明旅客身份信息的航空运输电子客票行程单的，按照下列公式计算进项税额：航空旅客运输进项税额 =（票价 + 燃油附加费）÷（1+9%）×9%。

b. 取得注明旅客身份信息的铁路车票的，按照下列公式计算进项税额：铁路旅客运输进项税额 = 票面金额 ÷（1+9%）× 9%。

c. 取得注明旅客身份信息的公路、水路等其他客票的，按照下列公式计算进项税额：公路、水路等其他旅客运输进项税额 = 票面金额 ÷（1+3%）× 3%。

d. 取得的发票没有注明身份信息不能抵扣。

② 记账方式。

某公司取得了业务员张某出差报销的火车票，票面金额为 57 元，则铁路旅客运输进项税额 =57 ÷（1+9%）× 9%=4.7（元）。该款项以银行存款支付。账务处理如下。

借：销售费用   52.3

      应交税金——应交增值税（进项税额）   4.7

      贷：银行存款   57

③ 申报方式。

由于《增值税纳税申报表》后期还会进行修改，可以参考通行费计算抵扣的填表方式，大致应将其填入《增值税纳税申报表附列资料（二）》（本期进项税额明细）第 8 栏"其他"，同时填报《本期抵扣进项税额结构明细表》第 30 栏"旅客运输服务的进项"。应待表样出来，参考填表说明进行实际填写。

2. 政策应用

2019 年 4 月，某公司财务部门取得一张员工吴某用于出差报销的高铁票，票面金额为 218 元，该款项以库存现金支付。请问该事项能否抵扣增值税？

答：可以计算抵扣，无须进行认证。

该火车票允许抵扣的进项税额 = 票面金额 ÷（1+9%）× 9%=218 ÷（1+9%）× 9%=18（元）。账务处理如下。

借：管理费用——差旅费   200

      应交税费——应交增值税（进项税额）   18

      贷：库存现金   218

（1）注意事项。

① 取得注明旅客身份信息的公路、水路等客票的，按照 3% 计算抵扣进项税额。

② 取得注明旅客身份信息的航空运输电子客票行程单的，按照 9% 计算抵

扣进项税额。

③ 取得注明旅客身份信息的铁路车票的，按照 9% 计算抵扣进项税额。

④ 对于取得未注明旅客身份信息的出租车票、公交车票等，不得计算抵扣进项税额。

⑤ 旅客运输服务是指客运服务，包括通过陆路运输、水路运输、航空运输为旅客个人提供的客运服务。

（2）增值税进项税额抵扣的时间点。

增值税进项税额抵扣有 3 个时间点，一旦错过，再想抵扣进项税额就会很麻烦，甚至会导致无法抵扣。

① 增值税专用发票、机动车销售统一发票、通行费增值税电子普通发票、海关进口增值税专用缴款书这 4 类凭证，必须在规定的时间进行认证（扫描、勾选确认）。

② 认证后必须在次月申报期内申报抵扣。

③ 特别要注意海关进口增值税专用缴款书中的进项税额抵扣时限。

为确保一般纳税人能够如期顺利开出 13%、9% 税率的增值税发票，请使用增值税发票税控开票系统的纳税人在 4 月 1 日前对系统进行升级。

（3）13% 与 9% 编码调整。

2019 年 4 月 1 日，启用税率调整，老用户更新编码时有提示"按照财政部、国家税务总局有关规定，将 16% 增值税税率调整为 13%，将 10% 增值税税率调整为 9%"（此提示只显示一次）；新用户不显示相关提示。

发票填开界面的税率，新增的税率排在前面，旧税率依然存在。

（4）总局商品编码版本更新到 32.0。

（5）汇总表设置税率处，新增 13% 与 9% 两栏。

开票软件系统有一个默认的税率，大家可以根据自己的业务情况选择想要使用的税率。

（6）4 月 1 日至 4 月 3 日每次登录开票系统均会提示"按照财政部、国家税务总局有关规定，增值税 16% 和 10% 的税率分别调整为 13% 和 9%"，可勾选左下角"不再显示"选项。

升级方式：

方式一：服务器推送自动升级。

方式二：自行手工下载升级。

（7）升级常见问题。

① 什么时候可以开始升级？ 4 月 1 日开始还是现在就可以？

答：现在就可以升级软件到最新版本，税收分类编码到 4 月 1 日打开电脑，会更新到 32.0 版本。

② 原来的商品编码库，是否需要重新赋码？

答：开票软件升级后，4 月 1 日零时后重新进入软件，税收分类编码将自动更新，即将 16% 税率更新为 13% 税率，10% 税率更新为 9% 税率，无须再重新赋码。

③ 开票软件升级到最新版本后,税收分类编码还显示16%或10%的税率吗?

答：4 月 1 日之前税收分类编码还是显示 16% 和 10%，4 月 1 日零时开始进入开票软件税收分类编码显示 13% 和 9%。

④ 开票软件升级到最新版本之后，是否能直接开出 13% 和 9% 税率的发票？

答：4 月 1 日零时后才能开出新税率的发票。

⑤ 开票软件升级，4 月 1 日之后是否还可以开具 16% 和 10% 税率的发票？

答：对于 4 月 1 日之前发行并生效的一般纳税人，开票软件升级之后，还可以使用 16% 和 10% 税率补开蓝字发票、开具红字发票；对于 4 月 1 日之后生效的一般纳税人，无法再使用 16% 和 10% 税率。

1.2　《财政部 税务总局关于实施小微企业普惠性税收减免政策的通知》政策解读与应用

《财政部 税务总局关于实施小微企业普惠性税收减免政策的通知》（财税〔2019〕13 号）解读与应用。

1.2.1　政策要点

1. 税收减免政策

（1）对月销售额 10 万元以下（含本数）的增值税小规模纳税人，免征增值税。

（2）对小型微利企业年应纳税所得额不超过 100 万元的部分，减按 25% 计入应纳税所得额，按 20% 的税率缴纳企业所得税；对年应纳税所得额超过 100 万元但不超过 300 万元的部分，减按 50% 计入应纳税所得额，按 20% 的税率缴纳企业所得税。

2. 享受税收减免政策企业应具备的条件

上述小型微利企业（也称小微企业）是指从事国家非限制和禁止行业，且同时符合年度应纳税所得额不超过 300 万元、从业人数不超过 300 人、资产总额不超过 5 000 万元等 3 个条件的企业。

（1）由省、自治区、直辖市人民政府根据本地区实际情况，以及宏观调控需要确定，对增值税小规模纳税人可以在 50% 的税额幅度内减征资源税、城市维护建设税、房产税、城镇土地使用税、印花税（不含证券交易印花税）、耕地占用税和教育费附加、地方教育附加。

（2）增值税小规模纳税人已依法享受资源税、城市维护建设税、房产税、城镇土地使用税、印花税、耕地占用税、教育费附加、地方教育附加其他优惠政策的，可叠加享受本通知第三条规定的优惠政策。

1.2.2　解读与应用

小微企业是发展的生力军、就业的主渠道、创新的重要源泉。当前我国经济运行稳中有变、变中有忧，外部环境复杂严峻，再推出一批小微企业普惠性税收减免措施，有利于降低创业创新成本，增强小微企业发展动力，促进扩大就业。下一步，财政部、税务总局等部门抓紧按程序推出增值税改革等其他减税降费措施，增强社会获得感，推动形成积极稳定的社会预期。

（1）为什么将增值税小规模纳税人免税标准提高至月销售额 10 万元？

近年来，我国不断加大对增值税小规模纳税人的税收优惠力度，逐步将其免税标准提高至月销售额 3 万元。本次进一步提高至月销售额 10 万元，使免税政策受益面大幅扩大，且税收优惠方式简明易行，这将明显增强企业获得感，更大激发市场活力，支持小微企业发展壮大，更好发挥小微企业吸纳就业主渠道的关键性作用。

（2）与此前相比，这次出台的小型微利企业所得税优惠政策有何变化？

第一，放宽了小型微利企业标准，扩大了小型微利企业的覆盖面。政策调整前，小型微利企业年应纳税所得额、从业人数和资产总额标准上限分别为 100 万元、工业企业 100 人（其他企业 80 人）和工业企业 3 000 万元（其他企业 1 000 万元）。此次调整明确将上述 3 个标准上限分别提高到 300 万元、300 人和 5 000 万元。

第二，引入超额累进计算方法，加大企业所得税减税优惠力度。政策调整前，对年应纳税所得额不超过 100 万元的小型微利企业，减按 50% 计入应纳税所得额，并按 20% 优惠税率缴纳企业所得税，即实际税负为 10%。此次调整引入超额累进计税办法，对年应纳税所得额不超过 300 万元的小型微利企业，按应纳税所得额分为两段计算：一是对年应纳税所得额不超过 100 万元的部分，减按 25% 计入应纳税所得额，并按 20% 的税率计算缴纳企业所得税，实际税负为 5%；二是对年应纳税所得额超过 100 万元但不超过 300 万元的部分，减按 50% 计入应纳税所得额，并按 20% 的税率计算缴纳企业所得税，实际税负 10%。

举例说明，一个年应纳税所得额为 300 万元的企业，此前不在小型微利企业范围之内，需要按 25% 的法定税率缴纳企业所得税 75 万元（300×25%=75 万元）。按照新出台的优惠政策，如果其从业人数和资产总额符合条件，其仅需缴纳企业所得税 25 万元（100×25%×20%+200×50%×20%=25 万元），所得税负担大幅减轻。

1.3　《财政部 税务总局关于扩大固定资产加速折旧优惠政策适用范围的公告》政策解读与应用

《财政部 税务总局关于扩大固定资产加速折旧优惠政策适用范围的公告》（财政部 税务总局公告 2019 年第 66 号）解读与应用。

1.3.1　政策要点

（1）自 2019 年 1 月 1 日起，适用《财政部 国家税务总局关于完善固定资产加速折旧企业所得税政策的通知》（财税〔2014〕75 号）和《财政部 国家税务总局关于进一步完善固定资产加速折旧企业所得税政策的通知》（财税〔2015〕106 号）规定固定资产加速折旧优惠的行业范围，扩大至全部制造业领域。

（2）本公告发布前，制造业企业未享受固定资产加速折旧优惠的，可自本公告发布后在月（季）度预缴申报时享受优惠或在 2019 年度汇算清缴时享受优惠。

1.3.2　政策解读与应用

（1）扩大固定资产加速折旧优惠政策适用范围的背景是什么？

现行《中华人民共和国企业所得税法》以及《中华人民共和国企业所得税法实施条例》规定，对由于技术进步产品更新换代较快，以及常年处于强震动、高腐蚀状态的固定资产可以实行加速折旧。这一规定没有行业限制，覆盖了包含制造业在内的所有行业企业。

为鼓励企业扩大投资，促进产业技术升级换代，经国务院批准，自 2014 年起，对部分重点行业企业简化固定资产加速折旧适用条件。财政部、税务总局先后于 2014 年、2015 年两次下发文件，明确相关固定资产加速折旧优惠政策，主要包括以下 4 个方面政策内容：一是六大行业和四个领域重点行业企业新购进的固定资产，均允许按规定折旧年限的 60% 缩短折旧年限，或选择采取加速折旧方法；二是上述行业小型微利企业新购进的研发和生产经营共用的仪器、设备，单位价值不超过 100 万元的，可一次性税前扣除；三是所有行业企业新购进的专门用于研发的仪器、设备，单位价值不超过 100 万元的，可一次性税前扣除，超过 100 万元的，允许加速折旧；四是所有行业企业持有的单位价值不超过 5 000 元的固定资产，可一次性税前扣除。

自 2018 年起至 2020 年，对企业新购进单位价值不超过 500 万元的设备、器具，允许一次性计入当期成本费用在所得税前扣除，这一政策大幅度提高了此前出台的一次性税前扣除的固定资产单位价值上限，也没有行业限制，包括制造业在内的所有行业企业均可依法享受。

为贯彻落实 2019 年《政府工作报告》关于"将固定资产加速折旧优惠政策扩大至全部制造业领域"的要求，财政部、税务总局制发《财政部 税务总局关于扩大固定资产加速折旧优惠政策适用范围的公告》，明确规定自 2019 年 1 月 1 日起，将固定资产加速折旧优惠政策扩大至全部制造业领域。

（2）固定资产加速折旧优惠政策适用范围扩大至全部制造业领域后，目前可以适用固定资产加速折旧优惠政策的行业包括哪些？

原固定资产加速折旧政策的适用范围为生物药品制造业，专用设备制造业，铁路、船舶、航空航天和其他运输设备制造业，计算机、通信和其他电子设备制造业，仪器仪表制造业，信息传输、软件和信息技术服务业六大行业和轻工、纺织、机械、汽车四个领域重点行业。除信息传输、软件和信息技术服务业以外，其他行业均属于制造业的范畴。因此，将固定资产加速折旧优惠政策适用范围扩大至全部制造业领域后，可以适用固定资产加速折旧优惠政策的行业，包括全部制造业以及信息传输、软件和信息技术服务业。

（3）制造业企业可以享受哪些固定资产加速折旧政策？

《财政部 税务总局关于扩大固定资产加速折旧优惠政策适用范围的公告》将原适用于六大行业和四个领域重点行业企业的固定资产加速折旧优惠政策的适用范围扩大至全部制造业，但具体固定资产加速折旧优惠政策内容没有调整，仍与原有政策的内容保持一致，具体为：一是制造业企业新购进的固定资产，可缩短折旧年限或采取加速折旧的方法；二是制造业小型微利企业新购进的研发和生产经营共用的仪器、设备，单位价值不超过 100 万元的，可一次性税前扣除。

需要强调的是，2018 年 1 月 1 日至 2020 年 12 月 31 日，企业新购进单位价值不超过 500 万元的设备、器具可一次性在税前扣除，该政策适用于所有行业企业，已经涵盖了制造业小型微利企业的一次性税前扣除政策。在此期间，制造业企业可适用设备、器具一次性税前扣除政策，不再局限于小型微利企业新购进的单位价值不超过 100 万元的研发和生产经营共用的仪器、设备。

（4）制造业的划分标准是什么？

为增强税收优惠政策的确定性，《财政部 税务总局关于扩大固定资产加速折旧优惠政策适用范围的公告》规定，制造业按照国家统计局《国民经济行业分类和代码（GB/T 4754—2017）》执行。今后国家有关部门更新国民经济行业分类和代码，从其规定。

考虑到企业多业经营的实际情况，为增强确定性与可操作性，在具体判断企业所属行业时，可使用收入指标加以判定。制造业企业是指以制造业行业业务为主营业务，固定资产投入使用当年的主营业务收入占企业收入总额50%（不含）以上的企业。收入总额是指《中华人民共和国企业所得税法》第六条规定范围的收入总额。

（5）制造业适用加速折旧政策的固定资产的范围是什么？

制造业适用加速折旧政策的固定资产应是制造业企业新购进的固定资产。对于"新购进"的说法可以从以下3个方面掌握。一是取得方式。购进包括以货币形式购进或自行建造两种形式。将自行建造也纳入享受优惠的范围，主要是考虑到自行建造固定资产所使用的材料实际也是购进的，因此把自行建造的固定资产也看作是"购进"的。二是购进时点。除六大行业和四个领域重点行业中的制造业企业外，其余制造业企业适用加速折旧政策的固定资产应是2019年1月1日以后新购进的。购进时点按以下原则掌握：以货币形式购进的固定资产，除采取分期付款或赊销方式购进外，按发票开具的时间确认。以分期付款或赊销方式购进的固定资产，按固定资产到货时间确认。自行建造的固定资产，按竣工结算时间确认。三是已使用的固定资产。"新购进"中的"新"字，只是用于区别原已购进的固定资产，而不是指非要购进全新的固定资产，因此企业购进的使用过的固定资产也可适用加速折旧政策。

（6）制造业企业预缴申报时可以享受加速折旧税收优惠吗？

企业在预缴时可以享受加速折旧税收优惠。企业在预缴申报时，由于无法取得主营业务收入占收入总额的比重数据，可以由企业合理预估，先行享受。在进行年度汇算清缴时，如果不符合规定比例，再一并进行调整。

（7）制造业企业享受固定资产加速折旧优惠政策需要办理什么手续？

为贯彻落实税务系统"放管服"改革要求，优化税收环境，有效落实企业所得税各项优惠政策，税务总局于2018年制发了《关于发布修订后的〈企业所得税优惠政策事项办理办法〉的公告》（国家税务总局公告 2018 年 23 号），修订完善了《企业所得税优惠政策事项办理办法》。新修订的《企业所得税优惠政策事项办理办法》规定，企业所得税优惠事项全部采用"自行判别、申报享受、相关资料留存备查"的办理方式。因此，制造业企业享受固定资产加速折旧政策的，按规定归集和留存备查资料即可，无须履行相关手续。

（8）《财政部 税务总局关于扩大固定资产加速折旧优惠政策适用范围的公告》发布前未能享受加速折旧优惠政策的应如何处理？

对于《财政部 税务总局关于扩大固定资产加速折旧优惠政策适用范围的公告》发布前，制造业企业未能享受固定资产加速折旧政策的，可采取两种方式处理：一是可在以后月（季）预缴申报时汇总填入预缴申报表计算享受；二是可在 2019 年度企业所得税汇算清缴年度申报时统一计算享受。

1.4 《国家税务总局关于异常增值税扣税凭证管理等有关事项的公告》政策解读与应用

《国家税务总局关于异常增值税扣税凭证管理等有关事项的公告》（国家税务总局公告 2019 年第 38 号）解读与应用。

1.4.1 政策要点与解读

（1）符合下列情形之一的增值税专用发票，列入异常凭证范围。

① 纳税人丢失、被盗税控专用设备中未开具或已开具未上传的增值税专用发票。

解读：此条针对的是发票的电子信息，如果设备中的发票是未开具的状态或者是已开具而未上传的状态，那么这些发票都属于异常凭证。这是由于税控专用设备丢失后，若被他人拾取，其利用税控专用设备既可开具未开具的发票，也可修改已开具未上传的发票的开具信息，若用于非法用途，将给国家造成损失。

提示：税控专用设备是指金税卡、IC 卡、读卡器和其他设备。

针对此情形的风险应对措施如下。

a. 首次取得税控设备后，应及时修改初始密码，以防设备丢失后信息被盗用。

b. 开具发票尽量使用在线开具方式。若因特殊原因未上传的，也应尽快上传。

c. 税控专用设备应由专人保管，若因特殊原因由他人领用的，应履行审批流程并明确归还时间。

② 非正常户纳税人未向税务机关申报或未按规定缴纳税款的增值税专用发票。

解读：非正常户纳税人因生产经营状态不正常而开具发票的真实合法性会大大降低，因此，税务人员对此应进行重点关注、核查，及时避免虚开发票的情况出现。

针对此情形的风险应对措施：财务人员在取得发票时，除了需要查验发票的真伪外，还需要查询开票企业，尤其是不经常发生业务往来的企业的经营状态，应当查询该企业是否是正常户。当然，高水平的财务管理人员常在业务发生前就已经查询过相关信息了。

③ 增值税发票管理系统稽核比对发现"比对不符""缺联""作废"的增值税专用发票。

解读：此情况是企业财务人员非常容易发现的一种情况，但同样要求企业及时将发票录入稽核比对系统。

④ 经税务总局、省税务局大数据分析发现，纳税人开具的增值税专用发票存在涉嫌虚开、未按规定缴纳消费税等情形的。

解读：之所以新增此种情况，在一定程度上是因为考虑到当前部分地方炼油企业为逃避国家消费税的监管，将出产的油品以化工产品的名义进行对外销售的现象。鉴于此类情况愈演愈烈，必须要依托大数据分析技术，充分发挥信息管税威力，推动整体行业税收秩序趋于规范。

⑤ 属于《国家税务总局关于走逃（失联）企业开具增值税专用发票认定处理有关问题的公告》（国家税务总局公告 2016 年第 76 号）第二条第（一）项规定情形的增值税专用发票。

解读：《国家税务总局关于走逃（失联）企业开具增值税专用发票认定处

理有关问题的公告》（国家税务总局公告 2016 年第 76 号）第二条第（一）项规定：走逃（失联）企业存续经营期间发生下列情形之一的，所对应属期开具的增值税专用发票列入异常增值税扣税凭证（以下简称"异常凭证"）范围。

a. 商贸企业购进、销售货物名称严重背离的；生产企业无实际生产加工能力且无委托加工，或生产能耗与销售情况严重不符，或购进货物并不能直接生产其销售的货物且无委托加工的。

b. 直接走逃失踪不纳税申报，或虽然申报但通过填列增值税纳税申报表相关栏次，规避税务机关审核比对，进行虚假申报的。

（2）增值税一般纳税人申报抵扣异常凭证，同时符合下列情形的，其对应开具的增值税专用发票列入异常凭证范围。

① 异常凭证进项税额累计占同期全部增值税专用发票进项税额 70%（含）以上的。

解读：在计算相关比例时，分子的范围比分母的范围要广泛：分子为异常凭证进项税额累计，包含全部纳入异常凭证范围的进项税额；分母只包括同期进项税额中专用发票中的进项税额。

② 异常凭证进项税额累计超过 5 万元的。

纳税人尚未申报抵扣、尚未申报出口退税或已作进项税额转出的异常凭证，其涉及的进项税额不计入异常凭证进项税额的计算。

解读：虽然分子的范围比较广，但又明确了不计入异常凭证进项税额的范围，因此财务人员在取得发票后，如果进行了查询，分析判断出该发票属于异常发票，可以将其作为普通发票使用，不进行抵扣，以此来避免税务机关的核查。

和国家税务总局公告 2016 年第 76 号公告相比，国家税务总局公告 2019 年第 38 号公告进一步扩大了异常凭证范围，将间接异常凭证也纳入了监管范围。这里需要注意的是，国家税务总局公告 2019 年第 38 号公告对于此类异常凭证进项税额进行了严格限制，必须同时符合比例和金额的双重要求，才能将其纳入异常凭证范围。这是为了在最大限度精准打击虚开行为的同时，避免误伤无辜企业。

（3）增值税一般纳税人取得的增值税专用发票列入异常凭证范围的，应按照以下规定处理。

① 尚未申报抵扣增值税进项税额的，暂不允许抵扣。已经申报抵扣增值税

进项税额的，除另有规定外，一律作进项税额转出处理。

解读：此项所说的"另有规定"，指的是 A 级纳税信用级别的纳税人可以先提出核实申请。

② 尚未申报出口退税或者已申报但尚未办理出口退税的，除另有规定外，暂不允许办理出口退税。适用增值税免抵退税办法的纳税人已经办理出口退税的，应根据列入异常凭证范围的增值税专用发票上注明的增值税额作进项税额转出处理；适用增值税免退税办法的纳税人已经办理出口退税的，税务机关应按照现行规定对列入异常凭证范围的增值税专用发票对应的已退税款追回。

纳税人因骗取出口退税停止出口退（免）税期间取得的增值税专用发票列入异常凭证范围的，按照本条第 ① 项规定执行。

解读：纳税人因骗取出口退税停止出口退（免）税期间的税款计算、发票的处理是按照增值税一般纳税人的方式进行处理，此条明确了异常发票的处理也是一样的。

③ 消费税纳税人以外购或委托加工收回的已税消费品为原料连续生产应税消费品，尚未申报扣除原料已纳消费税税款的，暂不允许抵扣；已经申报抵扣的，冲减当期允许抵扣的消费税税款，当期不足冲减的应当补缴税款。

解读：此条的推出不容小觑。这很可能意味着未来税收监管思路的调整，即在坚持以票控税的前提下，以信息技术为支撑，加强不同税种的协同联动管理，打破以往各税种管理的信息孤岛状况，最大限度保护国家税收收入安全。未来各税种联动管理极有可能扩展至其他方面。

此条的内容需要放在整个文件中进行理解，也就是做限制性解释，适用的情况是"经税务总局、省税务局大数据分析发现，纳税人开具的增值税专用发票存在涉嫌虚开、未按规定缴纳消费税等情形的"，即购买方无法判断是否属于此情况，但税务机关通过大数据分析后，相应结果会传递至接收票据方的主管税务机关，购买方接到税务机关的通知做出暂不扣除消费税的处理。

④ 纳税信用 A 级纳税人取得异常凭证且已经申报抵扣增值税、办理出口退税或抵扣消费税的，可以自接到税务机关通知之日起 10 个工作日内，向主管税务机关提出核实申请。经税务机关核实，符合现行增值税进项税额抵扣、出口退税或消费税抵扣相关规定的，可不作进项税额转出、追回已退税款、冲减当期允许抵扣的消费税税款等处理。纳税人逾期未提出核实申请的，应于期满后按照本

条第①项、第②项、第③项规定作相关处理。

解读：根据信用等级给出了区别对待，对于纳税信用等级 A 级纳税人给予了特殊待遇。这里需要注意用联系的观点去看待这个条款。政策导向十分明确，与《国家税务总局关于纳税信用修复有关事项的公告》（国家税务总局公告 2019 年第 37 号）相关规定构成了"组合拳"，分别从不同层面推动纳税信用等级管理，让纳税人切实感受到了纳税信用等级的重要性。

此条是针对 A 级信用级别的纳税人实施的特别措施，从近几年下发的文件来看，税务机关对于信用等级高的纳税人给予了越来越多的优待并进行了宽松管理，因此企业一定要高度重视纳税信用的保持。

⑤ 纳税人对税务机关认定的异常凭证存有异议，可以向主管税务机关提出核实申请。经税务机关核实，符合现行增值税进项税额抵扣或出口退税相关规定的，纳税人可继续申报抵扣或者重新申报出口退税；符合消费税抵扣规定且已缴纳消费税税款的，纳税人可继续申报抵扣消费税税款。

解读：国家税务总局公告 2019 年第 38 号公告延续了国家税务总局公告 2016 年第 76 号公告的思路，只是暂时冻结了纳税人对异常凭证的抵扣权，并没有直接消灭其抵扣权，反而给出了明确出路，避免了"一刀切"的做法给守法企业造成"误伤"。

同样是提出核实申请，A 级纳税人不用接到通知就可以转出进项税额，可以先提出核实申请，经税务局核实后看是否需要转出；而其他级别的纳税人虽然也可以提出核实申请，但是需要先按照税务机关的要求作进项税额转出处理，等税务机关的核实结果出来后，如果可以抵扣再进行抵扣。

（4）经税务总局、省税务局大数据分析发现存在涉税风险的纳税人，不得离线开具发票，其开票人员在使用开票软件时，应当按照税务机关指定的方式进行人员身份信息实名验证。

解读：此条针对所有纳税人，税务机关分析发现存在涉税风险的纳税人，不得离线开具发票。该文件出台后，未来的执行方式为：当金税三期系统分析发现风险后，通过信息化手段自动关联开票软件的离线开票功能，存在涉税风险的纳税人的离线开票功能将直接被停用。与此同时，在使用开票软件时，需要进行实名验证，意味着纳税人每次登录开票系统时都需要进行验证，但文件暂未规定指定的方式是什么，这应当也是考虑到各地信息化水平的不同。

（5）新办理增值税一般纳税人登记的纳税人，自首次开票之日起 3 个月内不得离线开具发票，按照有关规定不使用网络办税或不具备风险条件的特定纳税人除外。

解读：此条针对的是所有新办理的一般纳税人。需要注意的是，若一般纳税人转登记为小规模纳税人后，又登记为一般纳税人，也可能属于新办理的一般纳税人的情况，因此企业在登记时需要考虑这个因素。

针对少数不法分子利用办税便利化措施，注册没有实际经营业务、只为虚开发票的"假企业"骗领增值税专用发票，恶意逃避税收监管的行为，新办理的增值税一般纳税人必须在互联网连接状态下在线使用增值税发票管理新系统开具发票，自动上传已开的发票明细数据。其中设定的 3 个月期限无疑是一个考验期，有点类似对于小型商贸批发企业实施的纳税辅导期管理，可以将其理解为行之有效的传统监管政策的平移。因为在实践过程中，虚开犯罪作案时间非常短，往往只有数月，甚至更短。暂时冻结新办理的增值税一般纳税人的离线开票权，有助于税务部门充分发挥信息管税威力，及时发现问题纳税人，最大限度压缩暴力虚开空间。

（6）本公告自 2020 年 2 月 1 日起施行。《国家税务总局关于走逃（失联）企业开具增值税专用发票认定处理有关问题的公告》（国家税务总局公告 2016 年第 76 号）第二条第（二）项、《国家税务总局关于建立增值税失控发票快速反应机制的通知》（国税发〔2004〕123 号文件印发，国家税务总局公告 2018 年第 31 号修改）、《国家税务总局关于金税工程增值税征管信息系统发现的涉嫌违规增值税专用发票处理问题的通知》（国税函〔2006〕969 号）第一条第（二）项和第二条、《国家税务总局关于认真做好增值税失控发票数据采集工作有关问题的通知》（国税函〔2007〕517 号）、《国家税务总局关于失控增值税专用发票处理的批复》（国税函〔2008〕607 号）、《国家税务总局关于外贸企业使用增值税专用发票办理出口退税有关问题的公告》（国家税务总局公告 2012 年第 22 号）第二条第（二）项同时废止。

（7）公告出台的背景。

近年来，税务系统持续推进"放管服"改革，优化营商环境，使市场主体创业创新活力得到进一步激发，广大纳税人的获得感不断提升。但与此同时，少数不法分子利用办税便利化措施，注册没有实际经营业务、只为虚开发票的"假企业"以骗领增值税专用发票，并在实施违法虚开行为后快速走逃（失联），恶意逃避税收监管，既严重扰乱了税收秩序，也极大损害了守法经营纳税人的权益。为推进税收治理体系和治理能力现代化，健全税收监管体系，进一步遏制虚开发票行为，维护税收秩序，优化营商环境，保护纳税人合法权益，特制定本公告。

1.4.2 政策应用

案例 某制造业企业购进价值500万元以下设备的税务处理。

某制造业企业2019年4月1日购进生产用乙设备1台，含税价452万元，用银行存款支付，已取得增值税专用发票，该设备可以按规定抵扣进项税额。

该设备预计可使用年限为10年，预计净残值率为2%、净残值为8万元，会计上按直线法计提折旧，税法上按照相关优惠政策计提折旧。企业所得税税率为25%，增值税税率为13%。（若无特别说明，本书中分录金额单位均为"元"）

（1）2019年4月1日购进乙设备，账务处理如下。

借：固定资产——生产用固定资产（乙设备）　　　　4 000 000

　　应交税费——应交增值税（进项税额）　　　　　520 000

　　贷：银行存款　　　　　　　　　　　　　　　　　4 520 000

（2）每月计提折旧时，账务处理如下。

每月计提折旧额 =3 920 000÷10÷12=32 666.67（元），故2019年剩余8个月计提折旧额合计 =32 666.67×8=261 333.36（元）。

借：制造费用　　　　　　　　　　　　　　　　　32 666.67

　　贷：累计折旧　　　　　　　　　　　　　　　　　32 666.67

（3）纳税调整时，账务处理如下。

① 税法上2019年按优惠政策计提折旧400万元，因计提折旧产生的税法与会计处理差异应调减应纳税所得额 =4 000 000−261 333.36=3 738 666.64（元）。

② 乙设备期末账面价值 =4 000 000−261 333.36=3 738 666.64（元），计税基础 =4 000 000−4 000 000=0（万元），账面价值大于计税基础，属于应纳税暂时性差异。

应确认递延所得税负债 = 3 738 666.64×25% = 934 666.66（元）。

借：所得税费用　　　　　　　　　　　　　　　　934 666.66

　　　　贷：递延所得税负债　　　　　　　　　　　　　　　　934 666.66

（4）以后各期调整时，账务处理如下。

以后年度每年都会涉及纳税调整，递延所得税负债会随着折旧的完成而最终结平。

第 2 年因计提折旧而应调整的递延所得税负债 =3 920 000÷10×25% = 98 000（元）。

　　　　借：递延所得税负债　　　　　　　　　　　　　　　　98 000
　　　　　　贷：所得税费用　　　　　　　　　　　　　　　　　　98 000

1.5　创业投资企业税收优惠政策要点

　　《财政部　税务总局关于实施小微企业普惠性税收减免政策的通知》（财税〔2019〕13 号）规定：《财政部　税务总局关于创业投资企业和天使投资个人有关税收政策的通知》（财税〔2018〕55 号）第二条第（一）项关于初创科技型企业条件中的"从业人数不超过 200 人"调整为"从业人数不超过 300 人"，"资产总额和年销售收入均不超过 3 000 万元"调整为"资产总额和年销售收入均不超过 5 000 万元"。

　　创投企业税收优惠的执行期限如何确定？

　　财税〔2019〕13 号文件的执行期限为 2019 年 1 月 1 日至 2021 年 12 月 31 日，但创业投资企业税收优惠政策所明确的投资时间和享受优惠时间不一致，那么，执行期限是指投资时间还是指享受优惠时间？

　　为避免产生上述歧义，让更多的投资可以享受到优惠政策，财税〔2019〕13 号文件特意写入了衔接性条款，简言之，无论是投资时间，还是享受优惠时间，只要有一个时间在政策执行期限内，均可以享受该项税收优惠政策。

1.6 《财政部 税务总局关于设备 器具扣除有关企业所得税政策的通知》政策解读

《财政部 税务总局关于设备 器具扣除有关企业所得税政策的通知》（财税〔2018〕54号）解读与应用。

1.6.1 政策要点

（1）企业在2018年1月1日至2020年12月31日期间新购进的设备、器具，单位价值不超过500万元的，允许一次性计入当期成本费用在计算应纳税所得额时扣除，不再分年度计算折旧；单位价值超过500万元的，仍按企业所得税法实施条例、《财政部 国家税务总局关于完善固定资产加速折旧企业所得税政策的通知》（财税〔2014〕75号）、《财政部 国家税务总局关于进一步完善固定资产加速折旧企业所得税政策的通知》（财税〔2015〕106号）等相关规定执行。

（2）本通知所称设备、器具，是指除房屋、建筑物以外的固定资产。

1.6.2 案例分析

为了进一步支持科技创新，促进企业提质增效，同时对今年5月份的财税54号文件进行补充，并且解决54号文件在执行过程中存在的争议，近日，国家税务总局发布了《关于设备 器具扣除有关企业所得税政策执行问题的公告》（国家税务总局公告2018年第46号，以下简称《公告》）。

《公告》明确了设备、器具一次性税前扣除政策，明确了以货币形式购进的固定资产包括购进的使用过的固定资产，并且规定了"单位价值"的计算方法以及进时点的确定原则。

企业在2018年1月1日至2020年12月31日期间新购进的设备、器具，单位价值不超过500万元的，允许一次性计入当期成本费用在计算应纳税所得额时扣除，不再分年度计算折旧。

固定资产在投入使用月份的次月所属年度一次性税前扣除。

企业选择享受一次性税前扣除政策的，其资产的税务处理可与会计处理不一致。

企业根据自身生产经营核算需要自行选择享受一次性税前扣除政策。未选择享受一次性税前扣除政策的，以后年度不得再变更。

企业按照《国家税务总局关于发布修订后的〈企业所得税优惠政策事项办理办法〉的公告》（国家税务总局公告 2018 年第 23 号）的规定办理享受政策的相关手续。

企业会计处理上是否采取一次性税前扣除方法，不会影响企业享受一次性税前扣除政策。企业在享受一次性税前扣除政策的同时，不需要在会计上采取相同的折旧方法。

单位价值超过 500 万元的固定资产，仍按照企业所得税法及其实施条例、《财政部 国家税务总局关于完善固定资产加速折旧企业所得税政策的通知》（财税〔2014〕75 号）《财政部 国家税务总局关于进一步完善固定资产加速折旧企业所得税政策的通知》（财税〔2015〕106 号）《国家税务总局关于固定资产加速折旧税收政策有关问题的公告》（国家税务总局公告 2014 年第 64 号）《国家税务总局关于进一步完善固定资产加速折旧企业所得税政策有关问题的公告》（国家税务总局公告 2015 年第 68 号）等相关规定执行。

第 2 章
新税收政策应用要点与案例分析

2.1　加计抵减政策要点与案例分析

《财政部　税务总局　海关总署关于深化增值税改革有关政策的公告》（财政部　税务总局　海关总署公告 2019 年第 39 号，以下简称"39 号公告"）规定，自 2019 年 4 月 1 日至 2021 年 12 月 31 日，允许生产、生活性服务业纳税人按照当期可抵扣进项税额加计 10%，抵减应纳税额（以下统称"加计抵减政策"）。

2.1.1　基本政策规定

（1）本次深化增值税改革新出台了加计抵减政策，其具体内容是什么？

答：符合条件的从事生产、生活性服务业纳税人按照当期可抵扣进项税额加计 10%，用于抵减应纳税额。

（2）加计抵减政策所称的生产、生活性服务业纳税人是指哪些纳税人？

答：加计抵减政策中所称的生产、生活性服务业纳税人，是指提供邮政服务、电信服务、现代服务、生活服务取得的销售额占全部销售额的比重超过 50% 的纳税人。

（3）加计抵减政策所称的邮政服务、电信服务、现代服务、生活服务的具体范围是什么？

答：邮政服务、电信服务、现代服务、生活服务的具体范围，按照《销售服务、无形资产、不动产注释》（财税〔2016〕36 号印发）执行。

邮政服务，是指中国邮政集团公司及其所属邮政企业提供邮件寄递、邮政汇兑和机要通信等邮政基本服务的业务活动，包括邮政普遍服务、邮政特殊服务和其他邮政服务。

电信服务，是指利用有线、无线的电磁系统或者光电系统等各种通信网络资源，提供语音通话服务，传送、发射、接收或者应用图像、短信等电子数据和信息的业务活动，包括基础电信服务和增值电信服务。

现代服务，是指围绕制造业、文化产业、现代物流产业等提供技术性、知识性服务的业务活动，包括研发和技术服务、信息技术服务、文化创意服务、物流辅助服务、租赁服务、鉴证咨询服务、广播影视服务、商务辅助服务和其他现代服务。

生活服务，是指为满足城乡居民日常生活需求提供的各类服务活动，包括文化体育服务、教育医疗服务、旅游娱乐服务、餐饮住宿服务、居民日常服务和其他生活服务。

2.1.2 政策适用范围

某公司是小规模纳税人，提供邮政服务、电信服务、现代服务以及生活服务取得的销售额占全部销售额的比重超过 50%，请问可以适用加计抵减政策吗？

答：不可以。39 号公告中所称生产、生活性服务业纳税人，是指提供邮政服务、电信服务、现代服务、生活服务（以下统称"四项服务"）取得的销售额占全部销售额的比重超过 50% 的纳税人。但该公告中的纳税人指增值税一般纳税人，也即加计抵减政策是按照一般纳税人当期可抵扣的进项税额的 10% 计算加计抵减额的，因此，只有增值税一般纳税人才可以适用加计抵减政策。

2.1.3 销售额的确定

（1）生产、生活性服务业纳税人是指提供四项服务取得的销售额占全部销售额的比重超过 50% 的纳税人，请问这里的 50% 含不含本数？

答：这里的"比重超过 50%"不含本数，也就是说，通过提供四项服务取得的销售额占全部销售额的比重小于或者正好等于50%的纳税人，不能适用加计抵减政策。

（2）A公司是2018年1月设立的纳税人，2018年9月登记为一般纳税人。A公司应以哪个期间的销售额来判断其是否适用加计抵减政策？是仅计算登记为一般纳税人以后的销售额吗？

答：按照39号公告第七条规定，提供四项服务取得的销售额占全部销售额的比重超过50%的一般纳税人，自2019年4月1日至2021年12月31日，允许按照当期可抵扣进项税额加计10%，抵减应纳税额。2019年3月31日前设立的纳税人，以其2018年4月至2019年3月期间的销售额判断是否适用加计抵减政策。

按照上述规定，在计算提供四项服务取得的销售额的占比时，一般纳税人为小规模纳税人期间的销售额也需要参与计算。因此，A公司应按照2018年4月至2019年3月期间的销售额来计算提供四项服务取得的销售额的占比。

（3）生产、生活性服务业纳税人，是指提供四项服务取得的销售额占全部销售额的比重超过50%的纳税人。纳税人在计算销售额占比时，是否应剔除免税销售额？

答：在计算销售额占比时，不需要剔除免税销售额。一般纳税人提供四项服务取得的销售额占全部销售额的比重超过50%，按照39号公告规定，可以适用加计抵减政策。

（4）2019年4月1日后，纳税人为适用加计抵减政策，在计算提供四项服务取得的销售额占全部销售额的比重时，是否应包括稽查查补销售额或纳税评估调整销售额？

答：按照39号公告的规定，一般纳税人提供四项服务取得的销售额占全部销售额的比重超过50%的，可以适用加计抵减政策。在计算提供四项服务取得的销售额的占比时，销售额中包括申报销售额、稽查查补销售额、纳税评估调整销售额。

（5）请问适用加计抵减政策的纳税人，是否只有提供四项服务对应的进项税额允许加计抵减？

答：按照39号公告第七条规定，自2019年4月1日至2021年12月31日，允许生产、生活性服务业纳税人按照当期可抵扣进项税额加计10%，抵减应纳税额。

根据上述规定，适用加计抵减政策的纳税人，当期可抵扣进项税额均可加计10% 抵减应纳税额，不限于提供四项服务对应的进项税额。需要注意的是，根据 39 号公告第七条第（四）项规定，纳税人出口货物劳务、发生跨境应税行为不适用加计抵减政策，其对应的进项税额不得计提加计抵减额。

（6）某公司既从事国内贸易又兼营出口劳务，其他条件均符合适用加计抵减政策的要求，但无法划分国内业务和出口业务的进项税额。请问该公司能否适用加计抵减政策？

答：按照 39 号公告第七条第（四）项规定，纳税人兼营出口货物劳务、发生跨境应税行为且无法划分不得计提加计抵减额的进项税额，按照以下公式计算不得计提加计抵减额的进项税额。

不得计提加计抵减额的进项税额 = 当期无法划分的全部进项税额 × 当期出口货物劳务和发生跨境应税行为的销售额 ÷ 当期全部销售额

因此，只要该公司符合适用加计抵减政策的条件，就算无法划分国内业务和出口业务的进项税额，该公司仍适用加计抵减政策，但应按上述规定计算不得计提加计抵减额的进项税额。

（7）生产、生活性服务业纳税人是指提供四项服务取得的销售额占全部销售额的比重超过 50% 的纳税人。如果纳税人享受差额计税政策，那么纳税人应该以差额前的全部价款和价外费用参与计算，还是以差额后的销售额参与计算？

答：应按照差额后的销售额参与计算。例如，某纳税人提供四项服务，按照规定可以享受差额计税政策，以差额后的销售额计算应缴纳的增值税。该纳税人在计算销售额占比时，货物销售额为 2 万元，提供四项服务取得的销售额在计算差额前的全部价款和价外费用共 20 万元，差额后的销售额为 4 万元。则应按照"4÷（2+4）"来计算占比。因该纳税人提供四项服务取得的销售额占全部销售额的比重超过了 50%，按照规定，可以适用加计抵减政策。

（8）某纳税人在 2019 年 3 月 31 日前设立，但该纳税人一直到 3 月 31 日均未取得销售收入，如何判断该纳税人能否适用加计抵减政策？

答：对 2019 年 3 月 31 日前设立，但尚未取得销售收入的纳税人，根据其今后首次取得销售收入起连续 3 个月的销售情况进行判断。

假设某纳税人 2019 年 1 月设立，但在 2019 年 5 月才取得第一笔收入，其

5月取得货物销售额为30万元，6月销售额为0，7月提供四项服务取得的销售额为100万元。在该例中，应按纳税人5月、6月、7月的销售额情况进行判断，即以"100÷（100+30）"计算。因该纳税人提供四项服务取得的销售额占全部销售额的比重超过了50%，按照规定，可以适用加计抵减政策。

（9）某纳税人在2019年4月1日以后设立，但设立后3个月内，仅一个月有销售收入，如何判断该纳税人能否适用加计抵减政策？

答：按照现行规定，2019年4月1日后设立的纳税人，按照自设立之日起3个月的销售额计算销售额占比。假设某纳税人2019年5月设立，但其5月、7月均无销售额，其6月提供四项服务取得的销售额为100万元，货物销售额为30万元。

在该例中，应按照5月、6月、7月累计销售情况进行判断，即以"100÷（100+30）"计算。因该纳税人提供四项服务取得的销售额占全部销售额的比重超过了50%，按照规定，可以适用加计抵减政策。

（10）某纳税人在2019年4月1日以后设立，但设立后3个月内均未取得销售收入。如何判断该纳税人能否适用加计抵减政策？

答：2019年4月1日后设立的纳税人，自设立之日起3个月的销售额全部为0的，以其取得销售额起3个月的销售情况进行判断。假设某纳税人2019年5月设立，但其5月、6月、7月均无销售额，其8月提供四项服务取得的销售额为100万元，9月销售额为0，10月货物销售额为30万元。那么应按照8月、9月、10月累计销售情况进行判断，即以"100÷（100+30）"计算。

因该纳税人提供四项服务取得的销售额占全部销售额的比重超过了50%，按照规定，可以适用加计抵减政策。

（11）加计抵减政策规定的"纳税人确定适用加计抵减政策后，当年内不再调整"，是指一个自然年度内不再调整，还是12个月内不再调整？

答：按照39号公告的规定，"当年内不再调整"是指一般纳税人确定适用加计抵减政策后，一个自然年度内不再调整，而不是12个月内不再调整。

纳税人下一个自然年度是否适用加计抵减政策，根据上一年度的销售额计算确定。

2.1.4　如何享受优惠

（1）某公司符合加计抵减政策规定的条件，是否需要到税务机关办理备案手续后，才可享受加计抵减政策？

答：不需要办理备案手续。按照《国家税务总局关于深化增值税改革有关事项的公告》（国家税务总局公告 2019 年第 14 号，以下简称"14 号公告"）规定，适用加计抵减政策的生产、生活性服务业纳税人，在年度首次确认适用加计抵减政策时，通过电子税务局（或前往办税服务厅）提交《适用加计抵减政策的声明》，即可在当年度内适用加计抵减政策。

（2）某公司符合适用加计抵减政策的条件，想问如何提交《适用加计抵减政策的声明》？

答：按照 14 号公告的规定，适用加计抵减政策的生产、生活性服务业纳税人，应在年度首次确认适用加计抵减政策时，通过电子税务局（或前往办税服务厅）提交《适用加计抵减政策的声明》。

纳税人通过电子税务局提交声明时，系统将自动显示《适用加计抵减政策的声明》。在纳税人选择政策适用年度和所属行业，录入计算期内提供四项服务取得的销售额和总销售额后，系统将帮助纳税人自动填写其他内容。纳税人在确认相关信息准确无误后，即可提交声明。

纳税人到办税服务厅提交声明时，税务部门会提供免填单服务。纳税人只要将相关信息告知窗口工作人员，工作人员会预填好声明内容，交由纳税人确认，如果信息准确无误，纳税人盖章后即可提交。

（3）为提醒进行网上申报的纳税人及时提交《适用加计抵减政策的声明》，请问税务机关在信息系统中做了哪些设置？

答：适用加计抵减政策的生产、生活性服务业纳税人，应在年度首次确认适用加计抵减政策时提交《适用加计抵减政策的声明》。

为提醒纳税人，当纳税人进入增值税申报界面时，系统将提示纳税人加计抵减政策的具体规定，并告知纳税人如果符合政策规定条件，可以通过填写《适用加计抵减政策的声明》来确认适用加计抵减政策。该提示每年至少显示一次，即 2019 年 5 月、2020 年 2 月和 2021 年 2 月征期，纳税人首次进入申报模块时，系统将自动弹出提示信息。在其他征期月份，纳税人可以通过勾选"不再提示"

选项，屏蔽该提示信息。

（4）按规定可以适用加计抵减政策的纳税人，2019 年 4 月 1 日后认证增值税专用发票的操作流程是否会发生改变？

答：没有改变。适用加计抵减政策的一般纳税人，可以按照现有流程在增值税发票选择确认平台进行勾选确认或者扫描认证纸质发票。

2.1.5 如何填报纳税

（1）某纳税人适用加计抵减政策，已提交《适用加计抵减政策的声明》。该纳税人 2019 年 6 月加计抵减额的期初余额为 10 000 元，一般项目可计提加计抵减额 50 000 元，由于 4 月已计提加计抵减额的进项税额发生转出，当期需要调减一般项目加计抵减额 70 000 元。请问该纳税人在办理 2019 年 6 月税款所属期纳税申报时，应当如何填写《增值税纳税申报表附列资料（四）》？

答：纳税人在办理 2019 年 6 月税款所属期纳税申报时，应根据当期加计抵减情况，填写《增值税纳税申报表附列资料（四）》第 6 栏 "一般项目加计抵减额计算" 相关列次。

其中，"期初余额" 列填写 10 000 元，当期计提的加计抵减额 50 000 元应填入 "本期发生额" 列中，当期调减的加计抵减额 70 000 元应填入 "本期调减额" 列中。本行其他列次按照计算规则填写，即 "本期可抵减额" 列应填入 –10 000 元，"本期实际抵减额" 列应填入 0 元，"期末余额" 列应填入 –10 000 元。

（2）如果某公司在 2019 年 4 月确认适用加计抵减政策，其当月销售咨询服务涉及销项税额 30 万元（税率 6%），当月可抵扣的进项税额为 25 万元，那么其 4 月加计抵减额和应纳税额应当如何计算？

答：按照《国家税务总局关于调整增值税纳税申报有关事项的公告》（国家税务总局公告 2019 年第 15 号）的有关规定，依据加计抵减额计算公式和一般纳税人申报表填写说明，该纳税人 4 月的加计抵减额和应纳税额计算如下。

《增值税纳税申报表附列资料（四）》（以下称《附列资料（四）》）"二、加计抵减情况" 中的 "本期发生额"= 当期可抵扣进项税额 $\times 10\%=25\times 10\%=2.5$（万元）。

《附列资料（四）》"二、加计抵减情况"中的"本期可抵减额"="期初余额"+"本期发生额"–"本期调减额"=0+2.5–0=2.5（万元）。

由于主表第 11 栏"销项税额"–第 18 栏"实际抵扣税额"=30–25=5（万元）>《附列资料（四）》"二、加计抵减情况"中的"本期可抵减额"，所以《附列资料（四）》"二、加计抵减情况"中的"本期实际抵减额"="本期可抵减额"=2.5 万元。

主表第 19 栏"应纳税额"=第 11 栏"销项税额"–第 18 栏"实际抵扣税额"–《附列资料（四）》"二、加计抵减情况"中的"本期实际抵减额"=30–25–2.5=2.5（万元）。

以上各栏次均为"一般项目"列"本月数"。

（3）适用加计抵减政策的纳税人，如何在增值税纳税申报表的主表上体现加计抵减额？

答：为落实加计抵减政策，一般纳税人申报的加计抵减额体现在主表第 19 栏"应纳税额"中。对适用加计抵减政策的纳税人，主表第 19 栏"应纳税额"栏按以下公式计算填写。

本栏"一般项目"列"本月数"=第 11 栏"销项税额"中"一般项目"列"本月数"–第 18 栏"实际抵扣税额"中"一般项目"列"本月数"–"实际抵减额"。

本栏"即征即退项目"列"本月数"=第 11 栏"销项税额"中"即征即退项目"列"本月数"–第 18 栏"实际抵扣税额"中"即征即退项目"列"本月数"–"实际抵减额"。

"实际抵减额"是指按照规定可从本期适用一般计税方法计算的应纳税额中抵减的加计抵减额，分别对应《附列资料（四）》第 6 栏"一般项目加计抵减额计算"、第 7 栏"即征即退项目加计抵减额计算"的"本期实际抵减额"列。

2.1.6　加计抵减额的变动调整

（1）假设某公司 2019 年已适用加计抵减政策，但由于其 2019 年提供四项服务取得的销售额的占比未达标，2020 年不再适用加计抵减政策。请问该公司 2019 年已计提加计抵减额的进项税额在 2020 年发生进项税额转出时，需要在 2020 年继续核算加计抵减额的变动情况吗？

答：按照 39 号公告第七条规定，加计抵减政策执行到期后，纳税人不再计提加计抵减额，结余的加计抵减额停止抵减。因此在政策执行到期前，纳税人应核算加计抵减额的变动情况。

该例中，如果纳税人 2019 年有结余的加计抵减额，可以在 2020 年继续抵减；已计提加计抵减额的进项税额在 2020 年发生进项税额转出时，应相应调减加计抵减额。

（2）加计抵减政策执行至 2021 年 12 月 31 日，请问该政策执行到期前纳税人注销时如何处理结余的加计抵减额？

答：按照 39 号公告第七条第（六）项规定，加计抵减政策执行到期后，纳税人不再计提加计抵减额，结余的加计抵减额停止抵减。加计抵减政策执行到期前纳税人注销，结余的加计抵减额同样适用上述规定，不再进行相应处理。需要说明的是，此处结余的加计抵减额，既包括正数也包括负数。

（3）请问已计提加计抵减额的进项税额，如果发生进项税额转出，应在什么时间调减加计抵减额？

答：按照 39 号公告第七条第（二）项规定，已计提加计抵减额的进项税额，如果发生了进项税额转出，纳税人应在进项税额转出当期，相应调减加计抵减额。

（4）请问适用加计抵减政策的纳税人，其 2019 年 4 月的期末留抵税额，能否在同年 5 月税款所属期按照 10% 计算加计抵减额？

答：按照 39 号公告第七条第（二）项规定，纳税人应按照当期可抵扣进项税额的 10% 计提当期加计抵减额。在 2019 年 5 月税款所属期计算加计抵减额时，4 月的增值税期末留抵税额，不属于当期可抵扣进项税额，不能按照 10% 计算加计抵减额。

（5）某公司如果有未抵减完的加计抵减额，能否申请留抵退税？

答：不能。加计抵减政策属于税收优惠，按照一般纳税人当期可抵扣进项税额的 10%，虚拟计算出一个额度，用于抵减一般计税方法下的应纳税额。加计抵减额并不是纳税人的进项税额，不计入留抵税额。未抵减完的当期可抵减加计抵减额，可结转下期继续抵减，不能申请留抵退税。

（6）纳税人因前期购买不动产尚未抵扣完毕的待抵扣进项税额，在 2019 年 4 月 1 日以后转入抵扣时，是否可以计算加计抵减额？

答：按照 39 号公告的规定，纳税人取得不动产尚未抵扣完毕的待抵扣进项税额，可自 2019 年 4 月税款所属期起从销项税额中抵扣。对于该部分进项税额，适用加计抵减政策的纳税人，可在转入抵扣的当期，计算加计抵减额。

（7）适用加计抵减政策的纳税人，抵减前的应纳税额等于零的，当期可抵减加计抵减额会不会影响期末留抵税额？

答：按照 39 号公告第七条第（三）项规定，适用加计抵减政策的纳税人，抵减前的应纳税额等于零的，当期可抵减加计抵减额全部结转下期抵减。因此，此类加计抵减额不会对期末留抵税额造成影响。

（8）《财政部 税务总局 海关总署关于深化增值税改革有关政策的公告》提到，纳税人可计提但未计提的加计抵减额，可在确定适用加计抵减政策当期一并计提，请问补提时是逐月调整申报表，还是一次性在当期计提？

答：按照 39 号公告第七条规定，纳税人可计提但未计提的加计抵减额，可在确定适用加计抵减政策当期一并计提。为简化核算，纳税人应在确定适用加计抵减政策的当期一次性将可计提但未计提的加计抵减额一并计提，不再调整以前的申报表。

2.2　"六税一费"优惠政策要点与案例分析

2.2.1　"六税一费"优惠政策要点

"六税一费"具体指城镇土地使用税、房产税、耕地占用税、车船税、印花税、城市维护建设税、教育费附加。

根据《国家税务总局关于城镇土地使用税等"六税一费"优惠事项资料留存备查的公告》（国家税务总局公告 2019 年第 21 号）文件规定，纳税人享受"六税一费"优惠实行"自行判别、申报享受、有关资料留存备查"办理方式，申报时无须再向税务机关提供有关资料。

纳税人根据具体政策规定自行判断是否符合优惠条件，符合条件的，纳税人申报享受税收优惠，并将有关资料留存备查。

2.2.2 "六税一费"优惠政策案例分析

案例 1 饮水工程运营管理单位税收优惠。

某公司是一家饮水工程运营管理单位，2019 年 5 月，该公司为建设饮水工程而承受土地使用权，为建设饮水工程取得土地使用权而签订产权转移书据，并且与施工单位签订建设工程承包合同。那么，针对上述业务，该公司是否需要缴纳契税与印花税？

《财政部 税务总局关于继续实行农村饮水安全工程税收优惠政策的公告》（财政部 税务总局公告 2019 年第 67 号）第一条、第二条、第三条规定：

对饮水工程运营管理单位为建设饮水工程而承受土地使用权，免征契税。

对饮水工程运营管理单位为建设饮水工程取得土地使用权而签订的产权转移书据，以及与施工单位签订的建设工程承包合同，免征印花税。

对饮水工程运营管理单位自用的生产、办公用房产、土地，免征房产税、城镇土地使用税。

案例 2 公租房经营管理单位税收优惠。

公租房经营管理单位，在"六税一费"方面可享受哪些优惠？

《财政部 税务总局关于公共租赁住房税收优惠政策的公告》（财政部 税务总局公告 2019 年第 61 号）第一条、第二条、第三条规定：

对公租房建设期间用地及公租房建成后占地，免征城镇土地使用税。

对公租房经营管理单位免征建设、管理公租房涉及的印花税。

对公租房经营管理单位购买住房作为公租房，免征契税、印花税；对公租房租赁双方免征签订租赁协议涉及的印花税。

案例 3 供热企业税收优惠。

某公司是一家供热企业，针对供热企业实行的房产税、城镇土地使用税优惠政策还会延续吗？

《财政部 税务总局关于延续供热企业增值税 房产税 城镇土地使用税优惠政策的通知》（财税〔2019〕38 号）第二条规定：

自 2019 年 1 月 1 日至 2020 年 12 月 31 日，对向居民供热收取采暖费的供热企业，为居民供热所使用的厂房及土地免征房产税、城镇土地使用税；对供热企业其他厂房及土地，应当按照规定征收房产税、城镇土地使用税。

案例 4 文化事业单位转制企业税收优惠。

一家经营性文化事业单位转制企业，可享受哪些"六税一费"税收优惠？

《财政部 税务总局 中央宣传部关于继续实施文化体制改革中经营性文化事业单位转制为企业若干税收政策的通知》（财税〔2019〕16 号）第一条规定：

由财政部门拨付事业经费的文化单位转制为企业，自转制注册之日起五年内对其自用房产免征房产税。2018 年 12 月 31 日之前已完成转制的企业，自 2019 年 1 月 1 日起对其自用房产可继续免征五年房产税。

对经营性文化事业单位转制中资产评估增值、资产转让或划转涉及的企业所得税、增值税、城市维护建设税、契税、印花税等，符合现行规定的享受相应税收优惠政策。

案例 5 退役士兵从事个体经营税收优惠。

如果一名自主就业退役士兵想从事个体经营，其在"六税一费"方面可享受哪些税收优惠？

《财政部 税务总局 退役军人部关于进一步扶持自主就业退役士兵创业就业有关税收政策的通知》（财税〔2019〕21 号）第一条规定：

自主就业退役士兵从事个体经营的，自办理个体工商户登记当月起，在 3 年（36 个月，下同）内按每户每年 12 000 元为限额依次扣减其当年实际应缴纳的增值税、城市维护建设税、教育费附加、地方教育附加和个人所得税。限额标准最高可上浮 20%，各省、自治区、直辖市人民政府可根据本地区实际情况在此幅度内确定具体限额标准。

案例 6 高校学生公寓租赁税收优惠。

高校学生公寓是否需要缴纳房产税？与高校学生签订的高校学生公寓租赁合同是否需要缴纳印花税？

《财政部 税务总局关于高校学生公寓房产税 印花税政策的通知》（财税〔2019〕14 号）第一条、第二条、第三条规定：

对高校学生公寓免征房产税。

对与高校学生签订的高校学生公寓租赁合同，免征印花税。

本通知所称高校学生公寓，是指为高校学生提供住宿服务，按照国家规定的收费标准收取住宿费的学生公寓。

案例 7 农产品批发市场和农贸市场税收优惠。

农产品批发市场和农贸市场活跃了市场经济、满足了人们的日常需求，那么，农产品批发市场和农贸市场在"六税一费"方面享受哪些税收优惠呢？

《财政部 税务总局关于继续实行农产品批发市场 农贸市场房产税 城镇土地使用税优惠政策的通知》（财税〔2019〕12号）第一条规定：

自2019年1月1日至2021年12月31日，对农产品批发市场、农贸市场（包括自有和承租，下同）专门用于经营农产品的房产、土地，暂免征收房产税和城镇土地使用税。对同时经营其他产品的农产品批发市场和农贸市场使用的房产、土地，按其他产品与农产品交易场地面积的比例确定征免房产税和城镇土地使用税。

2.3 国内旅客运输服务抵扣增值税案例分析

《财政部 税务总局 海关总署关于深化增值税改革有关政策的公告》（财政部 税务总局 海关总署公告2019年第39号）规定，2019年4月1日起国内旅客运输服务可抵扣增值税，如表2-1所示。

表2-1 国内旅客运输服务抵扣凭证及进项税额计算

抵扣凭证种类	进项税额计算
增值税专用发票	发票上注明的税额
增值税电子普通发票	发票上注明的税额
注明旅客身份信息的航空运输电子客票行程单	（票价 + 燃油附加费）÷（1+9%）×9%
注明旅客身份信息的铁路车票	票面金额 ÷（1+9%）×9%
注明旅客身份信息的公路、水路等其他客票	票面金额 ÷（1+3%）×3%

2.3.1　航空运输电子客票行程单抵扣

抵扣要点如下。

（1）开票日期是 2019 年 4 月 1 日及以后。

（2）登机牌不能作为抵扣凭证。

（3）可通过中国民用航空局网站首页中部"电子客票验真"查验票据真伪。

（4）航空运输电子客票行程单上字母的含义：CNY 代表人民币、CN 代表民航发展基金、YQ 代表燃油附加费。

（5）不需要勾选认证，也就是没有 360 日限制。

（6）将一张复印件和增值税抵扣凭证一起装订，原件作为报销凭证装订在相关凭证后面。

取得注明旅客身份信息的航空运输电子客票行程单的，按照下列公式计算进项税额。

航空旅客运输进项税额 =（票价 + 燃油附加费）÷（1+9%）×9%

2.3.2　铁路车票抵扣

抵扣要点如下。

（1）开票日期是 2019 年 4 月 1 日及以后。

（2）不含退票费。

（3）不需要勾选认证，也就是没有 360 日限制。

（4）将一张复印件和增值税抵扣凭证一起装订，原件作为报销凭证装订在相关凭证后面。

取得注明旅客身份信息的铁路车票的，按照下列公式计算进项税额。

铁路旅客运输进项税额 = 票面金额 ÷（1+9%）×9%

2.3.3　增值税电子普通发票抵扣

抵扣要点如下。

（1）开票日期是 2019 年 4 月 1 日及以后，为发票上注明的税额。

（2）如果取得的是充值形成的"不征税"增值税电子普通发票，发票上没有税额，就不能抵扣进项税额。

（3）一般纳税人取得符合规定的通行费电子发票后，应当自开具之日起360日内登录本省（区、市）增值税发票选择确认平台，查询、选择用于申报抵扣的通行费电子发票信息。

（4）发票抬头必须是单位全称。

（5）在旅行社或网上订飞机票，取得电子发票后，如果发票税收编码属于"旅客运输"且税率栏是9%或3%的，可以抵扣发票上注明的税额；如果发票税收编码属于"旅游服务"或税率栏是6%的，则相关服务不属于旅客运输服务，相关发票不属于合规的抵扣凭证，不能抵扣进项税额。

值得注意的是，滴滴打车票属于"不征税"增值税电子普通发票，发票上没有税额，因此不能抵扣进项税额。

2.3.4 公路、水路客票抵扣

抵扣要点如下。

（1）开票日期是2019年4月1日及以后。

（2）客票上必须要注明旅客身份信息，否则不能抵扣。

（3）不需要勾选认证，也就是没有360日限制。

（4）将一张复印件和增值税抵扣凭证一起装订，原件作为报销凭证装订在相关凭证后面。

取得注明旅客身份信息的公路、水路等其他客票的，按照下列公式计算进项税额。

公路、水路等其他旅客运输进项税额 = 票面金额 ÷（1+3%）× 3%

2.3.5 其他注意事项

1. 增值税纳税申报表填报要求

（1）纳税人购进国内旅客运输服务，取得增值税专用发票的，按规定可抵扣的进项税额在申报时填写在《增值税纳税申报表附列资料（二）》第1栏"认证相符的增值税专用发票"相应栏次中。

（2）纳税人购进国内旅客运输服务，未取得增值税专用发票的，以增值税电子普通发票注明的税额，或凭注明旅客身份信息的航空、铁路、公路、水路等票据，按政策规定计算的可抵扣进项税额，填写在《增值税纳税申报表附列资料（二）》第 8b 栏"其他"中申报抵扣。

　　案例　国内旅客运输服务增值税纳税申报。

　　某一般纳税人，不考虑其他情况，取得以下票据。

　　（1）2019 年 4 月取得客运增值税专用发票，发票上注明不含税金额 1 000 元，增值税税额 90 元，可抵扣进项税额 90 元。

　　（2）2019 年 4 月取得旅客运输增值税电子普通发票，发票上注明不含税金额 2 000 元，增值税税额 180 元，可抵扣进项税额 180 元。

　　（3）2019 年 4 月取得旅客运输增值税电子普通发票（公交卡充值发票），发票上注明不含税金额 2 000 元，税率栏为"不征税"，增值税税额 0 元，可抵扣进项税额 0 元。

　　（4）2019 年 4 月取得注明旅客身份信息的航空运输电子客票行程单，行程单上注明票价 5 000 元，燃油附加费 0 元，机场建设费 20 元，合计金额 5 020 元，可抵扣进项税额 =5 000÷（1+9%）×9%=412.84（元）（注意：机场建设费不计算抵扣进税）。

　　（5）2019 年 4 月取得注明旅客身份信息的高铁票，票上注明金额 3 000 元，可抵扣进项税额 =3 000÷（1+9%）×9%=247.71（元）。

　　（6）2019 年 4 月取得客运大巴的发票，发票上注明金额 2 000 元，其中有 800 元的客运大巴的发票没有注明旅客身份信息，可抵扣进项税额 =（2 000−800）÷（1+3%）×3%=34.95（元）。

　　该企业针对取得的上述票据，计算可抵扣进项税额时，可按增值税纳税申报表项目分为以下两类。

　　（1）取得增值税专用发票：不含税金额 1 000 元，可抵扣进项税额 90 元。

　　（2）取得其他扣税凭证：增值税电子普通发票、航空运输电子客票行程单、高铁票、客运大巴的发票。

　　以上取得其他扣税凭证不含税金额 =2 000+5 000÷（1+9%）+3 000÷（1+9%）+（2 000−800）÷（1+3%）=10 504.50（元）。

　　可抵扣进项税额 =180+412.84+247.71+34.95=875.50（元）。

　　据此填列增值税纳税申报表，如表 2-2 所示。

表 2-2　增值税纳税申报表

单位：元

项目	栏次	份数	金额	税额
（一）认证相符的增值税专用发票	1=2+3		1 000.00	90.00
其中，本期认证相符且本期申报抵扣	2		1 000.00	90.00
前期认证相符且本期申报抵扣	3			
（二）其他扣税凭证	4=5+6+7+8a+8b			
其中，海关进口增值税专用缴款书	5			
农产品收购发票或者销售发票	6			
代扣代缴税收缴款凭证	7			
加计扣除农产品进项税额	8a			
其他	8b		10 504.00	875.50
（三）本期用于购建不动产的扣税凭证	9			
（四）本期用于抵扣的旅客运输服务扣税凭证	10		11 504.50	965.00
（五）外贸企业进项税额抵扣证明	11			
当期申报抵扣进项税额合计	12=1+4+11		11 504.50	965.00

2. 旅客运输服务不能抵扣的情形

（1）购进国内旅客运输服务用于简易计税方法计税项目、免征增值税项目、集体福利或者个人消费，其进项税额不得从销项税额中抵扣。

（2）购进非国内旅客运输服务，其进项税额不得从销项税额中抵扣。

3. 国家税务总局关于旅客运输服务抵扣进项答疑

（1）增值税一般纳税人购进国内旅客运输服务，能否抵扣进项税额？

答：可以。自 2019 年 4 月 1 日起，增值税一般纳税人购进国内旅客运输服务，其进项税额允许从销项税额中抵扣。

（2）增值税一般纳税人购进国际旅客运输服务，能否抵扣进项税额？

答：不能。纳税人购进国际旅客运输服务，适用增值税零税率或免税政策。相应地，购进国际旅客运输服务不能抵扣进项税额。

（3）是否只有注明旅客身份信息的客票，才能作为进项税额抵扣凭证？

答：是的。按照《财政部　税务总局　海关总署关于深化增值税改革有关政策的公告》（财政部　税务总局　海关总署公告 2019 年第 39 号）的规定，目前暂允许注明旅客身份信息的航空运输电子客票行程单、铁路车票、公路和水路等其他客票，作为进项税额抵扣凭证。

（4）增值税一般纳税人购进国内旅客运输服务，可以作为进项税额抵扣的凭证有哪些种类？

答：增值税一般纳税人购进国内旅客运输服务，可以作为进项税额抵扣的凭证有：增值税专用发票、增值税电子普通发票，注明旅客身份信息的航空运输电子客票行程单、铁路车票以及公路、水路等其他客票。

（5）增值税一般纳税人购进国内旅客运输服务取得增值税电子普通发票的，如何计算进项税额？

答：增值税一般纳税人购进国内旅客运输服务取得增值税电子普通发票的，进项税额为发票上注明的税额。

（6）增值税一般纳税人购进国内旅客运输服务取得航空运输电子客票行程单的，如何计算进项税额？

答：取得注明旅客身份信息的航空运输电子客票行程单的，按照下列公式计算进项税额。

航空旅客运输进项税额 =（票价 + 燃油附加费）÷（1+9%）× 9%

（7）增值税一般纳税人购进国内旅客运输服务取得注明旅客身份信息的铁路车票的，如何计算进项税额？

答：取得注明旅客身份信息的铁路车票的，按照下列公式计算进项税额。

铁路旅客运输进项税额 = 票面金额 ÷（1+9%）× 9%

（8）增值税一般纳税人购进国内旅客运输服务取得注明旅客身份信息的公路、水路等客票的，如何计算进项税额？

答：取得注明旅客身份信息的公路、水路等客票的，按照下列公式计算进项税额。

公路、水路旅客运输进项税额 = 票面金额 ÷（1+3%）× 3%

2.4 债转股重组税务要点与案例分析

2.4.1 债转股重组税务要点

债转股的税务处理方式可以分为一般性税务处理和特殊性税务处理。同一重组业务的当事各方应遵循一致性税务处理原则，即统一按一般性或特殊性税务处理，如果债务人不想确认债务重组收益，债权人就不能确认债务重组损失。

基于此，在实务操作中，债务重组双方，应从自身情况出发进行协商，尽可能选择共赢的税务处理方式。

2.4.2 债转股税务处理案例

1. 案情介绍

甲公司破产重整时，应付乙公司 5 000 万元。重整计划中明确，甲公司增发 1 000 万股股票（每股面值 1 元），以偿还乙公司的欠款。甲公司做出发行股票决定时，股票市价为每股 2 元，同时，增发价也为每股 2 元。

假设一年后，甲公司股价为每股 6 元，乙公司全部减持，减持所得为 6 000 万元（假设乙公司未计提坏账准备或公允价值变动损益）。

2. 案例分析

根据《企业会计准则第 12 号——债务重组》（财会〔2019〕9 号）规定，对债转股，债权人放弃债权的公允价值与账面价值之间的差额，应当计入当期损益。

债务人所清偿债务账面价值与权益工具确认金额之间的差额，应当计入当期损益。在债务重组时，甲公司要确认股本 1 000 万元、资本公积 1 000 万元，确认债务重组收益 3 000 万元；相应地，乙公司要确认债务重组损失 3 000 万元。

根据《财政部 国家税务总局关于企业重组业务企业所得税处理若干问题的通知》（财税〔2009〕59 号，以下简称"59 号文件"）规定，发生债权转股权的，应当分解为债务清偿和股权投资两项业务，确认有关债务清偿所得或损失。

在税法上可以将其视为两个步骤：一是重整企业甲公司用 2 000 万元现金

偿还乙公司 5 000 万元的债务,差额 3 000 万元由乙公司予以豁免;二是乙公司以 2 000 万元现金的形式投资甲公司,购买甲公司面值为 1 000 万元但公允价值为 2 000 万元的股票。

(1)一般性税务处理。

根据 59 号文件规定,进行一般性税务处理时,债务人应当按照支付的债务清偿额低于债务计税基础的差额,确认债务重组所得;债权人应当按照收到的债务清偿额低于债权计税基础的差额,确认债务重组损失。

因此,本案例在进行一般性税务处理时,重整企业甲公司应确认 3 000 万元的债务重组所得,债权人乙公司应确认 3 000 万元的债务重组损失,乙公司取得甲公司股票的计税基础为 2 000 万元。

乙公司在进行年终企业所得税汇算清缴时,需要按照《国家税务总局关于发布〈企业资产损失所得税税前扣除管理办法〉的公告》(国家税务总局公告 2011 年第 25 号)的规定,依据投资的原始凭证、合同或协议、会计核算资料等相关证据材料确认债权投资损失,证明资金确实无法收回。

同时,乙公司依据《国家税务总局关于企业所得税资产损失资料留存备查有关事项的公告》(国家税务总局公告 2018 年第 15 号)的有关规定,填报企业所得税年度纳税申报表中的《资产损失税前扣除及纳税调整明细表》,专项申报扣除资产损失,相关资料由企业留存备查。

(2)特殊性税务处理。

根据 59 号文件规定,企业发生债权转股权业务,选择特殊性税务处理时,对债务清偿和股权投资两项业务暂不确认有关债务清偿所得或损失,股权投资的计税基础以原债权的计税基础确定。

如果此次债转股具有合理商业目的,且乙公司在债转股后 12 个月内,不出售所取得的甲公司股票,双方可以选择特殊性税务处理。此时,重整企业甲公司暂不确认债务重组所得,债权人乙公司也不确认债务重组损失,乙公司取得甲公司股票的计税基础为 5 000 万元。

在选择特殊性税务处理时,由于存在税会差异,乙公司在当年度企业所得税汇算清缴过程中,应通过《企业重组及递延纳税事项纳税调整明细表》进行纳税调整。

根据《国家税务总局关于企业重组业务企业所得税征收管理若干问题的公

告》（国家税务总局公告 2015 年第 48 号）的有关规定，重组各方应在该重组业务完成当年，办理企业所得税年度申报时，分别向各自主管税务机关报送《企业重组所得税特殊性税务处理报告表及附表》和申报资料。

（3）处理结果。

采取一般性税务处理时，乙公司减持股票后应确认所得 4 000 万元，由于乙公司前期已经确认债务重组损失 3 000 万元，该债转股及股票处置最终实现所得 1 000 万元。

采取特殊性税务处理时，由于乙公司取得甲公司股票的计税基础为 5 000 万元，股票减持后应确认所得 1 000 万元，该债转股及股票处置最终实现的所得也为 1 000 万元，只是乙公司的债务重组损失在股票处置环节才得以确认。

2.5 个人所得税计算要点与案例分析

2.5.1 工资薪金预扣预缴税额的计算要点与案例分析

个人所得税预扣率表如表 2-3 所示。

表 2-3 个人所得税预扣率表

级数	累计预扣预缴应纳税所得额	预扣率（％）	速算扣除数
1	不超过 36 000 元的部分（年起征点 60 000 元）	3	0
2	超过 36 000 元至 144 000 元的部分	10	2 520
3	超过 144 000 元至 300 000 元的部分	20	16 920
4	超过 300 000 元至 420 000 元的部分	25	31 920
5	超过 420 000 元至 660 000 元的部分	30	52 920

（续表）

级数	累计预扣预缴应纳税所得额	预扣率（%）	速算扣除数
6	超过 660 000 元至 960 000 元的部分	35	85 920
7	超过 960 000 元的部分	45	181 920

累计预扣预缴应纳税所得额 = 累计收入 − 累计免税收入 − 累计减除费用 − 累计专项扣除 − 累计专项附加扣除 − 累计依法确定的其他扣除

本期应预扣预缴税额 =（累计预扣预缴应纳税所得额 × 预扣率 − 速算扣除数）− 累计减免税额 − 累计已预扣预缴税额

案例　个人所得税计算。

王明 2019 年每月工资均为 30 000 元，每月减除费用 5 000 元，"三险一金"扣除额度为 4 500 元，享受专项附加扣除额度 2 000 元，假设没有减免收入及减免税额等情况。通过个人所得税预扣率表可以得出，王明前 8 个月应当按照以下方法计算预扣预缴税额。

1 月：（30 000−5 000−4 500−2 000）×3%=18 500×3%=555（元）

2 月：（30 000×2−5 000×2−4 500×2−2 000×2）×10%−2 520−555=37 000×10%−2 520−555=625（元）

3 月：（30 000×3−5 000×3−4 500×3−2 000×3）×10%−2 520−555−625=55 500×10%−2 520−555−625=1 850（元）

4 月：（30 000×4−5 000×4−4 500×4−2 000×4）×10%−2 520−555−625−1 850=74 000×10%−2 520−555−625−1 850=1 850（元）

5 月：（30 000×5−5 000×5−4 500×5−2 000×5）×10%−2 520−555−625−1 850−1 850=92 500×10%−2 520−555−625−1 850−1 850=1 850（元）

6 月：（30 000×6−5 000×6−4 500×6−2 000×6）×10%−2 520−555−625−1 850−1 850−0=111 000×10%−2 520−555−625−1 850−1 850−1 850=1 850（元）

7 月：（30 000×7−5 000×7−4 500×7−2 000×7）×10%−2 520−555−625−1 850−1 850−0=129 500×10%−2 520−555−625−1 850−1 850−1 850−1 850=1 850（元）

8 月：（30 000×8-5 000×8-4 500×8-2 000×8）×10%-2 520-555-625-1 850-1 850-0=148 000×20%-16 920-555-625-1 850-1 850-1 850-1 850-1 850=2 250（元）

上述计算结果表明，由于 2 月累计预扣预缴应纳税所得额为 37 000 元，已适用 10% 的预扣率，因此 2 月应预扣预缴税款有所增加；3 ~ 7 月累计预扣预缴应纳税所得额相应增加，但由于应纳税所得额不超过 144 000 元，仍适用 10% 的预扣率，预扣预缴税额不变；8 月应纳税所得额超过 144 000 元，适用 20% 的预扣率，预扣预缴税额相应增加。

2.5.2 离退休人员个人所得税处理要点与案例分析

1. 退休工资、离休工资、离休生活补助费免税

《中华人民共和国个人所得税法》第四条第七款规定：按照国家统一规定发给干部、职工的安家费、退职费、基本养老金或者退休费、离休费、离休生活补助费免征个人所得税。

需要提醒的是，退休人员如还取得返聘工资，不需要合并退休工资、离休工资和离休生活补助费计算缴纳个人所得税；退休人员取得退休工资、离休工资和离休生活补助费不需要汇总到综合所得计算缴纳个人所得税。

2. 离退休人员从原任职单位取得离退休工资或养老金以外的各类补贴应按工资、薪金所得缴纳个人所得税

《国家税务总局关于离退休人员取得单位发放离退休工资以外奖金补贴征收个人所得税的批复》（国税函〔2008〕723 号）规定：离退休人员除按规定领取离退休工资或养老金外，另从原任职单位取得的各类补贴、奖金、实物，不属于《中华人民共和国个人所得税法》第四条规定可以免税的退休费、离休费、离休生活补助费。

根据《中华人民共和国个人所得税法》及其实施条例的有关规定，离退休人员从原任职单位取得的各类补贴、奖金、实物，应在减除费用扣除标准后，按"工资、薪金所得"应税项目缴纳个人所得税。

3. 退休人员再任职取得的收入应缴纳个人所得税

《国家税务总局关于个人兼职和退休人员再任职取得收入如何计算征收个人所得税问题的批复》（国税函〔2005〕382 号）规定：个人兼职取得的收入应按照"劳务报酬所得"应税项目缴纳个人所得税；退休人员再任职取得的收入，在减除按个人所得税法规定的费用扣除标准后，按"工资、薪金所得"应税项目缴纳个人所得税。

《国家税务总局关于个人所得税有关问题的公告》（国家税务总局公告 2011 年第 27 号）规定：《国家税务总局关于离退休人员再任取界定问题的批复》（国税函〔2006〕526 号）第三条中，单位是否为离退休人员缴纳社会保险费，不再作为离退休人员再任职的界定条件。

4. 退休人员取得工资薪金所得按照综合预扣预缴和汇算清缴缴纳个人所得税

居民个人取得综合所得（工资、薪金所得，劳务报酬所得，稿酬所得，特许权使用费所得），按纳税年度合并计算个人所得税。

居民个人的综合所得，以每一纳税年度的收入额减除费用 60 000 元以及专项扣除（包括居民个人按国家规定的范围和标准缴纳的基本养老保险、基本医疗保险、失业保险等社会保险费和住房公积金等）、专项附加扣除（包括子女教育、继续教育、大病医疗、住房贷款利息或者住房租金、赡养老人等支出）和依法确定的其他扣除后的余额，为应纳税所得额。

5. 高级专家延长离退休期间从所在单位取得的工资、补贴等视同离退休工资免税

《财政部 国家税务总局关于高级专家延长离休退休期间取得工资薪金所得有关个人所得税问题的通知》（财税〔2008〕7 号）规定：延长离休退休年龄的高级专家是指享受国家发放的政府特殊津贴的专家、学者，中国科学院、中国工程院院士。高级专家延长离退休期间取得的工资薪金所得，其免征个人所得税政策口径按下列标准执行。

（1）对高级专家从其劳动人事关系所在单位取得的，单位按国家有关规定向职工统一发放的工资、薪金、奖金、津贴、补贴等收入，视同离休、退休工资，免征个人所得税。

（2）除上述第（1）项所述收入以外各种名目的津补贴收入等，以及高级专家从其劳动人事关系所在单位之外的其他地方取得的培训费、讲课费、顾问费、稿酬等各种收入，依法计征个人所得税。

6. 个人提前退休取得的一次性补贴收入按工资所得计税

《财政部 税务总局关于个人所得税法修改后有关优惠政策衔接问题的通知》（财税〔2018〕164号）规定：个人办理提前退休手续而取得的一次性补贴收入，应按照办理提前退休手续至法定离退休年龄之间实际年度数平均分摊，确定适用税率和速算扣除数，单独适用综合所得税率表，计算纳税。计算公式如下：

应纳税额 ={[（一次性补贴收入 ÷ 办理提前退休手续至法定退休年龄的实际年度数）– 费用扣除标准]× 适用税率 – 速算扣除数 }× 办理提前退休手续至法定退休年龄的实际年度数

7. 个人办理内部退养手续而取得的一次性补贴收入

《国家税务总局关于个人所得税有关政策问题的通知》（国税发〔1999〕58号）规定：实行内部退养的个人在其办理内部退养手续后至法定离退休年龄之间从原任职单位取得的工资、薪金，不属于离退休工资，应按"工资、薪金所得"项目计征个人所得税。

个人在办理内部退养手续后从原任职单位取得的一次性收入，应按办理内部退养手续后至法定离退休年龄之间的所属月份进行平均，并与领取当月的"工资、薪金"所得合并后减除当月费用扣除标准，以余额为基数确定适用税率，再将当月工资、薪金加上取得的一次性收入，减去费用扣除标准，按适用税率计征个人所得税。

个人在办理内部退养手续后至法定离退休年龄之间重新就业取得的"工资、薪金"所得，应与其从原任职单位取得的同一月份的"工资、薪金"所得合并，并依法自行向主管税务机关申报缴纳个人所得税。

8. 离退休人员的其他应税所得应依法缴纳个人所得税

根据《中华人民共和国个人所得税法》的规定，离退休人员取得的个体户生产经营所得、对企、事业单位的承包经营承租经营所得，劳务报酬所得，稿酬所得，财产租赁所得，财产转让所得，利息股息红利所得，偶然所得以及其他所得均应依法缴纳个人所得税。

9．退休人员的工资、福利等与取得收入不直接相关的支出不能税前扣除

《国家税务总局办公厅关于强化部分总局定点联系企业共性税收风险问题整改工作的通知》（税总办函〔2014〕652号）中关于"一、离退休人员的工资、福利等与取得收入不直接相关的支出的税前扣除问题"规定：按照《中华人民共和国企业所得税法》（以下简称《企业所得税法》）第八条及《中华人民共和国企业所得税法实施条例》第二十七条的规定，与企业取得收入不直接相关的离退休人员工资、福利费等支出，不得在企业所得税前扣除。

10．返聘离退休人员工资薪金支出和职工福利费支出按规定税前扣除

《国家税务总局关于企业所得税应纳税所得额若干税务处理问题的公告》（国家税务总局公告2012年第15号）中"一、关于季节工、临时工等费用税前扣除问题"规定：企业因雇用季节工、临时工、实习生、返聘离退休人员以及接受外部劳务派遣用工所实际发生的费用，应区分为工资薪金支出和职工福利费支出，并按《企业所得税法》规定在企业所得税前扣除。其中属于工资薪金支出的，准予计入企业工资薪金总额的基数，作为计算其他各项相关费用扣除的依据。

需要提醒的是，虽然企业未给离退休人员缴纳社会保险费，但返聘离退休人员产生的工资是可进行所得税税前扣除的。

2.5.3　网络红包等收入的个人所得税要点

《财政部 税务总局关于个人取得有关收入适用个人所得税应税所得项目的公告》（财政部 税务总局公告2019年第74号）规定：企业在业务宣传、广告等活动中，随机向本单位以外的个人赠送礼品（包括网络红包，下同），以及企业在年会、座谈会、庆典以及其他活动中向本单位以外的个人赠送礼品，个人取得的礼品收入，按照"偶然所得"项目计算缴纳个人所得税。

但企业赠送的具有价格折扣或折让性质的消费券、代金券、抵用券、优惠券等礼品除外。

2.6 各项支出的企业所得税收前扣除政策

2.6.1 6项不需要发票可以税前扣除的支出

1. 个人500元以下零星支出

修锁费用、水果摊买水果的费用、修理计算机的费用等，只需要取得一张个人开具的收款凭证，该费用就可税前扣除，即此类费用可以收据入账并税前扣除。

提醒：支付从事小额零星经营业务的个人支出不到500元的不需要发票。

附件：只需收据，但是需要注明收款单位名称、个人姓名及身份证号、支出项目、收款金额等相关信息，这样的收据就可以作为税前扣除的原始依据。

2. 工资、薪资支出

提醒：企业平时支付职工的工资、薪金不需要发票。

附件：完成个人所得税纳税申报的工资表、工资分配方案、考勤记录、付款证明等证实合理性的工资支出凭证，可以作为税前扣除的原始依据。

3. 现金性福利支出

企业逢年过节向职工发放过节费、福利费、职工生活困难补助等，也不需要取得员工开具的发票。

提醒：企业过节发放给职工的现金性福利不需要发票。

附件：过节费发放明细表、付款证明等福利支出凭证，可以作为按照税法标准税前扣除的原始依据。

4. 差旅补助

提醒：企业支付因公出差人员的差旅补助不需要发票（有些地区如此）。

附件：差旅费报销单，企业发生的与其经营活动有关的合理的差旅费，凭真实、合法的凭据准以税前扣除，证明差旅费真实性的材料应包括出差人员姓名、地点、时间、任务、支付凭证等。

企业差旅费补助标准可以按照财政部门制定的标准执行或经企业董事会决议自行确定。

5. 员工误餐补助

提醒：企业支付员工因公在城区郊区工作不能在工作单位或返回就餐，确实需要在外就餐的，根据实际误餐次数，按规定的标准领取的误餐费不需要发票。

附件：误餐补助发放明细表、付款证明、相应的签领单等，作为税前扣除的合法有效凭证。

6. 未履行合同的违约金支出

提醒：企业经常遇到由于各种原因导致合同未履行，需要支付对方违约金的情况，这类支出不属于增值税应税行为，不需要取得发票。

注意：双方签订的提供应税货物或应税劳务的协议、双方签订的赔偿协议、收款方开具的收据、法院判决书或调解书、仲裁机构的裁定书，可作为税前扣除的原始依据。

2.6.2　12 项取得发票才能税前扣除的支出

（1）银行收取手续费、佣金、酬金、管理费、服务费、经手费、开户费、过户费、结算费、转托管费等各类费用，以发票作为税前扣除凭证，一般纳税人取得增值税专用发票可以按规定抵扣进项税额。（财税〔2016〕36 号）

（2）支付银行及其他单位的利息费用，以发票作为税前扣除凭证。一般纳税人即使取得增值税专用发票，也不能按规定抵扣进项税额。（财税〔2016〕36 号）

（3）企业支出票据贴现费，以发票作为税前扣除凭证。一般纳税人即使取得增值税专用发票，也不能按规定抵扣进项税额。（财税〔2016〕36 号、国家税务总局公告 2017 年第 30 号）

（4）单位微信账号、支付宝账号的手续费，以发票作为税前扣除凭证。一般纳税人取得增值税专用发票，可以按规定抵扣进项税额。（财税〔2016〕36 号）

（5）单位 POS 机手续费，向收单机构索取发票，以发票作为税前扣除凭证。一般纳税人取得增值税专用发票，可以按规定抵扣进项税额。（国家税务总局公告 2017 年第 11 号）

（6）飞机票等（火车票以外）退票费、手续费，以发票作为税前扣除凭证。一般纳税人取得增值税专用发票，可以按规定抵扣进项税额。（财税〔2017〕

90 号）

（7）火车票退票费、手续费，以中国铁路总公司及其所属运输企业（含分支机构）自行印制的铁路票据作为税前扣除凭证。（国家税务总局公告 2018 年第 28 号）

（8）单位车辆的 ETC 过路过桥费，以发票作为税前扣除凭证。一般纳税人取得电子发票，可以按规定抵扣进项税额。（财税〔2017〕90 号，交通运输部、国家税务总局公告 2017 年第 66 号）

（9）单位支付的财产商业保险费，以发票作为税前扣除凭证。一般纳税人取得增值税专用发票，可以按规定抵扣进项税额。（财税〔2016〕36 号）

（10）单位支付的电话费、上网费等通信费用，以发票作为税前扣除凭证。一般纳税人取得增值税专用发票，可以按规定抵扣进项税额。（财税〔2016〕36 号）

（11）单位购买补充耕地指标，以发票作为税前扣除凭证。一般纳税人取得增值税专用发票，可以按规定抵扣进项税额。（国家税务总局公告 2018 年第 42 号）

（12）单位支付拍卖行的手续费或佣金收入，按照"经纪代理服务"缴纳增值税，以发票作为税前扣除凭证。一般纳税人取得增值税专用发票，可以按规定抵扣进项税额。（国家税务总局公告 2018 年第 42 号）

2.7 费用税收政策要点与分析

2.7.1 5 个关于餐饮费入账的问题及其政策要点

1. 所有的餐饮费都计入"业务招待费"是个误区

业务招待费主要包括的内容就是宴请费用，所以将餐饮费计入"业务招待费"

的情况非常常见，因此一些财务人员误认为所有的餐饮费都应计入"业务招待费"。

虽然会计与税务都未对业务招待费进行明确界定，但是实践中无论是税务还是会计，"业务招待费"招待的对象都应是"外人"，即企业以外的人员。

因此，如果招待的对象不是"外人"，也将餐饮费计入"业务招待费"，应该是错误的。

2. 餐饮费可以计入"职工福利费"

在企业日常实务中，经常会出现逢年过节等员工聚餐的情况，参与餐饮活动的人员全部是企业员工。另外，还有由于员工野外作业或者加班加点等不方便吃饭，企业向员工提供工作餐的情况。

上述情况，餐饮费在会计上属于"非货币性福利"，而在税务上可以按照国税函〔2009〕3号的有关要求计入"职工福利费"。

3. 餐饮费可以计入"差旅费"

企业职工出差，一般都规定有出差补助或补贴标准。职工出差期间发生的费用也可能包含餐饮费，因此，对于职工出差期间的餐饮费，应该合理进行划分：职工出差期间，因带着企业任务去宴请客户等发生的餐饮费，应计入"业务招待费"；如果是职工个人出差期间在补贴标准以内产生的消费，则应计入"差旅费"。

对于出差补贴是否必须提供发票，全国各地政策并不统一。有的地方明确要求出差补贴须提供发票，否则无票补贴部分计入工资薪金计算个人所得税。有的地方则明确只要是在合理范围内的出差补助都可以无票补贴。因此，企业财务人员需要了解所在区域相应的政策。

4. 餐饮费可以计入"会议费"

企业在经营管理中，经常会召开各种会议，邀请一些专家、客户、媒体、供应商、企业员工等参加。作为会议费，必然包括为会议召开而发生的交通、住宿、餐饮等费用，因此会议费中包括餐饮费实属正常。

但是，税务机关为防止企业将业务招待费计入会议费，对于会议费的税前扣除一般会要求提供与会议相关的会议通知、会议签到册等可以证明会议费真实性的资料。

5. 餐饮费可否计入"职工教育经费"

对于职工参加企业组织的培训，可能在发生的费用里面会有餐饮费，对于餐饮费是否可以计入"职工教育经费"，规定如下。

财政部、税务总局等11部委联合下发了《关于印发〈关于企业职工教育经费提取与使用管理的意见〉的通知》（财建〔2006〕317号），对于职工教育经费的列支范围规定了11个大类，其中包括"有关职工教育的其他开支"。

实务中职工在外出参加培训期间，必然要发生与培训相关的交通费、住宿费和餐饮费等，因此这些费用应该作为"有关职工教育的其他开支"在职工教育费中进行列支并税前扣除。

对于因职工培训而发生的餐饮费，企业在税前扣除前应咨询主管税务机关的意见，避免产生税务风险。

如果主管税务机关不认可餐饮费可以通过"职工教育经费"税前扣除，可以分情况进行处理：对于少数职工外出培训发生的餐饮费，可以作为"差旅费"进行列支；如果是职工因集体培训中的集体餐饮活动发生的餐饮费，可以作为"职工福利费"列支。

2.7.2 业务招待费、差旅费、餐饮费的区别

业务招待费是以企业经营为目的、企业与被招待人存在业务关系而发生的合理支出。

业务招待费极易与差旅费和餐饮费混淆，针对这3项费用应当明确区分。

（1）业务招待费与差旅费的区别。

客户来公司谈项目，产生的住宿费由本公司承担，会计人员可以将这笔费用列入业务招待费；如果是本公司的员工到客户公司去谈项目，产生的住宿费由本公司承担，那么这笔费用就得计入差旅费。业务招待费与差旅费的区别就是：前者是为企业外部人员支出的费用，后者是为企业内部人员支出的费用。

（2）业务招待费与餐饮费的区别。

业务招待费包括餐饮费，但餐饮费不一定属于业务招待费。

"餐饮费不一定属于业务招待费"最常见的情况就是公司免费为员工提供午餐，这是餐饮费，应计入职工福利费。员工出差期间产生的餐饮费就需计入差旅费。

国家税务总局发布的企业所得税法实施条例中规定，只要符合规定的业务招待费支出，在不超过当年营业收入的 5‰的前提下，企业都可以按照发生额的 60% 进行税前扣除。

2.7.3　业务招待费的涉税风险分析

（1）错将业务招待费计入其他项目，影响增值税、企业所得税和个人所得税。

例如，公司在维护客户关系时，赠送了一部手机给客户，会计人员没有将其计入业务招待费，而是计入了业务宣传费。如果当年广告宣传支出太多，超过了扣除数，而业务招待费还在扣除数内，那么无形之中就会增加公司的企业所得税和增值税等税负压力。

（2）将不合规范、与企业生产经营无关的支出计入业务招待费。

业务招待费必须是与企业生产经营有关的事项支出。

（3）筹建期间业务招待费与正常期间业务招待费扣除政策不同。

根据《国家税务总局关于企业所得税应纳税所得额若干税务处理问题的公告》（国家税务总局公告 2012 年第 15 号）规定，企业在筹建期间发生的与筹办活动有关的业务招待费支出，可按实际发生额的 60% 计入企业筹办费，并按有关规定在税前扣除。

根据《国家税务总局关于企业所得税若干税务事项衔接问题的通知》（国税函〔2009〕98 号）第九条规定，新税法中开（筹）办费未明确列作长期待摊费用的，企业可以在开始经营之日的当年一次性扣除，也可以按照新税法有关长期待摊费用的规定处理，但一经选定，不得改变。

3.1 企业扶贫捐赠所得税税前扣除政策

3.1.1 扶贫捐赠支出税前扣除

企业在 2019 年度同时发生扶贫捐赠和其他公益性捐赠支出，如何进行税前扣除处理？

答：企业所得税法规定，企业发生的公益性捐赠支出准予按年度利润总额的 12% 在税前扣除，超过部分准予结转以后三年内扣除。

《关于企业扶贫捐赠所得税税前扣除政策的公告》（财政部 税务总局 国务院扶贫办公告 2019 年第 49 号），明确了企业发生的符合条件的扶贫捐赠支出准予据实扣除。企业同时发生扶贫捐赠支出和其他公益性捐赠支出时，符合条件的扶贫捐赠支出不计算在公益性捐赠支出的年度扣除限额内。

根据《中华人民共和国企业所得税法》及其实施条例，以及《财政部 国家税务总局民政部关于公益性捐赠税前扣除有关问题的通知》（财税〔2008〕160 号）的有关规定，企业发生的公益性捐赠支出，在年度利润总额 12% 以内的部分，准予在计算应纳税所得额时扣除。年度利润总额，是指企业依照国家统一会计制度的规定计算的大于零的数额。

案例　捐赠支出税前扣除。

某企业 2019 年度的利润总额为 100 万元，当年度发生符合条件的扶贫方面的公益性捐赠支出为 15 万元，发生符合条件的教育方面的公益性捐赠支出为 12 万元。

则 2019 年度该企业的公益性捐赠支出税前扣除限额为 12 万元（100×12%）。教育捐赠支出 12 万元在扣除限额内，可以在税前全额扣除；扶贫捐赠支出无须考虑税前扣除限额，准予全额税前据实扣除。2019 年度，该企业的公益性捐赠支出共计 27 万元，均可在税前全额扣除。

3.1.2　捐赠支出凭证

企业进行扶贫捐赠后在取得捐赠票据方面应注意哪些事项？

答：根据《公益事业捐赠票据使用管理暂行办法》（财综〔2010〕112 号）规定，各级人民政府及其部门、公益性事业单位、公益性社会团体及其他公益性组织按照自愿，无偿原则，依法接受并用于公益性事业的捐赠财物时，应当向提供捐赠的自然人、法人和其他组织开具凭证。

企业发生对目标脱贫地区的捐赠支出时，应及时要求票据开具方在公益事业捐赠票据中注明目标脱贫地区的具体名称，并妥善保管该票据。

3.2　小型微利企业普惠性所得税减免政策

3.2.1　小型微利企业税收减免

（1）视同独立纳税人缴税的二级分支机构是否可以享受小型微利企业普惠性所得税减免政策？

答：现行企业所得税实行法人税制，企业应以法人为主体，计算并缴纳企业所得税。《中华人民共和国企业所得税法》第五十条第二款规定"居民企业在中国境内设立不具有法人资格的营业机构的，应当汇总计算并缴纳企业所得税"。

由于分支机构不具有法人资格，其经营情况应并入企业总机构，由企业总机构汇总计算应纳税款，并享受相关优惠政策。

（2）企业从事公共污水处理，享受"三免三减半"政策，同时符合小型微利企业条件，能否享受小型微利企业普惠性所得税减免政策？

具体描述：某企业运营一个污水治理项目，从2016年开始享受节能环保项目所得"三免三减半"的优惠政策，2019年进入项目所得减半期，请问2019年其是否可以享受小型微利企业所得税优惠政策？

答：就企业运营的项目而言，如该项目同时符合节能环保项目所得减免和小型微利企业普惠性所得税减免政策条件，可以选择享受其中最优惠的一项政策。因此，该企业2019年可以选择享受小型微利企业普惠性所得税减免政策，同时放弃该项目可享受的节能环保项目所得减半征税优惠。

（3）企业预缴企业所得税，应按什么时点的资产总额、从业人数和应纳税所得额情况来判断能否享受小型微利企业普惠性所得税减免政策？

答：根据国家税务总局公告2019年第2号文件的第三条规定，暂按当年度截至本期申报所属期末累计情况进行判断，计算享受小型微利企业普惠性所得税减免政策。

（4）若企业既符合高新技术企业所得税优惠条件，又符合小型微利企业普惠性所得税减免政策条件，是否可以同时享受两种优惠？

答：企业既符合高新技术企业所得税优惠条件，又符合小型微利企业普惠性所得税减免政策条件，可按照自身实际情况由纳税人从优选择适用优惠税率，但不得叠加享受。

（5）小型微利企业普惠性所得税减免政策涉及哪些文件？

答：小型微利企业普惠性所得税减免政策主要涉及以下3个文件。

①《财政部 税务总局关于实施小微企业普惠性税收减免政策的通知》（财税〔2019〕13号）。

②《国家税务总局关于实施小型微利企业普惠性所得税减免政策有关问题的公告》（国家税务总局公告2019年第2号）。

③《国家税务总局关于修订〈中华人民共和国企业所得税月（季）度预缴纳税申报表（A类2018年版）〉等部分表单样式及填报说明的公告》（国家税务总局公告2019年第3号）。

3.2.2　小型微利企业税收缴纳

（1）小型微利企业的应纳税所得额是否包括查补以前年度的应纳税所得额？

答：小型微利企业年应纳税所得额针对的是本年度的收入，不包括以前年度的收入。查补以前年度的应纳税所得额，应相应调整对应年度的所得税申报，如不涉及弥补亏损等事项，则对当年的申报不产生影响。

（2）企业所得税申报中的资产总额、从业人员指标如何计算？

答：根据《财政部 税务总局关于实施小微企业普惠性税收减免政策的通知》（财税〔2019〕13号）规定，从业人数和资产总额指标，应按企业全年的季度平均值确定，具体公式如下。

季度平均值 =（季初值 + 季末值）÷2

全年季度平均值 = 全年各季度平均值之和 ÷4

年度中间开业或者终止经营活动的，以其实际经营期作为一个纳税年度确定上述相关指标。

（3）"实际经营期"的起始时间如何计算？

具体描述：年中设立的公司，8月取得营业执照，11月开始有营业外收入。其作为小型微利企业按规定计算资产总额和从业人数时，财税〔2019〕13号文件规定的"年度中间开业或者终止经营活动的，以其实际经营期作为一个纳税年度确定上述相关指标"中的"实际经营期"应该从何时起算？是8月还是11月？

答：企业实际经营期的起始时间应为营业执照上注明的成立日期。

（4）小型微利企业享受普惠性所得税减免政策，需要准备哪些留存备查资料？

答：根据《企业所得税优惠事项管理目录（2017年版）》（国家税务总局公告2018年第23号附件）规定，小型微利企业享受普惠性所得税减免政策，需准备以下资料留存备查。

① 所从事行业不属于限制和禁止行业的说明。

② 从业人数的计算过程。

③ 资产总额的计算过程。

（5）小型微利企业可以按月预缴企业所得税吗？

答：不能。小型微利企业统一实行按季度预缴企业所得税的政策。

（6）小型微利企业在预缴企业所得税时可以享受优惠政策吗？

答：符合条件的小型微利企业，在预缴企业所得税时可以享受税收优惠政策，年度结束后，再统一汇算清缴，多退少补。

3.3　创投及其他企业税收优惠政策

3.3.1　创投企业税收优惠

（1）初创科技型企业享受优惠政策需满足什么条件？

答：根据财税〔2018〕55号、财税〔2019〕13号文件规定，初创科技型企业，应同时符合以下条件。

①在中国境内（不包括港、澳、台地区）注册成立、实行查账征收的居民企业。

②接受投资时，从业人数不超过300人，其中具有大学本科以上学历的从业人数不低于30%；资产总额和年销售收入均不超过5 000万元。

③接受投资时设立时间不超过5年（60个月）。

④接受投资时以及接受投资后2年内未在境内外证券交易所上市。

⑤接受投资当年及下一纳税年度，研发费用总额占成本费用支出的比例不低于20%。

（2）符合条件的合伙创投企业个人合伙人，能否用投资初创科技型企业的投资额抵扣来源于非初创科技型企业的项目收入？

答：根据《财政部　税务总局关于创业投资企业和天使投资个人有关税收政策的通知》（财税〔2018〕55号）规定，个人合伙人可以按照对初创科技型企业投资额的70%抵扣个人合伙人从合伙创投企业分得的经营所得；当年不足抵扣的，可以在以后纳税年度结转抵扣。其中经营所得未区分是否来源于初创科技型企业的项目收入。

（3）天使投资个人采取股权投资方式直接投资于初创科技型企业满 2 年的，可按投资额的 70% 抵扣转让该初创科技型企业股权取得的应纳税所得额，享受优惠政策的天使投资个人还需同时满足什么条件？

答：享受优惠政策的天使投资个人，应同时符合以下条件。

① 不属于被投资初创科技型企业的发起人、雇员或其亲属（包括配偶、父母、子女、祖父母、外祖父母、孙子女、外孙子女、兄弟姐妹，下同），且与被投资初创科技型企业不存在劳务派遣等关系。

② 投资后 2 年内，本人及其亲属持有被投资初创科技型企业股权比例合计应低于 50%。

（4）天使投资个人同时投资多个符合条件的初创科技型企业，不同投资项目之间是否可以互抵，有何限制？

答：天使投资个人同时投资多个符合条件的初创科技型企业的，对其中办理注销清算的初创科技型企业，天使投资个人对其投资额的 70% 尚未抵扣完的，可自注销清算之日起 36 个月内抵扣天使投资个人转让其他初创科技型企业股权取得的应纳税所得额。

（5）初创科技型企业的研发费用总额占成本费用支出的比例如何把握？

答：研发费用总额占成本费用支出的比例，指企业接受投资当年及下一个纳税年度的研发费用总额合计占同期成本费用总额合计的比例。

此口径参考了高新技术企业研发费用占比的计算方法，一定程度上降低了享受优惠的门槛，使更多的企业可以享受政策红利。

案例　是否享受创投企业税收优惠政策。

某公司制创投企业于 2018 年 5 月投资初创科技型企业，假设其他条件均符合文件规定。初创科技型企业 2018 年发生研发费用 100 万元，成本费用 1 000 万元，2018 年研发费用占比 10%，低于 20%；2019 年发生研发费用 500 万元，成本费用 1 000 万元，2019 年研发费用占比 50%，高于 20%。

按照《国家税务总局关于创业投资企业和天使投资个人税收政策有关问题的公告》（国家税务总局公告 2018 年第 43 号）规定，投资当年及下一年该初创科技型企业研发费用平均占比为 30%[（100+500）÷（1 000+1 000）×100%]，符合接受投资当年及下一个纳税年度的研发费用总额合计占同期成本费用总额合计的比例不低于 20% 的条件，因此，该公司制创投企业可以享受税收优惠政策。

3.3.2　其他企业所得税政策

1. 政策依据

《财政部　税务总局关于设备 器具扣除有关企业所得税政策的通知》（财税〔2018〕54 号）。

2. 政策要点

企业在 2018 年 1 月 1 日至 2020 年 12 月 31 日期间新购进的设备、器具，单位价值不超过 500 万元的，允许一次性计入当期成本费用在计算应纳税所得额时扣除，不再分年度计算折旧；单位价值超过 500 万元的，仍按企业所得税法实施条例、《财政部 国家税务总局关于完善固定资产加速折旧企业所得税政策的通知》（财税〔2014〕75 号）、《财政部 国家税务总局关于进一步完善固定资产加速折旧企业所得税政策的通知》（财税〔2015〕106 号）等相关规定执行。

本通知所称"设备、器具"，是指除房屋、建筑物以外的固定资产。

3. 案例解析

A 制造企业 2018 年 6 月购进一台价值为 300 万元的机器设备用于生产经营，会计上采用直线法计提折旧，折旧年限为 10 年，预计净残值为 0。

该企业在 2018 年度汇算清缴时无其他纳税调整事项，未享受其他税收优惠。若其 2018 年度利润总额为 500 万元，则该企业 2018 年度会计上计提折旧额为 15 万元（300÷10÷12×6），因该机器设备在计算应纳税所得额时可以一次性税前扣除，则应调减应纳税所得额 285 万元（300-15），节税 71.25 万元（285×25%）。

第 4 章
税务风险与税务风险管控

4.1　税务风险概述

4.1.1　税务风险的概念

税务风险有广义和狭义之分。

广义的税务风险，是指税务机关或纳税人因违反税收法律法规等原因导致未来利益损失的可能性，包括税务机关征税和纳税人纳税两个方面的风险。

狭义的税务风险，是指纳税人因未能正确、有效遵守税法而导致企业未来利益的可能损失，包括因没有遵守税法可能遭受的法律制裁、财务损失或声誉损害，具体体现为补税、加收滞纳金、税收行政处罚、税收刑事处罚、信用和商誉下降等。

通常的税务风险是指狭义的税务风险，即企业的税务风险。下面介绍与大家息息相关的企业税务风险。

4.1.2　税务风险产生的原因

税务风险的产生既有企业内部原因，也有企业外部原因。

1. 引起税务风险的企业内部原因

引起税务风险的企业内部原因主要涉及以下3个方面。

（1）企业及其经营管理者的纳税意识。

有些企业纳税意识不强，片面地强调少缴纳税收，甚至不考虑合理减少纳税金额的方式和方法，反而授意或唆使财务人员通过非法手段达到降低税负的目的。这类行为一旦被发现，后果往往非常严重，如成都恩威集团公司涉税案就是例证，当时该公司因偷税被补税罚款超过1亿元。企业经营管理者纳税意识偏差是产生税务风险的首要原因。

（2）企业涉税人员的业务素质。

在日常的经营活动中，企业财务或税务人员由于自身业务素质的限制以及税收法规、财务法规的复杂性，可能会出现对有关税法的理解偏差，虽然主观上没有违法的意愿，但在客观上没有按照税法有关规定去操作，事实上会造成偷税等违法行为的出现，同样会给企业带来税务风险。

（3）企业内部的管理制度。

完整的内部管理制度是企业防范税务风险的基础。内部管理制度包括财务制度、风险管理制度等。内部管理制度是否健全、科学、合理，从根本上决定了企业防范税务风险的能力。如果缺乏完整、系统的内部管理制度，企业就不能从源头上防范税务风险。

2. 引起税务风险的企业外部原因

引起税务风险的企业外部原因主要涉及以下两个方面。

（1）税收政策变化。

由于我国正处于经济变革时期，为了适应经济发展的需要，税收政策的变化比较频繁，不够稳定。如果企业不及时调整自己的涉税业务以适应税收政策的变化，就有可能使自己的纳税行为由合法转变为不合法，从而产生税务风险。

（2）税务执法力度。

随着我国国民经济的发展和国家财政支出的不断增长，国家对税收检查和处罚的力度也在不断加强。从国家税务总局到地方各级税务机关，都不断出台新的规范税务征管和检查的政策文件。税务机关执法力度的整体加强、税务执法自由裁量权的运用，也会引起或加大企业的税务风险。

4.1.3　税务风险的种类

企业税务风险从法律规范角度看，可分为违反税务管理风险、违反纳税义务风险和违反发票管理风险 3 类。

企业税务风险从风险的表现形式上看，可分为法律制裁风险、财务损失风险和声誉损害风险 3 类。

企业面临的最大的具体涉税风险是"偷税"，其后果可能是涉及"偷税"违法，轻的可能会被处以少缴税款 50% 至 5 倍的罚款，重的可能会触犯"逃避缴纳税款罪（以前称"偷税罪"）"。

4.2　常见的税务风险

4.2.1　违反税务管理风险

1. 未按期申报办理变更、注销税务登记

企业成立后，应"在领取营业执照之日起 30 日内办理税务登记"，这一规定可能大家比较清楚，但可能会忽视变更、注销税务登记的步骤。纳税人税务登记内容发生变化时（如改变企业名称、法人代表、经济性质等），应向税务机关申报办理变更税务登记。

关于变更税务登记，应当自工商行政管理机关变更登记之日，或者税务登记内容实际发生变化之日，或者自有关机关批准或者宣布变更之日起 30 日内，申报办理变更税务登记。

关于注销登记，终止纳税义务的纳税人，应当在向工商行政管理机关或者其他机关办理注销登记前，不需要在工商行政管理机关或者其他机关办理注册登记的，应当自有关机关批准或者宣告终止之日起 15 日内，办理注销税务登记；被吊销营业执照或者被其他机关予以撤销登记的，应当自营业执照被吊销或者被撤

销登记之日起 15 日内，办理注销税务登记。

2. 未按照规定保管账簿、记账凭证和有关资料

在账簿设置和保管上，容易忽略的是账簿、凭证和其他财务资料的保管。有些企业对财务资料的保管不到位，认为过了两、三年，税务机关一般不查了，涉税资料就可以销毁了而忽视了其法定保管期限。账簿、记账凭证、报表、完税凭证、发票、出口凭证以及其他有关涉税资料应当至少保存 10 年；特别对发票存根联、出口凭证、工资表等没有装订进会计凭证的资料，更应注意。如果擅自销毁账簿等财务资料，除了处以 1 万元以下罚款外，还可能被认定为是偷税行为。

3. 未按照规定将全部银行账号向税务机关报告

很多企业在办理税务登记时，因为怕麻烦或其他原因，只将基本结算账户报告给税务机关，而未报告所有银行账户。若有此类情况，除可能被罚款外，还容易被选为税务检查的对象，增加税务风险。

4. 阻挠税务机关检查

企业有配合税务机关进行税务检查的义务。纳税人、扣缴义务人逃避、拒绝或者以其他方式阻挠税务机关检查的，由税务机关责令改正，可以处 1 万元以下的罚款；情节严重的，处 1 万元以上 5 万元以下的罚款。阻挠税务机关检查的行为包括以下 4 种情形。

（1）提供虚假资料，不如实反映情况或者拒绝提供有关资料的。

（2）拒绝或者阻止税务机关记录、录音、录像、照相和复制与案件有关的情况和资料的。

（3）在检查期间，纳税人、扣缴义务人转移、隐匿、销毁有关资料的。

（4）有不依法接受税务检查的其他情形的。

4.2.2 违反纳税义务风险

1. 偷税

表现形式：纳税人伪造、变造、隐匿、擅自销毁账簿、记账凭证，或者在账簿上多列支出或者不列、少列收入，或者经税务机关通知申报而拒不申报或者进行虚假的纳税申报，不缴或者少缴应纳税款。扣缴义务人采取前述手段，不缴或

者少缴已扣、已收税款，按偷税处理。

法律责任：纳税人偷税的，由税务机关追缴其不缴或者少缴的税款、滞纳金，并处不缴或者少缴的税款 50% 至 5 倍的罚款；构成犯罪（逃避缴纳税款罪）的，依法追究刑事责任。

企业一旦由于不当行为，被税务机关认定存在"偷税"行为，则不仅要负补缴税款的责任，同时会被加收滞纳金、罚款甚至被追究刑事责任。而且，除了上述有形责任外，还可能给企业的信誉造成损失，使其他企业会因这种偷税行为而对企业的信用产生怀疑，不愿再与其合作，这种无形的损失可能会比有形的损失更为严重。企业只有依法、按期、据实申报纳税，才可能避免"偷税"的风险。

2. 不申报，不缴或少缴税款

表现形式：纳税人不进行纳税申报，不缴或者少缴应纳税款。

法律责任：由税务机关追缴其不缴或者少缴的税款、滞纳金，并处不缴或者少缴的税款 50% 至 5 倍的罚款。

企业对无法判定是否需要申报纳税的业务，要及时咨询税务机关；同时，企业应该注意纳税申报的期限和准确性，防止因超期申报或少申报带来税务风险。

3. 编造虚假计税依据

表现形式：计税依据是指用于计税的资料和依据。编造虚假计税依据是指未直接影响到当前实际缴纳税款金额，但会对未来的税款计算产生影响的行为，如以少计收入方式多计亏损，在经调整后未正确计入所得税应纳税款的行为。

法律责任：纳税人、扣缴义务人编造虚假计税依据的，由税务机关责令限期改正，并处 5 万元以下的罚款。

4. 视同销售少计税款（流转税、企业所得税）

工业企业在计算增值税时，要注意是否将自产商品、产品、货物或不动产用于下列 10 个项目而未做视同销售处理：① 用于非应税项目；② 用于集体福利或个人消费；③ 对外投资；④ 分配给股东或投资者；⑤ 无偿赠送他人；⑥ 交付他人代销；⑦ 销售代销货物；⑧ 异地移送用于销售的货物；⑨ 用于换入非货币性资产；⑩ 用于抵偿债务。

企业所得税法规定：企业发生非货币性资产交换，以及将货物、财产、劳务用于捐赠、赞助、集资、广告、样品、职工福利和利润分配等用途的，应当视同销售货物、转让财产和提供劳务，国务院财政、税务主管部门另有规定的除外。对视同销售的业务，如会计上未作为收入处理，应在企业所得税纳税申报时进行纳税调整，调增应纳税所得额。

案例 视同销售少计流转税、所得税。

（1）案情。

某县城某一般纳税人工业企业，于 2019 年 12 月外购一批小商品，该企业在该批小商品上印制本单位名称及产品商标后，对外赠送给有关业务单位。购进该批商品增值税专用发票上注明价款 100 000 元，增值税进项税额 13 000 元。该商品无同类产品销售价格，成本利润率为 10%。会计分录如下。

借：销售费用   100 000

  贷：库存商品   100 000

该企业 2019 年营业收入为 3 000 000 元，发生广告和业务宣传费 435 000 元，已按税前会计利润总额 350 000 元申报纳企业所得税。未申报纳税调整。

（2）分析。

本例涉及视同销售、广告和业务宣传费超标两个问题。根据规定，纳税人将自产、委托加工或购买的货物无偿赠送他人，应视同销售货物，按规定缴纳增值税、城市维护建设税和教育费附加。赠送产品属业务宣传费支出，应与广告费合并，在营业收入的 15% 内限额扣除。

（3）补税计算。

应补增值税 =100 000×（1+10%）×13%=14 300(元)（计入"销售费用——业务宣传费"）

应补城市维护建设税 =14 300×5%=715（元）

应补教育费附加 =14 300×3%=429（元）

广告和业务宣传费扣除限额 =3 000 000×15%=450 000（元）

广告和业务宣传费调增额 =435 000+（100 000+14 300）−450 000 =99 300（元）（新税法规定，企业所得税计算视同销售金额时，赠送商品属外购的，可按购买价计收入）

纳税调整净额 =99 300−（14 300+715+429）=83 856（元）

应补企业所得税 =83 856×25%=20 964（元）

5．预收账款未按规定申报纳税

纳税人转让土地使用权、销售不动产或者提供租赁业劳务，采取预收款方式的，其营业税纳税义务发生时间为收到预收款的当天。

6．成本费用超标未进行企业所得税纳税调整

企业已列支的成本费用，应按照企业所得税规定的税前扣除标准在税前扣除，超过扣除标准或限额的，应在企业所得税纳税申报时调增应纳税所得额。

7．不得扣除项目等税法与会计差异未进行纳税调整

有些项目，在会计规定上是可以列支的，但在税法上规定不能扣除。这些项目的会计处理虽然正确，但也应注意在企业所得税纳税申报时调增应纳税所得额。不予扣除项目包括如下 9 项。

（1）向投资者支付的股息、红利等权益性投资收益款项。

（2）企业所得税税款。

（3）税收滞纳金。

（4）罚金、罚款和被没收财物的损失。

（5）超过国家规定的公益性捐赠及非公益性捐赠。

（6）非广告性的赞助支出。

（7）未经核定的准备金支出（各项资产减值准备等准备金）。

（8）企业之间支付的管理费、企业内营业机构之间支付的租金和特许权使用费以及非银行企业内营业机构之间支付的利息。

（9）与取得收入无关的其他各项支出。

法律责任 [风险点（4）~（7）]：按具体情况，依不进行纳税申报少缴税款或偷税处理。均涉及补税、滞纳金和少缴税款 50% 至 5 倍的罚款。

8．少扣缴个人所得税

（1）少扣缴工资、薪金所得个人所得税。

企业发放业绩提成、销售奖金，或为员工报销个人费用，未并入工资、薪金所得计税。企业以现金、有价证券、低于市场价的购房优惠等形式发给个人的与业绩挂钩的提成、奖金收入，应全额计入领取人的当期工资、薪金所得。

公司管理人员，特别是公司高层管理人员，工资性收入未全额入账，未足额扣缴个人所得税。例如一些民营企业的高管的入账工资在个人所得税工资、薪金所得月扣除额上下，明显与市场行情不符。

（2）少扣缴股息、利息、红利所得个人所得税。

企业为个人股东、投资者本人及其亲属支付个人费用，或者企业出资购买房屋、汽车，所有权人（业主）却写成股东，或者股东向企业借款在一个纳税年度内未归还又未用于生产经营，应视为股东从公司分得了股利，必须代扣代缴股息、红利所得个人所得税。以上相关费用不得计入企业成本费用，以免给企业带来额外的税负，增加企业的税务风险。

法律责任（少扣缴个人所得税）：未按规定扣缴个人所得税的，对扣缴义务人由税务机关责成补扣税款，并处不扣或者少扣税款 50% 至 3 倍的罚款。

4.2.3　违反发票管理风险

发票是企业重要的商事证明和法定的付款凭证。企业在接受经营服务以及从事其他经营活动中，应当按照规定开具、使用和取得发票。违反发票管理的税务风险，逐渐成为主要和严重的税务风险。违反发票管理法规的行为包括：未按照规定印制、领购、开具、取得、保管发票，以及未按规定接受税务机关检查等。

常见的违反发票管理税务风险主要有以下两种。

（1）未按规定开具发票。

（2）未按规定取得发票（以其他凭证代替发票使用）。

法律责任：未按规定开具或取得发票，属于违反发票管理法规，轻则由税务机关责令改正，没收非法所得，并处 1 万元以下的罚款，导致他人未缴、少缴或者骗取税款的，由税务机关没收非法所得，并处未缴、少缴或者骗取的税款 1 倍以下的罚款；重则会被追究刑事责任。另外，违反发票管理法规两次以上或者情节严重的，税务机关可以向社会进行公告。

如何防范发票管理风险呢？首先，企业在销售商品和提供劳务时要按规定向付款方开具发票，如房地产企业在收取预售楼款时，要按规定全额开具发票。其次，还要注意在购货和接受劳务付款时，按规定索取发票。这是维护自身合法权益的需要，也是防范税务风险的重要措施。该取得发票时不索取，若对方未足额纳税，应取得发票方会被处以对方少缴税款 1 倍的罚款。这种"别人偷税你买单"的"冤大头"当不得。还有，在接受发票时，要注意辨别发票的真伪，谨防取得不合法的发票，产生未按规定取得发票的风险。

一般来说，发票真伪查询主要可通过以下几种方式来进行。

（1）电话查询。采用此种方式进行查询，企业相关负责人可拨打查询电话"12366"，根据通话提示选择相应业务，输入发票代码进行查询。一般情况下，此种查询方式相对来说较为便捷。

（2）税务门户网站查询。通过税务门户网站来进行发票查询，企业财务负责人可搜索所在地相对应地税务门户网站，在站内找到"网上发票查询"模块点击进入，然后根据提示填写发票类别、代码、号码、开票日期、价税合计等相应信息进行查询。

（3）微信查询。现如今，部分省市国税局官方微信推出了"发票查询"功能。纳税人只需关注相应微信公众号，并根据提示点击"发票查询"进行查阅即可。

（4）全国增值税发票查验平台。全国增值税发票查询平台是国家税务总局推出的用于查询增值税专用发票、增值税普通发票、货物运输业增值税专用发票、机动车销售统一发票的网上发票查验平台。运用此种方法进行发票真伪查询，纳税人可搜索"全国增值税发票查验平台"进行登录并查询。

4.3　税务风险管理与防范

4.3.1　企业税务风险管理的含义

企业税务风险管理是企业风险管理的分支。企业的各项活动均会产生相应的会计核算，而会计核算的方法直接影响企业的税务核算，因此，税务风险的管理，也就是企业内部控制中对于税务方面的管理。

4.3.2　企业税务风险管理的环境

企业税务风险管理由董事会负责督导并参与决策。董事会和管理层应将防范和控制税务风险作为企业经营管理的一项重要内容，同时倡导遵纪守法、诚信纳税的税务风险管理理念，增强员工的税务风险管理意识。

4.3.3　企业税务风险管理的目标

（1）企业税务风险管理的主要目标包括：税收筹划、经营决策和日常经营活动、纳税申报等事宜符合税法规定。

（2）税务事项的会计处理符合相关会计制度或准则以及相关法律法规的规定。

（3）建立防止企业产生偷税、漏税行为的机制。

4.3.4　企业税收管理的基本目标是防范税务风险与创造税务价值

防范风险与创造价值是当代税务管理的两大首要目标！

防范风险与创造价值是相辅相成的，因为一个目标脱离了另一个目标的支持不可能得以实现。成功的税务管理应该既能够确保企业遵守税法，防范税务风险，又能够为企业提供好的节税建议，创造税务价值。

1. 税务风险

税务风险是指企业税务责任的一种不确定性，如企业被税务机关检查、稽查，承担过多的税务责任，或是承担补税、缴纳滞纳金和罚款的责任，甚至被追究刑事责任。

（1）政策方面。对需遵守的风险政策未能透彻理解，对收入、成本、扣除的确认不准确，对会计与税法差异的纳税调整不完整。

（2）数据方面。进行纳税评估时不了解评估指标的含义，自我测评时未掌握税务约谈技巧，导致补缴税款或税务稽查。

2. 创造税务价值

创造税务价值，一般包括两项内容：有形价值和无形价值。

有形价值主要是指在合乎法律的前提下合理避税，帮助企业创造价值，如进行税收筹划等。

无形价值则主要是指良好的税务管理可以帮助企业形成良好的声誉，提升企业的社会形象，有助于企业吸引人才、提升在资本市场的表现等。

4.3.5　企业税务风险管理制度的主要内容

企业税务风险管理制度主要包括以下内容。

（1）税务风险管理组织机构、岗位和职责。

（2）税务风险识别和评估的机制和方法。

（3）税务风险防范和应对的机制和措施。

（4）税务信息管理体系和沟通机制。

（5）税务风险管理的监督和改进机制。

4.3.6　企业税务风险管理的组织

企业应结合生产经营特点和内部税务风险管理要求设立税务管理机构和岗位，并明确岗位职责和权限。

企业税务管理组织应建立科学有效的职责分工和制衡机制，确保税务管理的不相容岗位相互分离、制约和监督。

4.3.7　企业税务风险管理机构的主要职责

企业税务风险管理机构的主要职责如下。

（1）制定和完善企业税务风险管理制度和其他涉税规章制度。

（2）参与企业重大经营决策的税务影响分析，提供税务风险管理建议。

（3）组织实施企业税务风险的识别、评估与监测，并采取应对措施。

（4）指导和监督有关职能部门、各业务单位以及全资、控股企业开展税务风险管理工作。

（5）建立税务风险管理的信息和沟通机制。

（6）组织税务培训，并向本企业其他部门提供税务咨询。

（7）开展纳税申报、税款缴纳和账簿凭证、涉税资料的准备与保管等工作。

4.3.8　企业税务风险的表现形式

企业税务风险表现为因没有遵守税法可能遭受的法律制裁、财务损失或声誉损害。

企业税务风险主要包括两个方面：一方面是企业纳税行为不符合税收法律法

规规定，如应纳税而未纳税、少纳税，从而面临补税、罚款、加收滞纳金、刑罚处罚及声誉损害等风险；另一方面是企业经营行为适用税法不准确，如没有用足有关优惠政策，多缴纳了税款，承担了不必要的税收负担。

4.3.9　企业税务风险的类别及原因

1. 企业税务风险的类别

（1）不同来源的税务风险。

①来自税务部门等执法部门显示企业少缴税、晚缴税的风险。

②来自企业自身的多缴税、早缴税的风险。

（2）不同内容的税务风险。

①具体税种的风险，如增值税风险、企业所得税风险等。

②日常管理的风险，如因违反纳税申报、税务登记、发票管理规定等产生的风险等。

（3）不同性质的税务风险。

①偷漏税等违法违规行为的风险。

②多缴税款等不违法违规行为的风险。

2. 企业产生税务风险的原因

（1）用企业管理代替税务管理。

（2）用情理观念代替税法规定。

（3）税收观念的更新落后于税收征管的进步。

（4）制度建设缺失。

（5）机构人员不到位。

（6）由于税收规定较烦琐，政策变化、更新速度快，企业财务人员往往难以准确把握相关规定，造成信息滞后的风险。

（7）某些生产经营流程会导致潜在的税务风险。涉及销售确认、混合销售和销售时点等问题，往往不能准确把握。

（8）由于决策者在进行决策时对税务风险的研究不够透彻，导致无意识少缴或多缴税款。

4.3.10 企业税务风险管理的基本方法

（1）强调服务，注重改进服务方式和方法，提高服务质量和水平，建立和谐税收征纳关系。

（2）管理环节前移，变事后管理为事前管理和事中监督，提前发现和防范税务风险。

（3）提高企业自我遵从度，正确引导企业利用自身力量实现自我管理，只有着力于企业自我遵从，才能从根本上解决大企业税务管理对象复杂与管理资源短缺这一突出矛盾。

（4）实行个性化管理，针对企业面临的不同税务风险制定差异化管理措施和方法。

（5）将控制重大税务风险摆在首位，着重关注企业重大经营决策、重要经营活动和重点业务流程中的制度性和决策性风险，有针对性地关注账务处理和会计核算等操作层面的风险。

（6）加强对子公司的税务风险管理。

① 提高税务风险防范意识，从被动管理向主动管理转变。

② 建立税务风险管理体系，从事后管理向事前管理转变。

③ 提升税务风险管理层面，从防风险为主向创效益为主转变。

④ 建立税务信息管理系统，为税务风险管理提供信息基础和技术保障。

（7）负责税务的人员应及时整理最新税收政策，深入研究，找出其对企业的影响，并进行相应的会计处理。

（8）从业务处理流程上入手，从根本上控制税务风险。

（9）决策时应十分谨慎，并进行必要的税务咨询。

4.3.11 营改增后集团"资金池"管理中的税务风险及管控策略

1. 集团"资金池"管理中的税务风险分析

（1）"资金池"成员企业收到的资金池存款利息是否应缴纳增值税。

① 结算中心管理"资金池"。

结算中心管理"资金池"模式下，子公司收取"资金池"存款利息必须缴纳增值税。

财税〔2016〕36号文件的规定：一般纳税人的贷款服务的增值税税率为6%。贷款，是指将资金贷与他人使用而取得利息收入的业务活动。各种占用、拆借资金取得的收入，包括金融商品持有期间（含到期）利息（保本收益、报酬、资金占用费、补偿金等）收入、信用卡透支利息收入、买入返售金融商品利息收入、融资融券收取的利息收入，以及融资性售后回租、押汇、罚息、票据贴现、转贷等业务取得的利息及利息性质的收入，视同贷款服务缴纳增值税。基于此规定，结算中心管理"资金池"模式下，子公司从集团公司结算中心收取的存款利息，属于通过资金占用而取得的收入，必须缴纳增值税。

②财务公司管理"资金池"。

财务公司属于金融机构，"资金池"成员企业从财务公司取得的存款利息，和在银行取得存款利息一样，不需要缴纳增值税。

（2）集团"资金池"收取借款利息是否缴纳增值税。

无论是结算中心管理"资金池"模式，还是财务公司管理"资金池"模式，只要是成员企业从"资金池"借入资金，都属于企业拆借行为。因此，集团母公司向成员企业收取的"资金池"借（贷）款利息应缴纳增值税。

另外，《贷款通则》第六十一条规定：各级行政部门和企事业单位、供销合作社等合作经济组织、农村合作基金会和其他基金会，不得经营存贷款等金融业务。企业之间不得违反国家规定办理借贷或者变相借贷融资业务。结算中心管理"资金池"模式下，集团母公司向成员企业放贷，违反了《贷款通则》的规定，存在较大的金融违法风险；由于财务公司具有独立法人地位和经营金融业务的资格，其向成员企业放贷符合《贷款通则》的规定，不存在金融违法风险。

（3）集团"资金池"收取的借款利息能否在成员企业税前扣除。

①"资金池"的性质对扣除的影响。

根据《中华人民共和国企业所得税法实施条例》第三十八条规定，非金融企业向金融企业借款的利息支出、金融企业的各项存款利息支出和同业拆借利息支出、企业经批准发行债券的利息支出准予扣除；对于非金融企业向非金融企业借款的利息支出，不超过按照金融企业同期同类贷款利率计算的数额的部分准予扣除。基于此规定，由于财务公司属于非银行金融机构，成员企业支付给它的利息支出可全额扣除。而结算中心管理"资金池"模式下，成员企业的利息支出则只能在不超过金融企业同期同类贷款利率计算的数额内准予扣除。

② 关联关系对扣除的影响。

无论是财务公司管理"资金池"模式还是结算中心管理"资金池"模式，集团母公司与成员企业都会形成关联关系。为了实现企业集团利益最大化，为了减轻集团整体的税收负担，企业集团往往借助关联企业之间的存、贷款业务，通过"资金池"设定不同的存、贷利率来调节企业利润。为防止关联企业通过转让定价的方法转移利润，操纵整个集团所属企业的税负情况，《中华人民共和国企业所得税法》规定，企业与关联方的业务往来不符合独立交易原则而减少企业或其关联方应纳税所得额的，税务机关可以按照符合独立交易原则的定价原则和方法进行调整。另外，《财政部 国家税务总局关于企业关联方利息支出税前扣除标准有关税收政策问题的通知》（财税〔2008〕121 号）规定，一般企业的关联债资比为 2 : 1，项目公司从"资金池"接受的债权性投资（借款）与权益性投资超过 2 : 1 部分而发生的利息支出，不得在计算应纳税所得额时扣除。

③ 利息单据对扣除的影响。

从目前所接触的企业来看，无论是财务公司管理"资金池"模式，还是结算中心管理"资金池"模式，从"资金池"取得利息收入均未使用国税局监制的发票。财务公司一般使用自制的经银监局备案的票据，结算中心则使用收据作为结算凭证。

实务中，税务机关对于财务公司开具的经银监局备案的票据通常予以认可，各子公司可以凭此类票据做税前扣除；而对于结算中心开具的收据，税务机关通常将其认定为不合规票据，不允许在所得税税前列支。此时企业可到税务机关代开利息发票，但代开利息发票时，税务机关会要求收取利息的企业缴纳增值税及附加，收取利息方为个人的，还要缴纳股息红利个人所得税。

（4）集团与"资金池"成员企业签订的借款合同是否应缴纳印花税。

根据《中华人民共和国印花税暂行条例》规定，在借款合同中，银行及其他金融组织和借款人（不包括银行同业拆借）所签订的借款合同按借款金额万分之零点五贴花，纳税义务人为立合同人，单据作为合同使用的，按合同贴花。因为财务公司属于金融组织，所以，它和子公司签订的借款合同应缴纳印花税；而结算中心不是金融机构，它与子公司签订的借款合同不用缴纳印花税。

2. 集团"资金池"中税务风险的管控策略

（1）尽量采用财务公司运作模式。

从上面的分析来看，采用结算中心运作模式，不仅存在违法放贷的金融风险，还存在子公司存款利息缴纳增值税的纳税风险，并且支付的利息还要受到关联债资比例的约束，问题比较多；而采用财务公司运作模式则可以避免这些问题，所以对于"资金池"的管理运作，推荐采用财务公司运作模式。当然，成立财务公司要比成立结算中心门槛高、程序复杂，但从规避金融和税务风险的角度看，还是合适的。

（2）利息税前扣除尽量不受关联债资比例的约束。

《财政部 国家税务总局关于企业关联方利息支出税前扣除标准有关税收政策问题的通知》（财税〔2008〕121号）中，尽管第一条规定了非金融企业的关联债资比例，但第二条又规定：企业如果能够按照税法及其实施条例的有关规定提供相关资料，并证明相关交易活动符合独立交易原则的；或者该企业的实际税负不高于境内关联方的，其实际支付给境内关联方的利息支出，在计算应纳税所得额时准予扣除。

企业集团的财务部门或内设税务部门应就能证明相关交易活动符合独立交易原则和支付利息企业的实际税负不高于境内关联方的资料与主管税务机关进行充分的沟通，并在规定时间内上报这些资料，以尽量确保企业支付的利息能全额得到税前扣除。

（3）结算中心管理模式下尽量套用统借统还的税收政策。

财税〔2016〕36号文件附件3《营业税改征增值税试点过渡政策的规定》第一条第（十九）项规定：统借统还业务中，企业集团或企业集团中的核心企业以及集团所属财务公司按不高于支付给金融机构的借款利率水平或者支付的债券票面利率水平，向企业集团或者集团内下属单位收取的利息，不缴纳增值税；统借方向资金使用单位收取的利息，高于支付给金融机构借款利率水平或者支付的债券票面利率水平的，应全额缴纳增值税。

4.4　税务风险控制

4.4.1　建立基础信息系统

企业建立基础信息系统的要点如下。

（1）企业应及时汇编本企业适用的税法法规并及时更新。

（2）建立并完善其他相关法律法规的收集和更新系统，确保企业财务会计系统的设置、更改与法律法规的要求同步，保证会计信息的输出能够反映法律法规的最新变化。

（3）企业应根据业务特点和成本效益原则，将信息技术应用于税务风险管理的各项工作，建立涵盖风险管理基本流程和内部控制系统各环节的风险管理信息系统。

（4）企业的基础信息系统对风险管理的实施有很大影响，全面、有效的基础信息系统可以降低税务信息的产生、处理、传递和保存中存在的税务风险，防患于未然。

4.4.2　建立税务风险预测与控制系统

建立税务风险预测与控制系统是企业进行纳税风险控制的核心，该系统应包括税务风险检验、税务风险评估、税务风险预警与控制 3 个环节。

其中：税务风险检验是企业通过组织调查，分析企业现有经营行为，理清哪些经营行为涉及税款缴纳问题，审查即将执行的税务筹划方案，预测潜在的税务风险的过程；税务风险评估则是企业对具体经营行为涉及的税务风险进行鉴别、定性分析，以及数量测算，并明确责任人的过程；税务风险预警与控制则是企业对检查、评估出的税务风险提出预警，制定相关控制方案，组织相关税务管理人员实施方案的过程。

4.4.3　制定税务风险控制流程，设置税务风险控制点

《大企业税务风险管理指引（试行）》（国税发〔2009〕90 号）强调企业内部的税务机构设置和人员配置、岗位职责和授权、风险评估和重要业务流程内

控、技术运用和信息沟通等与税务风险管理直接相关的内容。

企业应遵循风险管理的成本效益原则，在整体管理控制体系内，制定税务风险应对策略，合理设计税务风险管理的流程及控制方法，设置税务风险控制点，采取人工控制机制或自动化控制机制，建立预防性控制与发现性控制机制。

针对重大税务风险所涉及的管理职责与业务流程，制定覆盖各环节的全流程控制措施；对其他风险所涉及的业务流程，合理设置关键控制环节，采取相应的控制措施；协同相关职能部门，管理日常经营活动中的税务风险。

4.4.4 重点关注企业重大事项，跟踪监控税务风险

企业重大事项包括企业战略规划、重大经营决策、重要经营活动等。

企业战略规划包括全局性组织结构规划、产品和市场战略规划、竞争和发展战略规划等。

企业重大经营决策包括重大对外投资、重大并购或重组、经营模式的改变以及重要合同或协议的签订等。

企业重要经营活动指关联交易价格的制定、跨国经营业务的策略制定和执行等。

企业的战略规划、重大经营决策和重要经营活动关乎企业的兴衰与存亡，具有复杂的复合风险，其中也包括税务风险。这些事项因其重要性不允许企业存在过高的风险，因此，企业税务风险管理部门不但要在事前分析、识别、防范税务风险，更应着重跟踪、监控税务风险。

4.4.5 划分税务风险应对策略

按照税务风险发生的可能性及其对企业造成影响的大小，可以将企业税务风险应对策略划分为避免、转移、小心管理或可接受等。

对于发生概率较大且影响程度较深的税务风险，企业应当尽量避免，以免危及生存；对于影响程度较低、发生可能性较大的风险，可以采取转移的策略；对于影响程度较深、发生的可能性较小的风险应当小心管理，力求将风险控制在合理范围内；对于影响程度和发生可能性都较低的风险，可以选择可接受的策略。

4.4.6　税务风险控制 3 项纪律

1.　要正意识——树立正确的税务风险管理意识

税务风险已成为当今企业的常态风险，这就要求每个企业的管理层和业务人员在从事各项经济活动时，必须树立正确的税务风险管理意识。企业应当做到依法诚信纳税、依法办理涉税事务，如办理税务登记（包括减免税登记），建立健全内部会计核算系统，准确计算税金，按时申报、足额缴纳税款，严格按规定开具、索取发票和相应的凭据。在从事涉税业务活动（如签订合同）时，要特别关注涉税合同的条款及其法律效力，避免涉税条款因违反税法而丧失法律效力，防止对涉税条款产生歧义和误解，尽量避免税务风险。

2.　要明目标——明确税务风险管理目标

在税务风险管理过程中，应该明确税务风险管理的目标。税务风险管理的主要目标包括以下 5 个方面。

（1）税务规划具有合理的商业目的，并符合税法规定。

（2）经营决策和日常经营活动考虑税收因素的影响，符合税法规定。

（3）对税务事项的会计处理符合相关会计制度或准则以及相关法律法规的规定。

（4）纳税申报和税款缴纳符合税法规定。

（5）税务登记、账簿与凭证管理、税务档案管理以及税务资料的准备和报备等涉税事项符合税法规定。

3.　要建制度——建立税务风险管理制度

企业应该结合自身的经营情况、税务风险特征和已有的内部风险控制体系，建立相应的税务风险管理制度。税务风险管理制度主要包括以下 5 个方面。

（1）税务风险管理组织机构、岗位和职责。

（2）税务风险识别和评估的机制和方法。

（3）税务风险控制和应对的机制和措施。

（4）税务信息管理体系和沟通机制。

（5）税务风险管理的监督和改进机制。

4.4.7 税务风险防范和控制上的 6 项措施

在税务风险防范和控制上应该采取 6 项措施,即提素质、定规程、控重点、常体检、慎筹划、勤沟通。

1. 提素质——提高企业涉税人员业务素质

提高企业涉税人员业务素质,是有效防范企业税务风险的基础,企业涉税人员不限于财务人员,还包括企业管理层和销售、采购等业务管理人员。企业应采取各种行之有效的措施,利用多种渠道,帮助财务、业务等涉税人员加强税收业务政策的学习,使其及时了解、掌握和更新税务知识,提高运用税法武器维护企业合法权益、规避税务风险的能力,为降低和防范税务风险奠定良好的基础。

2. 定规程——制定税务风险防范控制规程

税务风险防范控制与企业的具体业务活动密切相关。企业在制定税务风险防范控制规程时,应当汇集纳税人涉税活动所依据的法律、法规、政策,并对其进行研究,避免陷入法律纠纷。当出现政策疑问时,应及时向税务机关咨询,在法律许可的范围内制定不同的防控规程。在这个过程中,企业除了要准确计算应纳税额、进行会计处理外,还要对影响税务风险的各因素将来可能发生的变动进行分析,防止由于各因素的变化产生不必要的税务风险。企业应当加强对涉税人员的培训与沟通,加强相关部门和人员对税务风险防控规程内容的理解,并加强对税务风险控制效果进行检查和监督。

3. 控重点——重大事项关键风险重点监控

企业重大事项包括企业战略规划、重大经营决策、重要经营活动(如关联交易价格的制定)等。企业的战略规划、重大经营决策和重要经营活动关乎企业的兴衰与存亡,具有复合风险,其中也包括税务风险。这些事项因其重要性不允许企业存在过高的风险,因此,企业税务风险管理部门不但要在事前分析、识别、防范税务风险,更应着重跟踪、监控税务风险。企业应针对重大税务风险所涉及的管理职责和业务流程,制定覆盖各个环节的全流程控制措施;对其他风险所涉及的业务流程,合理设置关键控制环节,采取相应的控制措施。

4. 常体检——定期进行涉税业务健康检查

为保证依法纳税、安全纳税,实现税务风险最小化,企业应定期对涉税业务开展风险评估，即纳税"健康"检查，一经发现问题，立即改正。企业既可以采用内部检查或评估的方法，也可以聘请税务师事务所进行税务审计。对自查评估或税务审计中发现的涉税问题，应及时采取账务调整、补正申报等措施进行纠正，消除隐藏在过去经济活动中的税务风险。企业应根据税务风险自查和评估的结果，考虑税务风险管理的成本和效益，在整体管理控制体系内，制定税务风险应对策略，建立和完善内部控制机制，合理设计税务风险管理的流程及控制方法，全面防范和消除税务风险。

5. 慎筹划——进行税务筹划注意风险控制

税务筹划是企业财务管理活动的一个组成部分。正确的税务筹划可以减少纳税人的税收成本，但在税务筹划中企业常常会忽视税务筹划的机会成本，同时税务筹划本身也有成本支出，可能会产生税务筹划收益与成本不对等的风险。有些人认为税务筹划只要不违法即"合法"，其实税务筹划是否合法往往还需要得到税务机关的确认，如果不被税务机关认可，或者被认为是"形式合法但实质违法"，甚至被认为是恶意偷税行为则会带来税务风险。合理的税务筹划应以尊重税法为前提。进行税务筹划时，应学懂和尊重税法的实质，要特别关注税务筹划的风险控制，防范和控制企业税务风险。

6. 勤沟通——加强税企沟通，降低税务风险

企业要加强与税务机关的联系和沟通。一方面是在日常税务业务中，企业要及时向税务机关了解税收政策的最新变化，对有疑问的税收政策和新业务，应及时向税务机关进行业务咨询和沟通，争取与其对税法的理解达成一致，使税务处理方法得到税务机关的认可，在事前和事中化解风险。另一方面是企业要积极配合税务机关的税务检查：在检查前，应按要求做好自查和资料准备工作；在检查中，应积极配合税务机关的检查取证工作。这既是企业作为纳税人应尽的法定义务，也能给企业创造良好的形象，有利于涉税问题得到从轻处理和及时整改，以避免产生不必要的损失，从而在事后降低税务风险。另外，在日常经营活动中，企业要协调处理好内外关系，特别是在处理敏感问题和各种纠纷时，应规范操作，尽量以和为贵，消除因被恶意举报遭受税务检查的可能性，避免人为增加税务风险的情况出现。

第 5 章
增值税风险管控

增值税风险管控，分为三部分内容，分别为销项税额的控制、进项税额的最优化和增值税税负的平衡，如图 5-1 所示。

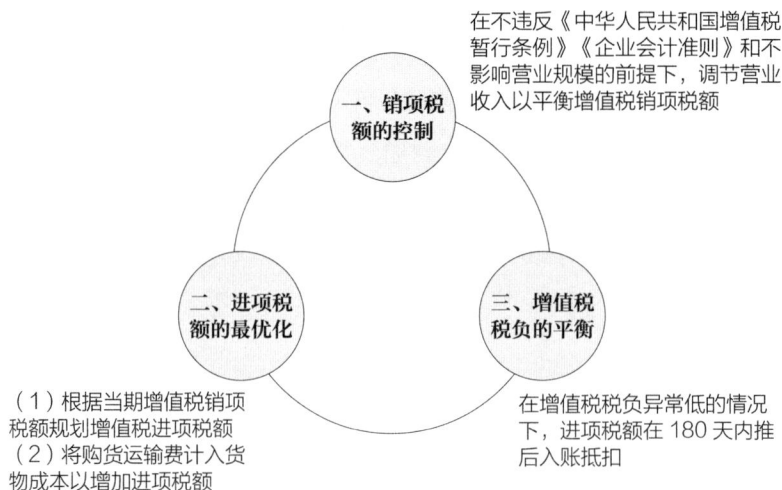

图 5-1　增值税风险管控

5.1　增值税销项税额管理

5.1.1　增值税纳税义务人发生时间

销售货物或者应税劳务，为收讫销售款项或者取得索取销售款项凭据的当天；先开具发票的，为开具发票的当天。

进口货物，为报关进口的当天。

增值税扣缴义务发生时间为纳税人增值税纳税义务发生的当天。

5.1.2　视同提供应税服务行为

视同提供应税服务行为，由于没有收取款项而不进行账务处理，不进行纳税申报，会造成少缴增值税的税务风险。

5.1.3　差额征税

增值税差额征税：是指试点地区提供营业税改征增值税应税服务的纳税人，按照国家有关营业税差额征税的政策规定，以取得的全部价款和价外费用扣除支付给规定范围纳税人的规定项目价款后的不含税余额为销售额（以下称计税销售额）的征税方法。

5.1.4　销售额

向关联方提供应税服务的价格可能会存在不公允的情形，如价格明显偏低或者偏高，还有视同提供应税服务而无销售额的情形。例如，如果不按税法规定的顺序确定销售额，而是以价格较低者确定销售额，则存在少缴增值税的税务风险。

5.1.5　价外费用

如果对提供应税服务价外收取的手续费、违约金、滞纳金、延期付款利息、赔偿金、代收款项等费用不计提缴纳增值税，那么会造成少缴增值税的税务风险。

5.1.6 适用税率

在兼有不同税率或者征收率应税服务的情况下，适用税率错误会导致增值税计算错误。纳税人未分别核算销售额的，从高适用税率和征收率。

5.1.7 兼营业务

（1）纳税人销售货物、加工修理修配劳务、服务、无形资产或者不动产适用不同税率或者征收率的，应分别核算适用不同税率或者征收率的销售额，未分别核算销售额的，按以下方法适用税率或者征收率。

① 兼有不同税率的销售货物、加工修理修配劳务、服务、无形资产或者不动产，从高适用税率。

② 兼有不同征收率的销售货物、加工修理修配劳务、服务、无形资产或者不动产，从高适用征收率。

③ 兼有不同税率和征收率的销售货物、加工修理修配劳务、服务、无形资产或者不动产，从高适用税率。

（2）纳税人兼营免税、减税项目的，应当分别核算免税、减税项目的销售额；未分别核算的，不得免税、减税。

5.1.8 销售收入完整性

确认企业有无应计入销售收入而未计入导致少缴增值税的情形，如下所示。

（1）提供应税劳务不开发票，未计入收入申报纳税。

（2）预收账款长期挂账，已提供应税服务，未按规定结转收入申报纳税。

（3）收取的款项，没有按规定全额计入收入，而是将支付的回扣、手续费用等费扣除，坐支销货款。

（4）应缴纳增值税的业务计算不全。

（5）出售应税固定资产，未按适用税率或征收率计提应纳税额。

（6）以物易物、以物抵债等特殊业务收入，未计入收入申报纳税。

5.1.9　混合销售

一项销售行为如果既涉及货物又涉及服务，则为混合销售。从事货物的生产、批发或者零售的单位和个体工商户的混合销售行为，按照销售货物缴纳增值税；其他单位和个体工商户的混合销售行为，按照销售服务缴纳增值税。

"营改增"以前，混合销售的纳税原则是按"经营主业"划分（经营主业为货物销售或服务的认定标准为年营业额的 50% 以上），只征收一种税：经营主业如纳增值税，则混合销售也纳增值税；经营主业如纳营业税，则混合销售也纳营业税。"营改增"以后，经营主业为建筑业的，其主营业务是建筑服务，适用增值税税率为 9%，而货物销售适用的增值税税率为 13%。

5.1.10　规避取得虚开增值税专用发票的风险

规避取得虚开增值税专用发票的风险的方法有：提高防范意识；对供货单位做必要的调查；尽量通过银行账户划拨货款；要求开票方提供税务登记证等资料；通过防伪系统验证发票真假；对有疑点的发票，要及时向税务机关求助查证。

5.1.11　销项税额风险防范

销项税额风险防范注意事项如下。

（1）把握不同销售结算方式下，增值税纳税业务发生时间及开票时间。

（2）把握增值税特殊行为的征税规定。

（3）把握计税依据。

（4）增值税销售额的确定，包括还本销售方式销售额的确定、采取以物易物方式销售额的确定、一般纳税人销售自己用过的物品销售额的确定、出租出借包装物销售额的确定等。

5.2 增值税进项税额管理

5.2.1 增值税扣税凭证

纳税人取得的增值税扣税凭证不符合法律、行政法规或者国家税务总局有关规定的，其进项税额不得从销项税额中扣除。

5.2.2 不得抵扣的进项税额

以下进项税额不得抵扣。

（1）用于适用简易计税方法计税项目、非增值税应税项目、免征增值税项目、集体福利或者个人消费的购进货物、接受加工修理修配劳务或者应税服务。

（2）非正常损失的购进货物及相关的加工修理修配劳务和交通运输业服务。

（3）非正常损失的在产品、产成品所耗用的购进货物（不包括固定资产）、加工修理修配劳务和交通运输业服务。

（4）接受的旅客运输服务。

（5）自用的应征消费税的摩托车、汽车、游艇，但作为提供运输服务的运输工具和租赁服务标的物的除外。

5.2.3 应作进项税额转出而未作进项税额转出

已抵扣进项税额的购进货物、接受加工修理修配劳务或者应税服务，发生简易计税方法计税项目、非增值税应税劳务、免征增值税项目除外的，应当将该进项税额从当期进项税额中扣减；无法确定进项税额的，按照当期实际成本计算应扣减的进项税额。

企业提供非简易计税方法计税项目、非增值税应税劳务、免征增值税项目而无法划分不得抵扣的进项税额，按照下列公式计算不得抵扣的进项税额。

不得抵扣的进项税额 = 当期无法划分的全部进项税额 ×（当期简易计税方法计税项目销售额 + 非增值税应税劳务营业额 + 免征增值税项目销售额）÷（当期全部销售额 + 当期全部营业额）

5.2.4 增值税抵扣凭证的规定

一般纳税人销售货物或者提供应税劳务（服务）可汇总开具增值税专用发票。汇总开具增值税专用发票的，同时使用防伪税控系统开具销售货物或者提供应税劳务（服务）清单，并加盖发票专用章。若收到无清单或自制清单的汇总开具的增值税专用发票，则不可以抵扣税款。

纳税人提供应税服务，开具增值税专用发票后，发生提供应税服务中止、折让、开票有误等情形，应当按照国家税务总局的规定开具红字增值税专用发票。未按照规定开具红字增值税专用发票的，不得扣减销项税额或者销售额。

纳税人接受境外单位或者个人提供应税服务，适用代扣代缴增值税而取得中华人民共和国税收通用缴款书抵扣进项税额的，应当具备书面合同、付款证明和境外单位的对账单或者发票。若资料不全，仅凭中华人民共和国税收通用缴款书，其进项税额也不得从销项税额中扣除。

5.2.5 抵扣率准确性的规定

（1）增值税一般纳税人从一般纳税人处取得的增值税专用发票的抵扣率为 13%。

（2）从小微企业取得的由税务机关代开的增值税专用发票的抵扣率为 3%。

（3）从现代服务业一般纳税人处取得的增值税专用发票的抵扣率为 6%。

（4）从货物运输业一般纳税人处取得的货运发票的抵扣率为 9%。

（5）从邮电通信业取得的基本业务增值税专用发票的抵扣率为 9%、增值业务增值税专用发票的抵扣率为 6%。

（6）取得和租入不动产的抵扣率：属于 2016 年 4 月 30 日以前的不动产的抵扣率为 5%，属于 2016 年 5 月 1 日以后 2019 年 4 月 1 日以前的不动产的抵扣率为 11%，2019 年 4 月 1 日起不动产的抵扣率为 9%。

5.2.6 取得不动产进项税额分两年抵扣的规定

适用一般计税方法的试点纳税人，2016 年 5 月 1 日以后、2019 年 4 月 1 日以前取得并在会计制度上按固定资产核算的不动产或者 2016 年 5 月 1 日以后、2019 年 4 月 1 日以前取得的不动产在建工程，其进项税额应自取得之日起分两年从销项税额中抵扣，第一年抵扣比例为60%，第二年抵扣比例为40%，具体抵扣时间为取得抵扣凭证后的第13个月。2019年4月1日起不动产抵扣不再分两年进行抵扣，而可在当年全部抵扣。

新建、改建、扩建、修缮、装饰不动产，都属于不动产在建工程，但在进项税额抵扣上略有区别。购进货物和设计服务、建筑服务，用于新建不动产，如果改建、扩建、修缮、装饰不动产为其增加的价值不足原值的50%，则不受两年时间限制，可以一次性抵扣。

取得不动产，包括直接购买、接受捐赠、接受投资入股、自建以及抵债等各种形式，不包括房地产开发企业自行开发的房地产项目。

另有两种情况，待抵扣进项税额不必等到第13个月，就可以提前全额抵扣。其一是纳税人销售其取得的不动产或者不动产在建工程，允许于销售当期将尚未抵扣完毕的待抵扣进项税额抵扣完毕；其二是纳税人注销税务登记，允许注销清算时将尚未抵扣完毕的待抵扣进项税额抵扣完毕。

5.2.7　进项税额风险防范

进项税额风险防范除了把握准予抵扣和不得抵扣的情形以外，还必须注意以下事项。

（1）发票认证。

（2）发票抵扣时限。

（3）发票专用章换版。

（4）发票丢失。

（5）不动产抵扣。

（6）农产品发票。

（7）允许抵扣的运输发票。

（8）建筑工程老项目与新项目的区分等。

第6章
企业所得税风险管控

6.1　企业所得税涉及费用把控

6.1.1　业务招待费的把控

企业实际发生的与生产经营活动有关的业务招待费，按照实际发生额的60%扣除，但最高不得超过当年销售（营业）收入额（含视同销售收入额）的5‰。

案例1　业务招待费扣除限额对企业所得税的影响（1）。

A企业某年度实现营业收入50 000万元，实际发生的与生产经营活动有关的业务招待费为500万元，其中以企业自制商品作为礼品馈赠客户，自制商品成本为300万元，同类商品售价为400万元。

在计算业务招待费税前扣除数额时，应进行以下纳税调整。

调整后的业务招待费金额 =500−300=200（万元）

调整后的计税基础 =50 000+400=50 400（万元）

按销售收入额的5‰计算，业务招待费税前扣除限额为252万元（50 400×5‰），按业务招待费实际发生额的60%计算扣除限额，扣除限额为120万元（200×60%），由于120万元 < 252万元，则业务招待费企业所得税税前扣除限额为120万元，故应纳税所得额调增80万元（200−120）。

案例 2 业务招待费扣除限额对企业所得税的影响（2）。

B 企业某年度实现营业收入 2 400 万元，实际发生的与生产经营活动有关的业务招待费为 30 万元，不存在视同销售收入额。在计算业务招待费税前扣除数额时，应进行以下纳税调整。

调整后的业务招待费金额 =30-0=30（万元）。

调整后的计税基础 =2 400+0=2 400（万元）。

按销售收入额的 5‰ 计算，业务招待费税前扣除限额为 12 万元（2 400×5‰），按业务招待费实际发生额的 60% 计算扣除限额，扣除限额为 18 万元（30×60%），由于 18 万元 > 12 万元，则业务招待费企业所得税税前扣除限额为 12 万元，应纳税所得额调增 18 万元（30-12）。

6.1.2 广告费、业务宣传费的把控

企业发生的符合条件的广告费和业务宣传费支出，除国家财政、税务主管部门另有规定外，不超过当年销售（营业）收入额（含视同销售收入）15% 的部分，准予扣除；超过部分，准予在以后年度结转扣除。企业申报的广告费支出，必须符合下列条件：广告是通过工商部门批准的专门机构制作的；已实际支付，并已取得相应发票；通过一定的媒体传播。

6.1.3 职工福利费的把控

企业实际发生的满足职工共同需要的集体生活、文化、体育等方面的职工福利费支出，不超过工资薪金总额 14% 的部分，准予扣除。依据为《中华人民共和国企业所得税法实施条例》第四十条。

6.1.4 职工教育经费的把控

除国务院财政、税务主管部门另有规定外，企发生的职工教育经费支出，不超过工资薪金总额 2.5% 的部分，准予扣除；超过部分，准予在以后纳税年度结转扣除。经认定的技术先进型服务企业发生的职工教育经费支出，不超过工资总额 8% 的部分，准予扣除。超过部分，准予在以后纳税年度结转扣除。依据为《中华人民共和国企业所得税法实施条例》第四十二条、《财政部 税务总局关于企

业职工教育经费税前扣除政策的通知》（财税〔2018〕51号）。

6.1.5 利息支出的把控

企业在生产经营活动中发生的下列利息支出，准予扣除。

（1）非金融企业向金融企业借款的利息支出、金融企业的各项存款利息支出和同业拆借利息支出、企业经批准发行债券的利息支出。

（2）非金融企业向非金融企业、向投东或其他与企业有关联的自然人、向内部职工或其他人员借款的利息支出，不超过按照金融企业同期同类贷款利率计算的数额部分。

（3）对于采用实际利率法确认的与金融负债相关的利息费用，未超过银行同期贷款利率的部分，可在计算当期应纳税所得额时扣除。

6.2 案例分析：A时装经销公司税收分析

6.2.1 基本案情及分析方案

A时装经销公司业务以名牌服装零售为主，商品销售平均利润为30%。经测算，如果将商品打八折让利销售，企业可以维持在计划利润的水平上。

为了帮助该企业了解销售环节的涉税问题，并就有关问题做出决策，B税务师事务所的专家提出以下3个方案进行税收分析。

方案一：让利（折扣）20%销售，即企业将10 000元的货物以8 000元的价格销售。

方案二：赠送价值20%的购物券，即企业在销售10 000元货物的同时，另外再赠送2 000元的购物券，持券人仍可以凭购物券购买商品。

方案三：返还20%的现金，即企业在销售10 000元货物的同时，向购货人赠送 2 000 元现金。企业决策者应根据不同促销方案的涉税情况做出决策。

现以销售 10 000 元的商品为基数，企业每销售 10 000 元商品发生可以在企业所得税前扣除的工资和其他费用 100 元。

1. 方案一 税利情况分析

因为让利销售是在销售环节将销售利润让渡给消费者的行为，所以让利20% 销售就是将计划作价为 10 000 元的商品作价 8 000 元（购进成本为含税价7 000 元）销售出去。假设其他因素不变，则企业的税利情况如下。

应纳增值税额 = 8 000 ÷（1+13%）× 13% − 7 000 ÷（1+13%）× 13% = 920.35−805.31=115.04（元）。

应纳企业所得税额 = [8 000 ÷（1+13%）− 7 000 ÷（1+13%）−100]×25% =（7 079.65−6 194.69−100）× 25% =196.24（元）。

企业的税后利润额 = 8 000 ÷（1+13%）− 7 000 ÷（1+13%）−100−196.24 = 7 079.65−6 194.69−100−196.24=588.72（元）。

2. 方案二 税利情况分析

该方案只要消费者购买满价值 10 000 元的商品，企业就赠送其 2 000 元（含税购进成本为 1 400 元）的购物券。该业务比较复杂，将其每个环节做具体的分解，计算缴税的情况如下。

（1）增值税。

企业销售 10 000 元商品时应纳增值税额 =10 000 ÷（1+13%）× 13% − 7 000 ÷（1+13%）× 13% = 1 150.44−805.31 = 345.13（元）。

赠送 2 000 元的购物券，应视同销售处理，故应纳增值税税额 = 2 000 ÷（1+13%）× 13% − 1 400 ÷（1+13%）× 13 % = 600 ÷（1+13%）× 13% = 69.03（元）。

合计应纳增值税税额 = 345.13+69.03 = 414.16（元）。

（2）个人所得税。

由于消费者在购买商品时获得的购物券属于其偶然所得，其应该缴纳个人所得税。按照现行的《个人所得税管理办法》，发放购物券的企业应该在发放环节代扣代缴个人所得税，如果企业未代扣代缴，则发放企业应该代个人缴纳个人所得税。因此 A 时装经销公司在赠送购物券的时候，应该代顾客缴纳个人所得税。

在具体操作环节应将其换算成含税所得额，其应代缴个人所得税额 = 2 000 ÷（1-20%）× 20% = 500（元）。

（3）企业所得税。

由于赠送购物券的成本及代顾客缴纳的个人所得税款不允许在计算企业所得税前扣除，则应纳企业所得税额 = [（10 000-7 000）÷（1+13%）-100]× 25% = 638.72（元）。

企业的税后实际利润额 =（10 000-7 000）÷（1+13%）-1 400 ÷（1+13%）-500-100-638.72=1 600 ÷（1+13%）-500-100-638.72 = 177.21（元）。

3．方案三 税利情况分析

与方案二同理，应缴纳相关税额计算如下。

应纳增值税税额 =（10 000-7 000）÷（1+13%）× 13% = 345.13（元）。

应代顾客缴纳的个人所得税税额 = 2 000 ÷（1-20%）× 20% = 500（元）。

由于返还的现金及代顾客缴纳的个人所得税款不允许在税前扣除，则应纳企业所得税额 = [（10 000-7 000）÷（1+13%）-100]× 25% = 638.72（元）。

企业税后实际利润额 =（10 000-7 000）÷（1+13%）-2 000-100-500-638.72=-583.85（元）。

6.2.2 方案对比

通过对照政策进行具体的测算，以上各种方案的具体情况分析如下。

方案一中，企业通过销售10 000元的商品，可以获得588.72元的税后净利润。

方案二中，企业销售10 000元商品，实际支出价值12 000元的货物，税后净利润为177.21元。

方案三中，企业销售10 000元的商品，另外还要支出2 000元的现金，亏损583.85元。显然，该方案最不可取。

那么企业该如何进行促销活动？其中有哪些涉税因素？目前多数企业经常采用以让利销售和返利销售为实质内容的各种促进销售方式，目的是增加企业的销售额。但是，其中的税收因素却常常被忽视，以致许多企业做了出力不赚钱的买卖。营销策略运用不当，往往会给企业以后的经营埋下祸患，这在企业的危机管理中必须引起高度重视。

在不同的促销方式下，企业的税收负担是不同的。对于折扣销售，我国增值税有关法规对折扣销售有明确的定义和特殊的税收处理方式说明。折扣销售是指销货方在销售货物或应税劳务时，因购货方购货数量较大等，而给予购货方的价格优惠（如购买10件优惠5%，购买20件以上优惠10%等）。由于折扣是在实现销售的同时发生的，税法规定：如果销售额和折扣在同一张发票上分别注明，可将折扣后的余额作为销售额计算增值税；如果将折扣额另开发票，则无论其在财务上如何处理，均不得从销售额中扣减折扣额。

方案一将折扣销售的原则进一步扩大，直接将销售价格下调，从而既未违反税法，又提高了销售额，达到了双重效果。

方案二和方案三则不然。方案二是在发生销售额的基础上进一步赠送购物券，从税法的角度属于视同销售行为，在财务上应作为视同销售处理，同时应代扣代缴个人所得税。由于企业在赠送购物券时，未代扣代缴个人所得税，所以企业需要代缴个人所得税，这进一步加重了企业的税收负担。而方案三的企业赠送货币资金，是将自己的净利润都赠送出去了，这种促销行为没有不发生亏损的道理。也正因为如此，在实践中很少有人采用方案三。

第 7 章
"营改增"后税务风险把控

7.1　"营改增"后基建项目税务风险

7.1.1　合同签订风险

（1）合同价是否含税、税率是多少等，这些问题一定要明确，避免以后由于这类约定不明确而导致双方产生涉税风险。

（2）开具发票的各类约定。开具的是增值税专用发票还是增值税普通发票这一点要明确，因为只有增值税专用发票可以抵扣，增值税普通发票是不能抵扣的。

（3）发票开具的时间。增值税纳税义务发生时间为纳税人发生应税行为，并收取销售款或者取得索取销售款项凭据的当天，先开具发票的为开具发票的当天。现在存在这种情况：建筑施工企业还没有收到工程款，但是先把票开给了甲方。这种情况下，只要开票了，就意味着纳税义务发生了，就产生了资金支付需要，从而带来了资金的压力，所以在合同中要注明"开票与支付工程款时间要统一"。

（4）关于工程中分包项目。要明确工程中是否有甲方指定的分包项目，分包项目包括哪些专项工程，分包队伍是否有专业的施工资质，工程结算是否能够提供增值税专用发票等。约定通过总包方结算并开票时，若建设单位直接与分包方签订合同，则此部分工程量应从总工程量中剔除，因为多计就要多纳税。

（5）施工水电费的约定。一般情况下，工地的临时用水用电都是在甲方项目总表下的分表中计量的，建筑施工企业无法取得该项发票，进项税额得不到抵扣，针对这种情况，可以在合同中约定：建筑施工企业单独挂表、单独开票、单独计量。

（6）对于"甲供材料"的约定。首先，要明确工程是否有甲方提供的材料和设备，提供什么内容，金额是多少；其次，可以和甲方协商将"甲供材料"改为"甲控材料"，这样物资供应方向建筑施工企业开具发票，同时建筑施工企业将该部分材料款计入产值，从而进行进项税额抵扣，使增值税负担大大降低。另外，建筑施工企业也可和甲方协商，在移送材料时由甲方按照购买价开具增值税专用发票，因为是平价开具发票，甲方不会多纳税，建筑施工企业也可以抵扣进项税额。

常用税率：钢材、水泥、电缆等工业产品13%；商品混凝土和地材3%；电费13%；水费9%；运输费用9%；设计、监理、勘察等服务类费用6%。从以上税率可以看出，钢材、水泥的税率高于9%，但是商品混凝土和地材的税率低于9%。因此，在签订合同中，有关"甲供材料"的约定是建筑施工企业和甲方的博弈过程。

（7）合同中约定的罚款。由于承包人原因造成违约带来的甲方的罚款，是加在成本里，还是在收入里减掉？答案应该是在收入里减掉更为有利，因为收入减少，相应的销项税额就会减少，建筑施工企业的税负就会减轻。

（8）拆迁补偿款及青苗补偿费的涉税影响，"营改增"以后增值税实行凭票抵扣进项税额，但拆迁补偿款及青苗补偿款往往难以取得增值税专用发票，而只能取得相关的合同及收据。没有可以抵扣的进项税一定程度上会导致建筑企业增值税税负的上升以及利润的下降。对此，要和甲方进行谈判，对于税务成本增加部分，要求给予补偿或者是另签合同，明确此笔费用属代收代付费用，单独协商抵扣办法。

（9）收据。没有可以抵扣的进项税额在一定程度上会导致建筑企业增值税税负加重，利润下降。建筑施工企业可与甲方进行谈判，对于税务成本增加部分，明确是由甲方给予补偿还是另签合同，明确此笔费用属于代收代付费用，单独协商抵扣办法。

（10）其他约定。合同条款中需要明确增值税纳税义务发生时间、发票开具的要求、结算条款等相关涉税事宜，明确合同价款是否含税，在双方签字盖章处增加双方纳税人的识别码等。

7.1.2 发票风险

增值税税制下，建筑业的下游企业（如房地产企业）更需要上游企业开具增值税专用发票而进行抵扣，这样会使建筑施工企业更加青睐能提供增值税专用发票的材料供应商。建筑施工企业与下游的合作企业今后将就"甲供材料"约定、税负承担问题进行长期博弈。建筑施工企业存在以假发票、虚开发票虚抵虚列来达到避税目的的现象。而且建筑施工企业挂靠经营现象较为普遍，被挂靠方提供建设资质，按照一定比例收取管理费，并不参与挂靠方项目的经营活动。如果挂靠方通过虚开发票方式逃避纳税，违法责任仍然属于被挂靠方。

虚开增值税专用发票已计入刑事处罚，《中华人民共和国刑法》第二百零五条规定了虚开发票罪，虚升发票主要体现为：为他人虚开、为自己虚开、让他人为自己虚开、介绍他人虚开。

对于上游企业虚开的增值税专用发票、伪造的增值税专用发票、非税务机关出售的发票以及"作废"发票等，建筑企业如果取得并使用以上发票，那么不但不能够抵扣进项税额，还可能带来更为严重的后果。

7.1.3 财务核算风险

增值税税制下，财务人员面临新旧税制的衔接、税收政策的变化、核算模式的改变、业务处理和税务核算的转化等难题。财务人员如果不提高业务素质、不认真研读税收政策、不熟悉增值税会计核算等，很可能会产生财务核算不合规、纳税申报不准确等风险。

7.1.4 增值税会计处理风险

（1）销项税额方面。对视同提供应税服务行为、收取价外费用等业务不计提增值税或计提增值税额不准确。

（2）进项税额方面。对不应当抵扣的进项税额进行了抵扣，应当作进项税额转出的没有转出等。

（3）发票方面。发票未按规定填开，红字发票使用不得当，抵扣凭证不符合要求等。

7.1.5 合同、货物（劳务）、发票、现金、信息"五流统一"风险

增值税发票需要满足"五流统一"的管理要求，纳税人签订的合同、购进货物或应税劳务、支付运输费用、所支付款项的单位和相关信息，必须与开具抵扣凭证的销货单位、提供劳务的单位一致，只有这样，才能够申报抵扣进项税额，否则不予抵扣。建筑行业的分包队伍规模普遍偏小、管理水平低、对增值税政策不熟悉，并且存在转包和挂靠现象。建筑施工企业如果不能取得合规的增值税专用发票，将面临被要求转出进项税额、不予抵扣、罚款，甚至是刑事处罚的风险。

7.2 "营改增"后基建项目税务风险应对措施

7.2.1 修订企业相关制度、流程

1. 企业制度可操作性不强的原因与应对措施

（1）企业制度可操作性不强的原因。

① 某些条款过时，不能满足目前企业生产经营管理的需要。

② 制订制度时，没有充分征求员工和被考核单位的意见，没有做到"三上三下"。

③ 某些条款的含义不够明确。

④ 被考核单位不够理解考核指标如何计算。

⑤ 制度实施流程不清晰，不符合企业实际情况。

⑥ 制度务实性不够。

⑦ 制度规范性不够。

⑧ 制度涵盖面缺位。

⑨ 制度得不到及时修改和完善。

⑩ 各项制度之间缺乏衔接性。

（2）企业制度可操作性不强的应对措施。

① 提高各项制度之间的衔接性，如提高企业财务管理制度、内部控制制度、内部审计制度之间的衔接性。财务管理制度规范企业财务行为；内部控制制度根据财务管理制度所规范的财务行为实施控制；内部审计制度不断揭露问题，并提出解决问题的措施。

② 及时修改制度，一般每半年检查一次制度落实情况，每年修改一次。

③ 制度必须既完整又突出重点，并且含义明确。

④ 制订与修订制度，应做到在充分征求员工和被考核单位意见的基础上层层讨论，切实做到"三上三下"后再发布实施。

⑤ 制度中所涉及的考核指标，应达到计算公式统一、数据构成明晰、考核办法明确且务实。

⑥ 每一项制度都应建立相应的实施流程。

⑦ 各项制度都必须完全符合企业生产经营特点与现状。

⑧ 各项制度都必须符合国家法律法规、地方政府法律和行业规范，如企业会计政策必须符合《中华人民共和国会计法》《企业会计准则》《中华人民共和国企业所得税法》等国家法律法规的规定。

⑨ 各项制度必须适时体现国家和地方政府的新政策，如全面"营改增"政策等。

⑩ 各项制度之间必须具有一定的衔接性，制度之间不能冲突。

2. 企业制度执行力不到位的原因与应对措施

（1）企业制度执行力不到位的原因。

① 职能部门分工不明确。

② 相关岗位职责不明确。

③ 对违反制度者处罚不及时、处罚力度不够。

④ 严格执行制度者得不到应有的奖励。

⑤ 各级领导未以身作则执行制度。

⑥ 缺乏制度执行反馈机制。

⑦ 制度缺乏合理性和可操作性。

⑧ 缺乏奖惩机制，或奖惩机制流于形式。

⑨ 管理人员凌驾于制度之上。

⑩ 管理者没有常抓不懈。

⑪ 制度不严谨，朝令夕改。

⑫ 执行过于烦琐或者囿于条款。

⑬ 缺乏将工作分解和汇总的好办法。

⑭ 没有人监督并且缺乏监督方法。

⑮ 缺乏具有凝聚力的企业文化。

⑯ 制度与利益相冲突时的取舍。

（2）提升企业制度执行力的应对措施。

① 明确制度出台和实施的程序。

首先，明确制度的制订规定，对制度的研究、立项、制订、审查、发布、实施、考核、监督等环节统一规划，力求制定出的制度规范、严谨，符合企业实际，具有可执行性。还应有制约性条款，如制度的具体实施程序、监督方式，以及违反规定时处理和追究责任的依据等。其次，重视制度的梳理、修订、补充和完善环节，实行制度动态管理。随着时间、政策以及企业改革和业务发展变化，定期对不适用的制度及时废止，对不完善的制度及时修订，对缺失的制度及时补充，使制度管理紧跟形势和满足业务发展需要。

② 强化制度执行的刚性。

首先，明确各岗位在执行制度中的责任，每个员工都要明确本职岗位必须遵守哪些制度，明确违反这些制度将要承担的责任和后果。其次，重视领导层在制度执行中的主导和表率作用，强化其责任感和使命感。最后，注重宣传教育，提高全员对制度的掌握能力。对企业的共性制度，要确保人人了解，自觉遵守。

7.2.2 建立各项目增值税台账，把控销项税额和进项税额计算风险

（1）企业财务部门、下属分公司、项目部和各项目都应建立增值税台账，按月反映营业收入、销项税额、进项税额、进项税额转出、应交增值税、增值税税负率等的情况。

（2）企业应编制增值税税负平衡计划，并层层下达指标，按月考核。

（3）销项税额风险应对措施。

① 把握不同销售结算方式下的增值税纳税义务发生时间及开票时间。

② 把握增值税特殊行为的征税规定。

③ 把握增值税的计税依据。

④ 把握增值税销售额的确定，包括：还本销售方式销售额的确定，采取以物易物方式销售销售额的确定、一般纳税人销售自己用过的物品销售额的确定、出租出借包装物销售额的确定等。

⑤ 自查销售收入及价外费用是否全额入账、有无少计销售额情况。

⑥ 把握销售、混合销售、兼营行为是否按规定计算纳税。

⑦ 自查包装物押金的计税处理是否正确。

⑧ 自查还本销售业务，有无将还本支出冲减销售额的情况。

⑨ 自查折扣销售、销售折让、销售退回业务的计税处理是否正确等。

7.2.3 发票税务风险管控

（1）严格执行全国发票管理规定，确保增值税专用发票开具的真实性与取得的合法性，切实防止出现虚开虚抵现象。

（2）对比对异常的发票，税务机关将通过专用系统进行调查、核实，以确保发票的合法性。企业应通过正规渠道，取得开具规范、信息准确的发票，同时还应保证海关完税凭证的数据采集质量，以提高发票比对相符率，避免因比对异常影响正常抵扣。

（3）把握发票抵扣时限。当月认证的发票当月必须抵扣；发票从开具之日起在不超过 360 天的期限内可认证抵扣。

（4）增值税普通发票新的防伪措施有：专用防伪无碳复写纸、监制章专用红外激发荧光防伪、定制专用号码防伪、压划变色油墨防伪、红外非吸收特征防

伪、微缩文字防伪等。

7.2.4 接受增值税专用发票应把握6个要点

（1）提高防范意识。

（2）对供货单位做必要的调查。

（3）尽量通过银行账户划拨货款。

（4）要求开票方提供税务登记证等资料。

（5）通过防伪系统验证发票真假。

（6）对有疑点的发票，要及时向税务机关求助查证。

7.2.5 签订合同的要点

（1）选择适当的合同主体。《营业税改征增值税试点实施办法》明确了增值税计税方法包括一般计税方法和简易计税方法。建筑施工企业应综合考虑能否取得增值税进项税额抵扣凭据、增值税税率，测算分析不同的合同相对人报价的经济合理性，选择不同的计税方式，编制税收筹划方案，以降低税负、节约成本。建筑施工企业应当根据税收筹划方案，选择不同的计税方式，进而确定与一般纳税人或小规模纳税人签订合同。

（2）审查对方的纳税主体资格。与具有适当纳税资格的主体发生业务关系是防范涉税风险关键的一步。对于适用一般计税方法的建筑施工合同，合同相对方能否提供合法合规的增值税专用发票，对税负和成本具有重大影响。建筑施工企业签订合同时：一是应当重点关注合同相对方是否为增值税一般纳税人，能否提供增值税专用发票；二是要关注合同约定的业务或事项是否超出合同相对方的经营范围；三是要关注合同相对方的纳税记录是否良好，其是否存在偷税、漏税等违法情况。

（3）明确不同税率的业务内容并分别核算。《营业税改征增值税试点实施办法》规定：纳税人兼营销售货物、劳务、服务、无形资产或者不动产，适用不同税率或者征收率的，应当分别核算适用不同税率或者征收率的销售额；未分别核算的，从高适用税率。建筑施工企业在对外经营过程中，存在提供适用多种税率的服务或在同一个合同中包含多种税率的项目情况时，应当在合同中描述具体的业务内容、结算方式以及合同单价或金额等，切实规避混合销售和兼营行为从高适用税率的风险。

（4）明确价格、税额及价外费用。增值税属于价外税，价格和税金是分离的。"营改增"后，建筑施工企业应当在合同中明确价款（包括奖励费、违约金等价外费用）是否包含增值税，明确所适用的增值税税率是多少，以避免在交易过程中引发纠纷或造成损失。对合同约定的定金、订金、诚意金等费用进行明确界定，以避免因界定不清，被税务机关认定为价外费用而缴纳增值税，从而增加不必要的税收成本。

（5）明确结算办理和发票开具。建筑施工企业在对外签订合同时，对于结算办理和发票开具条款，应当注意以下方面。一是应当结合增值税纳税义务发生时间的认定条件，合理确定结算办理的方式和时限，以及时办理结算、开具发票、确认收入和应收账款；同时要明确结算办理不及时的违约责任。二是应当明确约定结算办理后，再开具发票，防范虚开发票的风险；同时将合同相对人的纳税人主体资格、纳税人识别号、开户银行等开票信息，增值税发票的种类和开具以及违约责任等内容写入合同条款，尽可能让纳税义务发生时间与发票开具时间保持一致。三是分包合同中的结算办理和发票开具条款，应当与总包合同相衔接、对应，保证能及时取得合规进项发票；同时应明确开票方合法开具发票的义务及违约赔偿责任，将分包方开具合规发票的义务与收款权利相联系。

（6）明确付款方式和时限。建筑施工企业的增值税税率为 9%，远高于其 3% 的营业税税率。增值税纳税义务发生后，企业需在次月 15 日前申报纳税。建筑施工企业一是要明确约定付款方式（银行转账或票据等）以及付款期限和违约责任，争取在缴纳税款前多收回资金。二是要在合同中约定税款不纳入质保金的扣留范围或确定合理的质保金扣留比例，降低提前纳税对建筑施工企业现金流的影响，减轻资金压力。三是分包合同中应当使用与总包合同一致的付款方式，约定总包方得到支付的"延后"付款期限，防止工程款垫资，从而转移资金支付压力和风险。

7.2.6 项目工程造价调整

《青海省住房和城乡建设厅关于建筑业实施营业税改增值税后调整青海省建设工程计价依据的通知》（青建工〔2016〕140 号）。

建筑业实行"营改增"后，我省建设工程工程量清单计价、定额计价均按照"价税分离"的原则，工程造价由税前工程造价和增值税销项税额构成。工程造价按以下公式计算：工程造价 = 税前工程造价 ×（1+11%）。其中，建筑业增值税税率为11%，税前工程造价是由人工费、材料费、施工机具使用费、企业管理费、利润和规费等各项费用组成，各费用项目均不包含增值税可抵扣进项税额。

1. 增值税下单位工程造价计算程序

（1）工程量清单计价程序。

① 工程量清单计价程序如表 7-1 所示。

表 7-1　工程量清单计价程序

行号	序号	费用名称		计算方法
1	一	分部分项工程量清单项目费		Σ（分部分项清单工程量 × 综合单价）
2	二	措施项目费		3+4+5
3	1	单价措施项目类		Σ（技术措施清单工程量 × 综合单价）
4	2	总价措施项目费	安全文明施工费	定额人工费 × 相应费率
5			其他总价措施费	定额人工费 × 相应费率
6	三	其他项目费		7
7	1	其他项目费		按招标文件规定
8	四	规费		9+10+11
9	1	社会保障费（养老、失业、医疗、工伤、生育保险金）		定额人工费 ×29.4%
10	2	住房公积金		定额人工费 ×12%
11	3	工程排污费		按实际发生额
12	五	税金		（1+2+6+8）× 税率
13	六	工程总造价		1+2+6+8+12

注：其他项目费中包括暂列金额、暂估价、计日工、总承包服务费等

② 综合单价计算程序（分部分项工程及单价措施项目）如表 7-2 所示。

表 7-2 综合单价计算程序

序号	项目		计算方法
1	人工费	定额人工费	Σ（清单工程量 × 人工基价）
		人工增加费	定额人工费 × 系数
2	材料费		Σ（清单工程量 × 材料市场价 × 材料费调整系数）
3	机械费	定额机械费	Σ（清单工程量 × 机械基价 × 机械费调整系数）
		机械增加费	定额机械费 × 系数
4	管理费		定额人工费 × 费率
5	利润		定额人工费 × 费率
6	综合单价		1+2+3+4+5

注：人工增加费 = 定额人工费 × 人工调整系数 × 人工降效系数

机核增加费 = 定额机械费 × 机械降效系数

（2）定额计价法计价程序（见表 7-3）。

表 7-3 定额计价法计价程序

行号	序号	费用名称	计算方法
1	一	直接费	2+6+7
2	二	定额直接费	3+4+5
3	1	人工费	Σ（工程量 × 人工基价）
4	2	材料费	Σ（工程量 × 材料基价 × 材料费调整系数）
5	3	机械费	Σ（工程量 × 机械基价 × 机械费调整系数）
6	4	人工增加费	定额人工费 × 系数
7	5	机械增加费	定额机械费 × 系数
8	三	总价措施项目费	9+10
9	1	安全文明施工费	定额人工费 × 相应费率
10	2	其他总价措施项目费	定额人工费 × 相应费率
11	四	管理费	定额人工费 × 相应费率

（续表）

行号	序号	费用名称	计算方法
12	五	利润	定额人工费 × 相应费率
13	六	人材机价差	∑（数量 × 价差 × 材料费或机械费调整系数）
14	七	其他项目费	15
15	1	其他项目费	按招标文件规定
16	八	规费	17+18+19
17	1	社会保障费（养老、失业、医疗、工伤、生育保险费）	定额人工费 ×29.4%
18	2	住房公积金	定额人工费 ×12%
19	3	工程排污费	按实际发生额
20	九	税金	（1+8+11+12+13+14+16）× 税率
21	十	工程总造价	1+8+11+12+13+14+16+20

注：其他项目费中包括暂列金额、暂估价、计日工、总承包服务费等

人工增加费 = 定额人工费 × 人工调整系数 × 人工降效系数

机械增加费 = 定额机械费 × 机械降效系数

2. 材料费和施工机具使用费调整系数

材料费和施工机具使用费调整系数如表 7-4 所示。

表 7-4　材料费和施工机具使用费调整系数表

序号	计价依据	调整系数	
		材料费	施工机具使用费
1	2016 版《青海省房屋建筑与装饰消耗量定额与基价》	0.89	0.91
2	2016 版《青海省通用安装工程消耗量定额与基价》	0.90	0.92
3	2016 版《青海省市政工程消耗量定额与基价》	0.90	0.92

说明：

（1）对直接使用定额基价中材料、施工机具台班的单价仍然使用含税价格体系，即价格中含进项税额。

（2）除税材料费 = 现行定额计价的材料费 × 材料费调整系数。

（3）除税施工机具使用费 = 现行定额计价的施工机具使用费 × 施工机具使用费调整系数。

（4）除税定额基价 = ∑ 人工费 + ∑ 除税材料费 + ∑ 除税施工机具使用费。

（5）除税材料价差 = 现行计价体系的材料价差 × 材料费调整系数。

材料价差包括施工机具使用费中的材料价差，不实行材料价差的计价方式，不执行此计算方法。

3. 企业管理费和安全文明施工费取费标准

（1）企业管理费取费标准如表 7-5 所示。

表 7-5 企业管理费取费标准

专业工程	取费基础	费用名称及费率（%）
		施工管理费
房屋建筑与装饰工程	定额人工费	21.30
通用安装工程		17.04
市政工程		30.90
园林绿化工程		15.50
房屋修缮工程（土建）		18.11
房屋修缮工程（安装）		11.72
仿古建筑工程		12.78
市政维护工程		15.98
单独装饰工程	定额人工费	18.11
大型土石方工程		8.52
包工不包料工程		17.04

（2）安全文明施工费取费标准如表 7-6 所示。

表 7-6　安全文明施工费取费标准

专业工程	取费基础	费用名称及费率（%）				
		合计	安全施工费	文明施工费	环境保护费	临时设施费
房屋建筑与装饰工程	定额人工费	14.86	8.25	2.03	1.22	3.36
通用安装工程		6.95	3.86	0.95	0.57	1.57
市政工程		16.85	9.36	2.30	1.38	3.81
园林绿化工程		8.95	4.97	1.22	0.73	2.03
房屋修缮工程（土建）		4.97	2.76	0.68	0.41	1.12
房屋修缮工程（安装）		5.95	3.59	0.81	0.20	1.35
仿古建筑工程		3.98	2.21	0.54	0.33	0.90
市政维护工程		2.98	1.65	0.41	0.25	0.67
单独装饰工程		15.85	8.80	2.17	1.30	3.58
大型土石方工程		7.95	4.41	1.09	0.65	1.80
包工不包料工程		6	3.33	0.82	0.49	1.36

7.2.7　项目工程造价管控

不论是甲方还是各投标方，其都可以按自己对工作量、成本、管理费率、利润率的预测，计算出工程造价。

增值税税制下，由于增值税是价外税，工程造价应分步计算。

先计算出不含可抵扣增值税的成本；然后在此基础上，加上管理费和利润等标高金；最后乘以111%。工程造价为包含可抵扣增值税的含税价。

本例中的人、材、机成本，因材料价格上涨而变成了 8 500 元，再加上总计 50% 的标高金，含税造价就成了：8 500×（1+20%+30%）=12 750（元）。

标高金是总承包商投标报价时考虑到预期收益和根据约定应承担的风险而计算的成本费用以外的金额，由管理费、利润和风险费组成。

如取得的增值税专用发票上的可抵扣税额为 300 元，税前成本 =12 750-300=12 450（元）。

假定城市维护建设税税率与教育费附加征收率合计为 10%，则本项目附加税费为：

[（12 450+ 附加税）×11%−300]×10%= 附加税

解此方程可得附加税费为 108 元，工程造价 =（12 450+108）×111%=13 939（元）。

工程造价直观算法如下。

不含可抵扣税的税前成本为 8 000 元，考虑材料涨价因素后，税前成本为 8 500 元，加上 50% 标高金后，税前成本为 12 450 元。

附加税费（城市维护建设税 7%，教育费附加 3%）

=［12 450×11%（销项税）−300（进项税）］×10%（附加税费税率与征收率合计）

=（1 369.50−300）×10% = 106.95（元）

工程造价

=（12 450+106.95）×111% = 13 938.21（元）

注：2019 年 4 月 1 日起建筑业增税税率改为 9%，此工程造价需要换算。

7.3 "营改增" 后基建项目税务风险审计

7.3.1 合同合规性审计

主要审查合同是否符合国家法律法规和规范性文件的规定，是否违反国家利益或者社会公共利益；审查合同是否符合本企业的规章制度要求，履行该合同是否会给本企业带来预期利益；审查对方的主体资格是否合法，签订合同的当事人是否有权签订该合同，对方是否有履行该合同的能力和诚意，选择对方签订合同的理由是否充分。

7.3.2 发票合规性审计

一是审查发票的来源。被审计单位舍近求远、违背常规采购物品或服务而取得的发票，其发票记载的内容是不真实的；发票开具单位超出其经营范围而开具的发票，有虚开发票的可能性，审计人员应与发票开具单位核对后确定其真实性；与发票开具单位没有发生直接业务往来的单位开具的发票是违规的，如甲与乙签订合同，乙为完成甲的合同与丙签订供销合同，则甲用丙的发票就属于违规行为。

二是审查发票的版式。注意区分机打、复写、定额等不同发票的开具使用要求；审查入账发票是否属于当期有效发票，有无用已过期发票冒充有效发票的情况；审查在必须使用防伪税控系统开具的机打发票的情况下，使用了开具的手工发票的情况。

三是审查发票的格式内容。发票抬头是否与被审计单位名称相符，有无不填或事后填写的；日期是否空白或事后填写；品名、规格、数量、单价等项目是否填写齐全，有无不填或笼统填写的情况；对金额整齐的发票应格外关注；发票印章如为套印的单位印章，一般为不合规发票；被审计单位所取得的不同单位的几组发票笔迹相同，一般是被审计单位取回空白发票后，由有关人员统一填写的。

四是审查发票的经济内容。一个单位真实的经济业务除应取得发票外，还应附有必要的原始凭证，包括订购单、履行授权审批手续凭证、经济合同、招标投标凭证、政府采购凭证、实物验收凭证、采购清单等相应凭证，以反映经济活动运行轨迹。没有上述手续，不能完整反映经济活动运行轨迹而取得的发票，一般是不真实的业务。

五是审查结算方式。对超过银行结算起点（1 000 元）的经济业务所取得的发票，采用现金结算方式的，应格外关注；一笔银行支付结算业务同时支付属于不同单位的经济业务的发票，其经济业务一般是不真实的。

六是发票查询与比对。与发票开具单位比对，极易发现上下联不符、虚开发票等问题；登录当地税务机关的发票查询系统，初步确认发票的真假；通过税务机关防伪税控系统比对，向税务机关咨询等方式，辨别发票的真伪。

7.3.3 财务核算规范性审计要点

（1）财务核算规范性审计的依据是《中华人民共和国会计法》《企业会计

准则》《企业会计制度》《会计基础工作规范》《中华人民共和国审计法》《中国内部审计具体准则》等相关法规制度。

（2）审计成本费用核算的规范性。一是成本费用分配方法的合理性，二是成本费用分配计算的准确性。

（3）审计增值税销项税额。

① 出租、出借包装物收取押金涉及的增值税销项税额。

② 视同销售业务涉及的增值税销项税额。

③ 价外费用涉及的增值税销项税额。

④ 赔偿款、违约金是否涉及增值税销项税额。

⑤ 不按纳税义务发生时间开具发票，多缴税、早缴税风险。

（4）审计增值税进项税额。

① 准予抵扣的进项税额。

② 纳税人在办理增值税进项税抵扣时容易出现的问题。

③ 发票专用章。

④ 发票丢失。

⑤ 汇总开具增值税专用发票涉及的进项税额。

⑥ 混合销售开具增值税专用发票涉及的进项税额。

⑦ 价外费用开具增值税专用发票涉及的进项税额。

⑧ 平销返利开具增值税发票涉及的进项税额。

⑨ 货物损失进项税额转出是否合规。

⑩ 视同销售和进项税额转出是否混淆。

7.3.4　增值税会计处理合规范性审计

根据《中华人民共和国增值税暂行条例》和《关于全面推开营业税改征增值税试点的通知》（财税〔2016〕36号）等有关规定，现对增值税有关会计处理规定如下。

会计科目及专栏设置增值税一般纳税人应当在"应交税费"科目下设置"应交增值税""未交增值税""预交增值税""待抵扣进项税额""待认证进项税额""待转销项税额""增值税留抵税额""简易计税""转让金融商品应交增

值税""代扣代交增值税"等明细科目。

（1）增值税一般纳税人应在"应交增值税"明细账内设置"进项税额""销项税额抵减""已交税金""转出未交增值税""减免税款""出口抵减内销产品应纳税额""销项税额""出口退税""进项税额转出""转出多交增值税"等专栏。其中：

①"进项税额"专栏，记录一般纳税人购进货物、加工修理修配劳务、服务、无形资产或不动产而支付或负担的、准予从当期销项税额中抵扣的增值税额；

②"销项税额抵减"专栏，记录一般纳税人按照现行增值税制度规定因扣减销售额而减少的销项税额；

③"已交税金"专栏，记录一般纳税人当月已交纳的应交增值税额；

④"转出未交增值税"和"转出多交增值税"专栏，分别记录一般纳税人月度终了转出当月应交未交或多交的增值税额；

⑤"减免税款"专栏，记录一般纳税人按现行增值税制度规定准予减免的增值税额；

⑥"出口抵减内销产品应纳税额"专栏，记录实行"免、抵、退"办法的一般纳税人按规定计算的出口货物的进项税抵减内销产品的应纳税额；

⑦"销项税额"专栏，记录一般纳税人销售货物、加工修理修配劳务、服务、无形资产或不动产应收取的增值税额；

⑧"出口退税"专栏，记录一般纳税人出口货物、加工修理修配劳务、服务、无形资产按规定退回的增值税额；

⑨"进项税额转出"专栏，记录一般纳税人购进货物、加工修理修配劳务、服务、无形资产或不动产等发生非正常损失以及其他原因而不应从销项税额中抵扣、按规定转出的进项税额。

（2）"未交增值税"明细科目，核算一般纳税人月度终了从"应交增值税"或"预交增值税"明细科目转入当月应交未交、多交或预缴的增值税额，以及当月交纳以前期间未交的增值税额。

（3）"预交增值税"明细科目，核算一般纳税人转让不动产、提供不动产经营租赁服务、提供建筑服务、采用预收款方式销售自行开发的房地产项目等，以及其他按现行增值税制度规定应预缴的增值税额。

（4）"待抵扣进项税额"明细科目，核算一般纳税人已取得增值税扣税凭证并经税务机关认证，按照现行增值税制度规定准予以后期间从销项税额中抵扣的进项税额。包括：一般纳税人自 2016 年 5 月 1 日后取得并按固定资产核算的不动产或者 2016 年 5 月 1 日后取得的不动产在建工程，按现行增值税制度规定准予以后期间从销项税额中抵扣的进项税额；实行纳税辅导期管理的一般纳税人取得的尚未交叉稽核比对的增值税扣税凭证上注明或计算的进项税额。

（5）"待认证进项税额"明细科目，核算一般纳税人由于未经税务机关认证而不得从当期销项税额中抵扣的进项税额。包括：一般纳税人已取得增值税扣税凭证、按照现行增值税制度规定准予从销项税额中抵扣，但尚未经税务机关认证的进项税额；一般纳税人已申请稽核但尚未取得稽核相符结果的海关缴款书进项税额。

（6）"待转销项税额"明细科目，核算一般纳税人销售货物、加工修理修配劳务、服务、无形资产或不动产，已确认相关收入（或利得）但尚未发生增值税纳税义务而需于以后期间确认为销项税额的增值税额。

（7）"增值税留抵税额"明细科目，核算兼有销售服务、无形资产或者不动产的原增值税一般纳税人，截止到纳入营改增试点之日前的增值税期末留抵税额按照现行增值税制度规定不得从销售服务、无形资产或不动产的销项税额中抵扣的增值税留抵税额。

（8）"简易计税"明细科目，核算一般纳税人采用简易计税方法发生的增值税计提、扣减、预缴、缴纳等业务。

（9）"转让金融商品应交增值税"明细科目，核算增值税纳税人转让金融商品发生的增值税额。

（10）"代扣代交增值税"明细科目，核算纳税人购进在境内未设经营机构的境外单位或个人在境内的应税行为代扣代缴的增值税。

小规模纳税人只需在"应交税费"科目下设置"应交增值税"明细科目，不需要设置上述专栏及除"转让金融商品应交增值税""代扣代交增值税"外的明细科目。

7.3.5 合同、货物（劳务）、发票、现金、信息"五流统一"合规性审计

签订合同、供应货物（劳务）、开具增值税专用发票、支付货款，以及与此经济业务的相关信息相符。

所谓"五流"，是指企业（单位）开展交易或业务过程中一般都会呈现的5个关键环节或内容，包括：合同流、实物（服务）流、资金流、票据流和信息流。合同流用于从法律形式上约定交易双方的权利义务；实物（服务）流是交易双方商品或服务的流动，是交易的具体指向和标的，是价值活动的载体；资金流是交易双方的价值活动，是物流活动的价值体现形式；票据流是双方交易活动的票据体现形式，是证明交易活动业已发生的凭据，是企业账务处理的重要原始凭证（我国特别重视票据的作用和管理，其上记录的信息相当全面，控制作用特别显著，在税收中，票据更是税源控制的基本手段，是以票控税的基础环节）；信息流是指交易双方对该项交易的信息记录或记载，基本可以表现为统计记载和会计记载，其中会计记载尤其重要，因为现代会计采用复式记账法记载，使得任何一项经济业务的来龙去脉都能反映得特别清楚。

任何交易或经济业务的发生，一般都会伴随着上述5种行为或事项的存在——在空间上并存，在时间上继起。从时间上看，一般的交易都是先签合同，根据合同履行实物交割（服务提供）义务，进行资金结算并开具结算票据，同时进行相应的记账活动。当然，也可能存在做业务不签合同或是不签书面合同而只有口头承诺，或不开正规的税收发票而只开具自行设计的内部收据以及还有某些单位由于规模很小不需要记账而只是进行简单的统计记录（俗称流水账）等情况，但所有这些特殊情况都不能否认"五流统一"的普遍指导意义，或者也可以将"四流统一""三流统一""二流统一"看成"五流统一"的特殊情况或初级阶段。任何一个大、中型的企业或正规管理的单位，如果没有做到"五流统一"，则在管理和内部控制方面一般都会存在瑕疵。因为只要"五流"都存在并有迹可循，任何业务或交易都是可以控制、检查和追溯的，并可以从"五流统一"性上存在的瑕疵来检查这些交易是否都履行了法定的义务，如是否合法合规纳税，是否如实确认收入、费用和利润，是否存在职员舞弊空间，是否存在信息披露违规等。

7.4　建筑业新老项目交替过程中的税务处理

7.4.1　"营改增"前签订总承包合同并动工，"营改增"后签订分包合同，分包方计税方法的选择

总承包合同适用老项目简易计税政策，分包合同开工日期在 2016 年 5 月 1 日以后的，一般情况下分包方可以选择按简易计税方法计税。即纳税人提供的建筑分包服务，在判断其是否是老项目时，以总承包合同为准，如果总承包合同属于老项目，分包合同也属于老项目。

根据财税〔2016〕36 号文件附件 2 的规定，一般纳税人为建筑工程老项目提供的建筑服务，可以选择适用简易计税方法计税。房地产开发企业中的一般纳税人，销售自行开发的房地产老项目，可以选择适用简易计税方法按照 5% 的征收率计税。

基于此分析，总承包合同和分包合同都有可能选择增值税一般计税方法和简易计税方法计税，到底如何选择增值税计税方法，需要总承包方和分包方之间进行商议，在考虑各自的税收成本的情况下，选择双方都能节省税收成本的增值税计税方法。

7.4.2　选择简易计税方法计税的老项目获得增值税专用发票的处理

基于税收政策规定，选择简易计税方法计税的项目本来应索取增值税普通发票，而索取了增值税专用发票的，必须按照以下两种方法处理。

1. 符合"作废"条件的则按"作废"处理

根据《增值税专用发票使用规定》（国税发〔2006〕156 号）第二十条规定，同时具有下列情形的，为增值税专用发票作废条件。

（1）收到退回的发票联、抵扣联时间未超过销售方开票当月。

（2）销售方未抄税并且未记账。

（3）购买方未认证或者认证结果为"纳税人识别号认证不符""专用发票代码、号码认证不符"。

如果选择简易计税方法计税的老项目或新项目的建筑施工企业收到该增值税专用发票的日期没有超过该增值税专用发票上注明开票日期的当月，可以进行"作废"处理。

建筑施工企业将收到的增值税专用发票退回供应商，供应商在其开票系统中进行"作废"处理，然后重新向建筑施工企业开具增值税普通发票。建筑施工企业不对其进行账务处理。

2. 不符合增值税专用发票"作废"条件的，则先认证先抵扣，再进行转出处理

如果收到该增值税专用发票的日期已经超过了该增值税专用发票上注明开票日期的当月，则只能按照以下方法处理：先认证先抵扣，再进行增值税进项税额转出处理。建筑施工企业必须进行以下账务处理。

（1）政策规定。

根据财会〔2016〕22号文件相关规定，一般纳税人购进货物、加工修理修配劳务、服务、无形资产或不动产，用于简易计税方法计税项目，其进项税额按照现行增值税制度规定不得从销项税额中抵扣的，取得增值税专用发票时，应借记相关成本费用或资产科目，借记"应交税费——待认证进项税额"科目，贷记"银行存款""应付账款"等科目，经税务机关认证后，应借记相关成本费用或资产科目，贷记"应交税费——应交增值税（进项税额转出）"科目。

（2）具体账务处理。

第一，施工企业获得的增值税专用发票没有进行网上认证时，被挂靠方的账务处理如下。

借：工程施工——合同成本（材料费用 ）

应交税费——待认证进项税额

贷：银行存款 / 应付账款 / 应付票据

第二，经过认证后的账务处理如下。

借：应交税费——应交增值税（进项税额）

贷：应交税费——待认证进项税额

第三，选择简易计税方法计税项目获得的增值税专用发票进行认证后，将增值税进项税额进行转出处理，账务处理如下。

借：工程施工——合同成本（材料费用）

　　贷：应交税费——应交增值税（进项税额转出）

如果老项目选择一般计税方法，则老项目在"营改增"后所发生的增值税进项税额可以在选择一般计税方法的新项目发生的增值税销项税额中进行抵扣。

7.4.3　建筑施工企业挂靠业务新老项目交替的税务处理

挂靠，即企业挂靠经营，就建筑业而言，是指允许一个建筑施工企业或他人在一定期间内使用自己企业名义对外承接工程的行为。允许他人使用自己名义的企业为被挂靠企业，相应的，使用被挂靠企业名义从事经营活动的企业或自然人为挂靠企业。

严格做到资质挂靠企业必须参与被挂靠施工企业的重大施工技术决策及相关经营管理。

被挂靠企业向挂靠企业收取的管理费：如挂靠企业是小规模纳税人，将管理费在应付被挂靠企业工程款中扣除，以降低税负；如挂靠企业是一般纳税人，应在本单位增值税税负计划内的适当时候开具增值税专用发票，以平衡税负。

7.4.4　"营改增"后新老项目交替过程中的增值税进项税额抵扣的税务处理

（1）"营改增"前采购的建筑施工材料已经用于工程施工项目，但是拖欠材料供应商的采购款，"营改增"后才支付拖欠材料供应商的材料款而收到供应商开具的增值税专用发票：无论建筑施工企业选择简易计税方法还是一般计税方法计算增值税，都不可以抵扣增值税进项税额。

（2）"营改增"前购买的建筑机械设备、办公用品和其他存量资产，但未收到以上资产供应商开具的增值税普通发票，"营改增"后才收到以上资产供应商开具的增值税专用发票：如果建筑施工企业选择简易计税方法计算增值税，则不可以抵扣增值税进项税额；如果建筑施工企业选择一般计税方法计算增值税，不可以抵扣增值税的进项税额。

（3）"营改增"前的老项目在"营改增"后继续施工的情况下，若建筑施工企业根据税法规定选择简易计税方法计算增值税，那么老项目在"营改增"后所发生的增值税进项税额不可以在新项目发生的增值税销项税额中进行抵扣；如果老项目选择一般计税方法计算增值税，则老项目在"营改增"后所发生的增值税进项税额可以在选择一般计税方法计税的新项目发生的增值税销项税额中进行抵扣。

7.4.5　老项目适用简易计税方法 36 个月不变，但 36 个月期满尚未完成的项目如何纳税

企业测算尚未完工项目的增值税税负时，如果税负较高，则继续按简易计税方法计税；如果税负正常，按一般计税方法计税。但无论采用哪种方法，都应向当地税务机关报备。

※ 本章综合案例分析

增值税一般纳税人转出进项税额实务如下。

（1）已抵扣进项税额的购进货物或应税劳务改变用途的。

（2）非正常损失的购进货物。

（3）非正常损失的在产品、产成品所耗用的购进货物或应税劳务。

（4）因进货退出或折让收回的增值税额。

（5）因购买货物而从销货方取得的各种形式的返还资金。

其中，有些进项税额转出可以根据相应的扣除率直接计算确定，有些则需要根据具体情况通过某些特定方法计算确定。归纳起来主要有以下几种方法。

1．还原法

（1）含税支付额还原法。

含税支付额还原法是指税法规定进项税额按含税支付额直接计算，但账面所提供的计算进项税额转出的支付额是扣除了进项税额之后的支付额，需要先进行价格还原，再依据所适用的进项税额扣除率计算确定应转出的进项税额的方法。其计算公式如下。

应转出的进项税额 = 应转出进项税的货物成本 ÷（1− 进项税额扣除率）× 进项税额扣除率

此方法主要用于特定外购货物，即购入时未取得增值税专用发票，但可以依

据支付价格计算抵扣进项税额的外购货物，如从农业生产者手中或从小规模纳税人手中购入的免税农产品等。

案例 1 含税支付额还原法应用。

某酒厂 3 月从农民手中购入玉米一批，作为生产原料，收购价为 100 万元。该酒厂当月申报抵扣的进项税额为 13 万元，记入材料成本的价格为 87 万元。4 月酒厂将玉米的一部分用于非应税项目，移用成本 65 万元。依据上述方法，该部分玉米进项税转出数额 $=65 \div (1-11\%) \times 11\%=8.03$（万元）。

（2）含税收入还原法。

含税收入还原法是指税法规定进项税额按不含税支付额计算，但账面提供的计算进项税额转出的收入额（返还的支付额）是含税的，需要先进行价格还原，再按适用的进项税额扣除率计算确定应转出的进项税额的方法。其计算公式如下。

应冲减的进项税额 = 当期取得的返还资金 ÷（1+ 所购货物适用的增值税税率）× 所购货物适用的增值税税率

此方法适用于纳税人外购货物时从销货方取得的各种形式的返还资金的进项税额转出的计算。

案例 2 含税收入还原法应用。

某商业企业向某生产企业购进一批货物，价款为 30 000 元，增值税税额为 5 100 元。当月从生产企业取得返还资金 11 300 元，增值税税率为 13%。则当月应冲减的进项税额 $=11\ 300 \div (1+13\%) \times 13\%=1\ 300$（元）。

2. 成本比例法

成本比例法是指根据需要依法进行进项税额转出的货物成本占某批货物总成本或产成品、半成品、某项目总成本的比例，确定实际应转出的进项税额的方法。该方法主要适用于货物改变用途，产成品、半成品发生非正常损失等的进项税额转出。成本比例法又可分为移用成本比例法与当量成本比例法。

（1）移用成本比例法。

移用成本比例法的计算公式如下。

应转出的进项税额 = 某批外购货物总的进项税额 × 货物改变用途的移用成本 ÷ 该批货物的总成本

案例 3 移用成本比例法应用。

某一般纳税人 3 月将一批从小规模纳税人处购入的免税农产品（收购价 30 万元）委托 A 厂（一般纳税人）加工半成品，支付加工费 5 万元，增值税税率为 13%，当月加工完毕收回。4 月该纳税人将其中的一部分用于非应税项目，移用成本为 20 万元。此批产品的总成本 =（30-3.9）+5=31.1（万元），此批产品的进项税额 =30×13%+0.85=4.75（万元），应转出的进项税额 =4.75×20÷31.1=3.05（万元）。

（2）当量成本比例法。

当量成本比例法下的计算公式如下。

应转出的进项税额 = 非正常损失中损毁在产品、产成品或货物数量 × 单位成本 × 进项税额扣除率 × 外购扣除项目金额占产成品、半成品或项目成本的比例

案例 4 当量成本比例法应用。

2002 年 3 月，某纺织厂因工人违章作业发生一起火灾，烧毁库存外购原材料腈纶 20 吨、库存产成品针织布 6 万米；已知原材料腈纶每吨成本 8 万元（不含税），针织布单位成本每万米 20 万元（不含税），增值税税率为 13%，原材料占产成品成本的比例为 75%。则应转出的进项税额 =（20×8+6×20）×13%×75%=27.3（万元）

3.　收入比例法

收入比例法是指根据纳税人当期的非应税收入占总收入的比例，计算确定当期非应税收入应承担的进项税转出额的方法。此方法适用于纳税人因兼营免税项目或非应税项目（不包括固定资产和在建工程）而无法划分出不得抵扣的进项税额的情况。其计算公式如下。

不得抵扣的进项税额 = 本期全部进项税额 × 免税或非应税项目的销售额 ÷ 全部销售额

案例 5 收入比例法应用。

某制药厂（一般纳税人）主要生产销售各类药品，2020 年 3 月，该厂购进货物的进项税额为 20 万元，当月药品销售收入为 250 万元，其中，避孕药品销售收入为 50 万元。则当月不得抵扣的进项税额 =20×50÷250=4（万元）。

根据增值税相关规定,按照下列顺序确定视同销售货物行为的销售额。

(1)按纳税人最近时期同类货物的平均销售价格确定。

(2)按其他纳税人最近时期同类货物的平均销售价格确定。

(3)按组成计税价格确定,其计算公式如下。

组成计税价格 = 成本 ×(1+ 成本利润率)

征收增值税的货物,同时又征收消费税的,其组成计税价格中应包含消费税税额。其计算公式如下。

组成计税价格 = 成本 ×(1+ 成本利润率)+ 消费税税额

或:组成计税价格 = 成本 ×(1+ 成本利润率)÷(1- 消费税税率)

第 8 章
税务稽查与风险分析

8.1 企业接受税务稽查应对

8.1.1 税务机关的稽查流程与方法

1. 税务稽查流程

（1）选案。

税务稽查选案，是税务机关根据公民举报、部门转办、互有交办、情报交换或微机网络分析筛选有嫌疑的对象，并根据征管分局移交的嫌疑对象进行计算机或人工排列后列出稽查重点户的活动过程。

（2）检查。

税务稽查检查，是根据选案所确定的稽查对象，组织稽查人员进行检查，采取必要的方法、措施和手段，收集案件的证人、证言、原始书证材料，整理制作税务稽查报告，直接将案件移送审理的活动过程。

（3）审理。

税务稽查审理，是税务稽查机构立案查处的各类税务违法案件在检查完毕基础上，由专门组织或人员核准事实、审查鉴别证据、分析认定案件性质，制作审理报告和税务处理决定书或者税务稽查结论的活动过程。

（4）执行。

税务稽查执行，是税务稽查程序中的最后一个阶段，它是指执行人员将审理环节做出的各种决定书、结论等文书送达被执行人，并督促或强制其依法履行的活动过程。稽查机构指定专人负责税务处理决定的执行。

税务稽查案源管理流程、税务稽查实施流程、税务稽查审理流程、税务稽查审理内容、税务稽查执行实施流程分别如图 8-1、图 8-2、图 8-3、图 8-4 和图 8-5 所示。

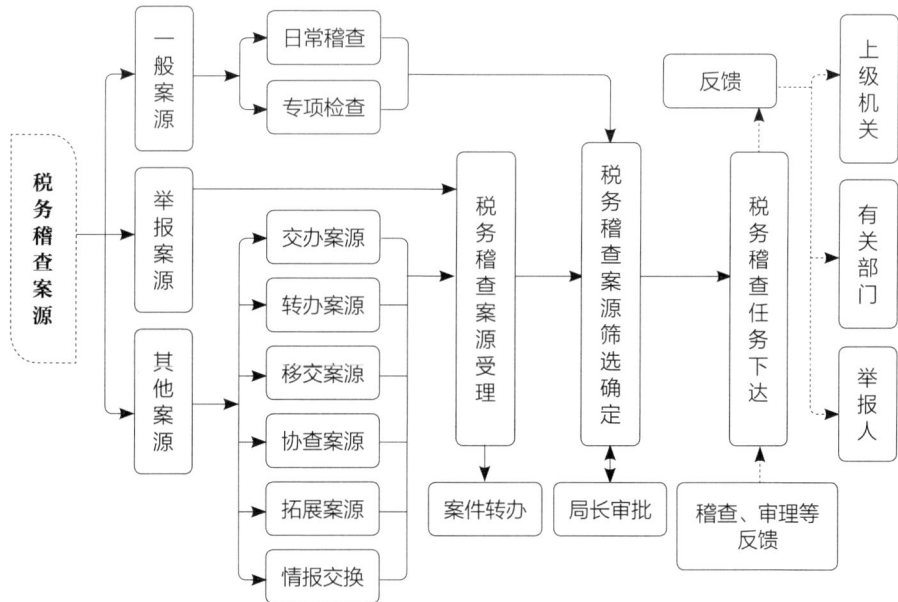

图 8-1　税务稽查案源管理流程

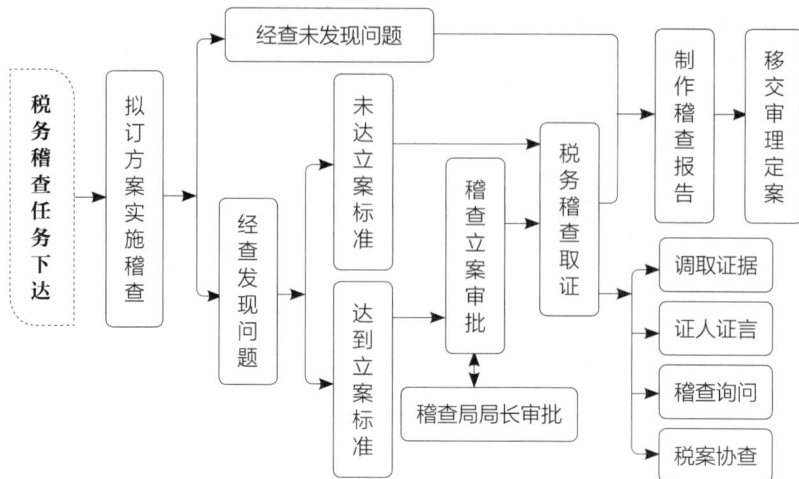

图 8-2　税务稽查实施流程

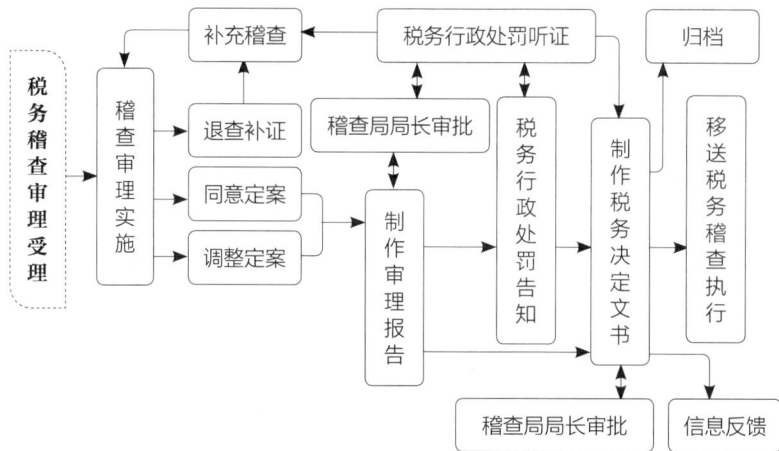

图 8-3　税务稽查审理流程

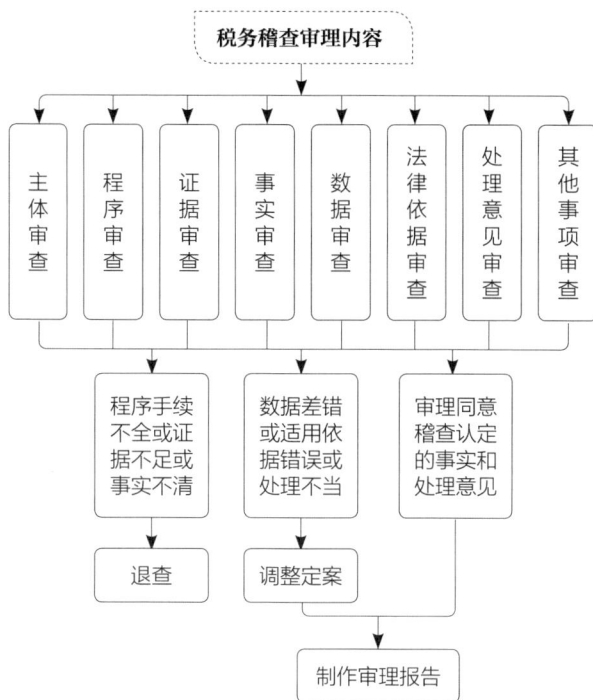

图 8-4　税务稽查审理内容

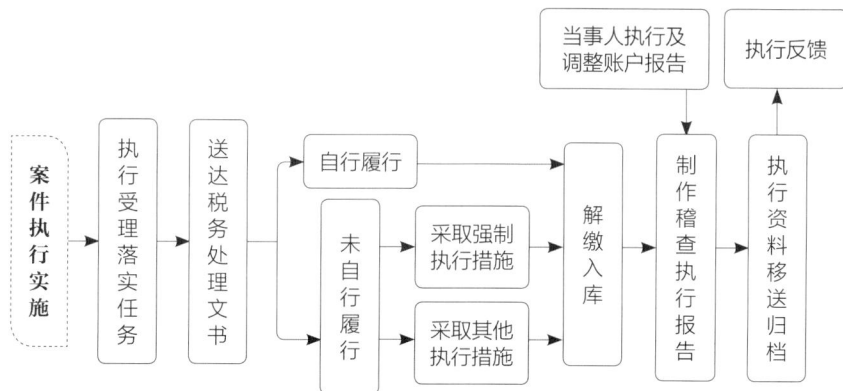

图 8-5　税务稽查执行实施流程

2. 税务稽查的 5 种证据

（1）书证。

按照《最高人民法院关于行政诉讼证据若干问题的规定》（以下简称《若干

规定》）第十条、第十七条和《税务稽查工作规程》（国税发〔1996〕226号）第二十四条的规定，书证的收集与固定应符合以下要求。

① 需要提取与案件有关资料原件的，以专用收据提取有关资料，以统一的换票证换取发票原件。

② 不能取得原件的，或稽查对象以外的单位和个人提供的书证属于复印件的，可以照相、影印和复制，但必须注明原件的出处，由原件保存单位（个人）签注"本件由我单位提供，与原件核对无误，原件存于我处"字样，并由其签章或者押印。

拒绝签章或者押印的，应当邀请有关见证人（如基层组织、所在单位代表等）到场制作现场笔录，在现场笔录上记明拒签事由和日期，由稽查人员、见证人签名或者盖章。

③ 收集的报表、会计账簿、图纸、专业技术资料、科技文献等书证，应当附有说明出处等相关信息的材料并盖章和押印。

④ 外文书证或者外国语视听资料，应当附有由具有翻译资质的机构翻译的或者其他翻译准确的中文译本，由翻译机构盖章或者翻译人员签名。

（2）物证。

按照《若干规定》第十一条、第十四条的规定，物证的收集与固定应符合以下要求。

① 应收集原物，如收集原物确有困难的，可以收集与原物核对无误的复制件或证明该物证的照片、录像等其他具有证明效力的证据。

② 原物数量较多的，可收集、调取其中具有代表性的一部分，并辅以照片、录像、现场笔录等加以佐证。

③ 收集物证时，还要注意与鉴定结论相结合。

（3）视听资料。

① 录像资料和录音资料的收集与固定应按照《若干规定》第十二条、第五十七条、第七十一条规定执行。

② 电子证据的收集与固定应按照《若干规定》第十二条、第四十条、第六十四条、第七十一条规定执行。

（4）勘验笔录、现场笔录。

按照《若干规定》第十五条的规定，勘验笔录、现场笔录应符合以下要求。

① 必须由稽查人员当场制作，不得由他人代为制作，也不得事后补作。

② 应当全面、客观。应当载明时间、地点和事件等内容。

③ 制作完毕由稽查人员和当事人签名，如当事人拒绝签名或者不能签名的，应当注明原因，有其他人在现场的，可由其他人签名。

（5）证人证言、当事人陈述。

证人，是指了解案件情况并向法院、仲裁机构或当事人提供证词的人。证人就案件情况所做的陈述即为证人证言。

当事人陈述，是指当事人在诉讼或仲裁中，就本案的事实向法院或仲裁机构所做的陈述。《中华人民共和国民事诉讼法》规定，人民法院对当事人的陈述，应当结合本案的其他证据，审查确定能否作为认定事实的根据。《若干规定》还规定，当事人对自己的主张，只有本人陈述而不能提出其他相关证据的，其主张不予支持，但对方当事人认可的除外。

3. 税务违法的 6 种具体形式

（1）违反税务登记管理制度的行为。

（2）违反账簿管理制度的行为。

（3）违反发票管理制度的行为。

① 未按规定印制发票或者生产发票防伪专用品的行为。

② 未按规定领购发票的行为。

③ 未按规定（新发票管理办法）开具发票的行为。

④ 未按规定取得发票的行为。具体包括：应取得而未取得发票；取得不符合规定的发票；取得发票时，要求开票方或自行变更品名、金额或增值税税额；擅自填开、伪造发票入账；其他未按规定取得发票的行为。

⑤ 未按规定保管发票的行为。具体包括：丢失发票；损（撕）毁发票；保管不当，造成发票被盗、蛀咬、损毁；丢失或擅自销毁发票存根联以及发票登记簿；未按规定缴销发票；印刷发票和生产发票防伪专用品的企业丢失发票和发票监制章或发票防伪专用品等；未按规定建立健全专人、专账、专库（柜）等发票保管制度；其他未按规定保管发票的行为。

⑥ 违反税务机关检查制度的行为。具体包括：拒绝检查；隐瞒真实情况；刁难、阻挠税务人员进行检查；拒绝接受"发票换票证"；拒绝提供有关资料；

拒绝提供境外公证机构或者注册会计师的确认证明；拒绝接受税务人员对有关发票问题的询问、调查、取证；其他未按规定接受税务机关检查的行为。

（4）违反纳税申报制度的行为。

根据《中华人民共和国税收征收管理法》（以下简称《税收征管法》）第六十条、第六十二条、第六十四条第一款规定：未按规定办理纳税申报的行为是指纳税人未按照规定的期限办理纳税申报和报送纳税资料，或者扣缴义务人未按照规定的期限向税务机关报送代扣代缴、代收代缴税款报告表和有关资料的行为；未按照规定安装、使用税控装置，或者损毁或者擅自改动税控装置的行为；未按照规定将其全部银行账号向税务机关报告的行为；编造虚假计税依据的行为。

（5）违反税款征收制度的行为。

① 偷税行为。

根据《税收征管法》第六十三条规定，偷税行为包括纳税人伪造、变造、隐匿、擅自销毁账簿、记账凭证，或者在账簿上多列支出或者不列、少列收入，或者经税务机关通知申报而拒不申报或者进行虚假的纳税申报，导致不缴或者少缴应纳税款等情形。

② 抗税行为。

根据《税收征管法》第六十七条规定，抗税行为是指纳税人以暴力、威胁方法拒不缴纳税款的行为。

③ 逃避追缴欠税的行为。

根据《税收征管法》第六十五条规定，纳税人欠缴应纳税款，采取转移或者隐匿财产的手段，妨碍税务机关追缴欠缴的税款的行为都属于逃避追缴欠税的行为。

④ 骗取出口退税款的行为。

骗取出口退税款的行为是指纳税人以假报出口或者其他欺骗手段，骗取国家出口退税款的行为。

⑤ 不进行纳税申报的行为。

不进行纳税申报的行为是指纳税人不进行纳税申报，不缴或少缴应纳税款的行为。

⑥ 未按规定期限缴税的行为。

未按规定期限缴税的行为是指纳税人、扣缴义务人在规定期限内不缴或少缴应纳或应解缴的税款的行为。

⑦ 未扣缴税款的行为。

未扣缴税款的行为是指扣缴义务人应扣未扣、应收而不收税款的行为。

（6）银行及其他金融机构未能协税的行为。

该行为是指：纳税人、扣缴义务人的开户银行或者其他金融机构，拒绝接受税务机关依法检查纳税人、扣缴义务人存款账户，或者拒绝执行税务机关做出的冻结存款或者扣缴税款的决定，或者在接到税务机关的书面通知后帮助纳税人、扣缴义务人转移存款，造成税款流失的行为。

4. 税收违法的 14 种法律责任

（1）纳税人伪造、变造、隐匿、擅自销毁账簿、记账凭证，或者在账簿上多列支出或者不列、少列收入，或者经税务机关通知申报而拒不申报或者进行虚假的纳税申报，不缴或者少缴应纳税款的，或者缴纳税款后，以假报出口或者其他欺骗手段，骗取所缴纳税款的行为，是偷税行为。

纳税人伪造、变造、隐匿、擅自销毁用于记账的发票等原始凭证的行为，应当认定为法律规定的伪造、变造、隐匿、擅自销毁记账凭证的行为。

对纳税人偷税的，由税务机关追缴其不缴或者少缴的税款、滞纳金，并处不缴或者少缴的税款 50% 以上 5 倍以下的罚款。扣缴义务人采取前款所列手段，不缴或者少缴已扣、已收税款，由税务机关追缴其不缴或者少缴的税款、滞纳金，并处不缴或者少缴的税款 50% 以上 5 倍以下的罚款。

（2）纳税人不进行纳税申报，不缴或者少缴应纳税款的，由税务机关追缴其不缴或者少缴的税款、滞纳金，并处不缴或者少缴的税款 50% 以上 5 倍以下的罚款。

（3）以暴力、威胁方法拒不缴纳税款的，除由税务机关追缴其拒缴的税款、滞纳金外，依法追究其刑事责任。情节轻微，未构成犯罪的，由税务机关追缴其拒缴的税款、滞纳金，并处拒缴税款 1 倍以上 5 倍以下的罚款。

（4）纳税人欠缴应纳税款，采取转移或者隐匿财产的手段，妨碍税务机关追缴欠缴的税款的，由税务机关追缴欠缴的税款、滞纳金，并处欠缴税款 50% 以上 5 倍以下的罚款。

（5）以假报出口或者其他欺骗手段，骗取国家出口退税款的，由税务机关追缴其骗取的退税款，并处骗取税款1倍以上5倍以下的罚款；对骗取国家出口退税款的，税务机关可以在规定期间内停止为其办理出口退税。

（6）纳税人、扣缴义务人在规定期限内不缴或者少缴应纳或者应解缴的税款的，经税务机关责令限期缴纳，逾期仍未缴纳的，税务机关除依照《税收征管法》第四十条的规定采取强制执行措施追缴其不缴或者少缴的税款外，可以处不缴或者少缴的税款50%以上5倍以下的罚款。

（7）扣缴义务人应扣未扣、应收而不收税款的，由税务机关向纳税人追缴税款，对扣缴义务人处应扣未扣、应收未收税款50%以上3倍以下的罚款。

（8）纳税人、扣缴义务人逃避、拒绝或者以其他方式阻挠税务机关检查的，由税务机关责令改正，可以处1万元以下的罚款；情节严重的，处1万元以上5万元以下的罚款。

（9）非法印制、转借、倒卖、变造或者伪造完税凭证的，由税务机关责令改正，处2 000元以上1万元以下的罚款；情节严重的，处1万元以上5万元以下的罚款。

（10）为纳税人、扣缴义务人非法提供银行账户、发票、证明或者其他方便，导致未缴、少缴税款或者骗取国家出口退税款的，除没收其违法所得外，可以处未缴、少缴或者骗取的税款1倍以下的罚款。

（11）税务代理人违反税收法律、行政法规，造成纳税人未缴或者少缴税款的，除由纳税人缴纳或者补缴应纳税款、滞纳金外，对税务代理人处纳税人未缴或者少缴税款50%以上3倍以下的罚款。

（12）纳税人、纳税担保人采取欺骗、隐瞒等手段提供担保的，由税务机关处以1 000元以下的罚款；属于经营行为的，处以1万元以下的罚款。

（13）非法为纳税人、纳税担保人实施虚假纳税担保提供方便的，由税务机关处以1 000元以下的罚款。

（14）纳税人采取欺骗、隐瞒等手段提供担保，造成应缴税款损失的，由税务机关按照《税收征管法》第六十八条规定处以未缴、少缴税款50%以上5倍以下的罚款。

5．税务稽查的 7 种方法

（1）纳税评估。

纳税评估是指税务机关运用数据信息比对分析的方法，对纳税人和扣缴义务人纳税申报的真实性、准确性进行分析，通过税务函告、税务约谈和实地调查等方法进行核实，从而做出定性、定量判断，并采取进一步征管措施的管理行为。

（2）税务检查。

税务检查是指税务机关依法对纳税人履行缴纳税款义务和扣缴义务人履行代扣、代收税款义务的状况所进行的监督检查。

税务检查的内容主要包括以下几个方面。

① 检查纳税人执行国家税收政策和税收法规的情况。

② 检查纳税人遵守财经纪律和财会制度的情况。

③ 检查纳税人的生产经营管理和经济核算情况。

④ 检查纳税人遵守和执行税收征收管理制度的情况，检查其有无不按纳税程序办事和违反征管制度的情况。

（3）税务约谈。

税务约谈是指税务机关通过对纳税人的纳税申报资料及其他有关情况进行综合评估，就发现的税务问题或疑点，向纳税人提出疑问或约请纳税人到税务机关进行解释，并给予政策性宣传和辅导，责成纳税人自查自纠、依法缴纳税款的一项制度。

（4）账务检查。

账务检查是指对纳税人、扣缴义务人的会计报表、会计账簿、代扣代缴税款账簿和会计凭证等有关会计资料和申报纳税资料进行审核，据以确认纳税人缴纳税款的真实性和准确性的一种方法。

① 按检查会计资料的顺序，账务检查分为顺查法和逆查法 。

② 按检查资料的范围，账务检查分为详查法和抽查法。

③ 按查账应用的技术，账务检查分为审阅法和核对法。

（5）盘存检查。

盘存检查是指税务稽查人员到现场对被稽查对象的财产物资和货币资金等进行盘点，并与会计记录进行核对比较，从中发现账实不符和财物短缺、损失、隐瞒销售和虚增成本等问题的一种检查方法。

盘存检查是账务检查的延续和补充。通过专项盘点,可以查出纳税人的会计资料所反映的情况是否真实、准确,纳税人有无账外经营的情况。

盘存检查有实物量盘存和价值量盘存两种方式。

① 实物量盘存。

实物量盘存是对以实物数量计算的流动资产进行盘存检查的一种方式。

案例 1 实物量盘存应用。

某企业 4 月 5 日盘点库存某材料为 800 千克,4 月 1 日至 4 月 5 日,该材料购进入库 900 千克,发出领用 600 千克,该企业 3 月 31 日账面库存数为 400 千克,则 3 月报告期账实差额的数量计算如下。

账实差额 =(抽查时间库存数 + 上期末至抽查时间发出数 – 上期末至抽查时间购入数)– 上期末账面库存数

=(800+600–900)–400=100(千克)

② 价值量盘存。

价值量盘存是对货币资金以实物量计算价值量管理(如商品流通企业以售价金额核算的零售商品)的企业进行价值盘存的一种方式。

在盘存货币资金时,若发现未达账项,调整后的企业存款余额与开户银行对账单的期末余额不符,或以白条抵充现金的结存数,应注意审查企业有无收入不入账或资金账外活动等问题。

以商品流通企业为例:盘点库存商品价值时,可直接用实际盘存的价值量与账存价值量核对,检查有无漏报商品销售收入;也可以将实存商品售价金额换算为进价成本,结合"商品进销差价"账户的贷方余额,检查其结转的商品销售成本是否正确。其计算公式如下。

实盘商品进价金额 = 库存商品售价金额 ÷(1+ 平均批零差率)

账存商品进价金额 = 账存商品售价金额 – 商品进销差价余额

案例 2 原材料盘存异常,多转发料成本。

某企业生产甲产品,所用主要材料为 A 材料。税务人员审阅某月 A 材料明细账时发现,当月末,账面结存数量 50 千克、金额为红字 10 000 元。询问原因,会计人员找出一张借据,称是该材料供货不及时,因生产急需,向某关系企业借入 A 材料 2 000 千克,金额为 20 000 元,尚未及时入账所致。

但是,即使将此项业务入账,结存材料数量为 2 050 千克、金额为 10 000 元,单价为 4.88 元，与该材料 10 元左右的平均单价仍有较大出入。于是，税务人员决定盘点 A 材料。

盘点结果是：盘存数量 2 500 千克。并核实自当月末至检查盘存时 A 材料并无新的收、发料业务。该企业除借入材料未入账外，也再无其他正常原因。可以确认该企业 A 材料账面结存异常是错转发料成本所致。

以复盘数量与借入材料调整后的账面结存数量相减，其差额为 450 千克（2 500−2 050），即多转的材料数量为 450 千克，多转的材料成本为 15 000 元（2 500×10−10 000）。

（6）调查。

调查是指在税务稽查的过程中，采用观察、查询、外部调查等方法，对稽查对象与税收有关的经营情况、营销策略、财务管理、库存等进行检查、核实的方法的总称。

根据稽查对象和稽查目的的不同，调查方法可分为观察法、查询法和外调法。

① 观察法。

观察法是指检查人员通过对被稽查单位的实地观察来取得涉税证据的方法。通过此方法，可获得直接的或间接的环境证据。

运用观察法时，检查人员应深入企业生产经营现场，做到"眼观六路、耳听八方"，从中发现其薄弱环节和存在的问题，并收集证据，查明被稽查单位的经济活动是否真实、客观。

案例 3 观察法应用。

某稽查组对某银行营业部进行稽查。在进行实地检查时，检查人员注意到该营业部电子显示屏是由数百块小的电子显示模块组合而成的，于是产生疑问：电子显示屏是作为一个整体资产使用的，那么他们是如何对这些小的显示模块进行核算的呢？

通过查明细账发现，该银行营业部于 2009 年 12 月 10 日至 17 日，分若干次在"低值易耗品"账户中核算这些小的电子显示模块，共计金额 276 800 元，年终时，将其一次性列入成本。

② 查询法。

查询法是指检查人员对检查中发现的疑点和问题，通过向有关人员询问和质疑等方式来证实客观事实或书面资料，取得涉税证据的一种检查方法。

查询法又分为面询和函询两种方法。

③ 外调法。

外调法是指检查人员对发生怀疑的外来凭证或外地往来款项，通过到发生地外调以取得证据的一种调查方法。

外调法可分为函查和异地调查两种方式。

（7）分析检查。

分析检查是指对被稽查对象的会计资料采用数理统计和逻辑思维方式进行客观分析判断的一种检查方法。

分析检查结果仅能揭露事物内部的矛盾，而不宜作为查账定案结论的依据，因此还应结合其他查账方法来证实问题的本质。

常用的分析方法有：比较分析法、推理分析法、控制分析法和因素分析法。

① 比较分析法。

比较分析法是指将纳税人会计资料中的有关项目和数据，在相关的时期之间、指标之间、企业之间以及地区或行业之间进行动态或静态比较分析，从中发现问题，以捕捉检查线索的一种检查方法。

通过比较，观察纳税人经济活动的增减变化是否合理，从不合理中发现疑点，为纳税检查提供线索。

比较分析法包括绝对数比较和相对数比较两种方法。

案例 4　利用"其他应付款"账户截留利润。

检查人员在审阅某公司本年度和上年度会计决算报表以及其他有关资料时发现：该公司上年度销售收入为 2 560 万元，实现利润 133 万元，销售利润率为 5.2%；本年度销售收入为 4 380 万元，实现利润 105 万元，销售利润率为 2.4%。

检查人员重点检查该公司的利润核算，逐笔检查收入、费用的同时，还注意检查其往来账。最终发现，该公司在外地建了 3 个销售站，销售产品时一直利用"其他应付款"账户进行核算，全年实现利润 220 万元，并未申报纳税。

② 推理分析法。

推理分析法是指运用逻辑推理，根据事物的内在联系和相互依存关系，对将会计资料提供的数据，结合财务活动规律，综合对照进行推理判断的一种分析方式。

在实际工作中，推理分析法一般应用于企业资料变动与负债及所有者权益变动平衡关系的分析。例如，货币资金的加速周转，必须同时引起存货周转率的提高和生产或销售数量的相应增加，最后表现为企业经营利润的实现。

③ 控制分析法。

控制分析法是指根据不同经济数据之间存在的相互制约、相辅相成的必然联系，用科学测定的数据，来验证账面记录或申报纳税资料是否正确的一种检查方法。例如，根据纳税人的流动资产的质量分析纳税人的生产经营状况，根据纳税人的库存材料分析纳税人的产量等。

常用的控制分析法有以存核销、以耗定产、以产定耗等。

a. 以存核销的计算公式如下。

某产品的销售数量 = 期初结存数量 + 本期完工数量 − 期末结存数量

b. 以耗定产的计算公式如下。

应出产量 = 当期材料消耗数量 ÷ 单位产品耗料定额

c. 以产定耗的计算公式如下。

应耗材料数量 = 当期某产品产量 × 该产品耗料定额

案例 5　控制分析法应用（1）。

假设某企业某月原材料消耗 1 000 吨，单位产品原材料消耗定额为 10 吨，平均单价为 1 500 元 / 吨，产销比例为 80%，申报销售收入 8 万元。

检查分析如下。

本期产品产量 =1 000÷10=100（吨）

本期销售数量 =100×80%=80（吨）

应税销售额控制数 =80×1 500=120 000（元）

应税销售额控制数 120 000 元 > 申报销售收入 80 000 元，初步判断可能存在账外经营、瞒报销售收入问题。

案例 6　控制分析法应用（2）。

某酒厂酿酒车间自制原酒。检查人员掌握的原料出酒率一般为 42%。检查该厂某月高粱的投料量与以往月份基本持平，为 25 000 千克，但自制半成品（原酒）明细账的入库数量仅为 8 750 千克，实际出酒率为 35%。

为了查明问题原因，检查人员抽查了其他有关的核算资料，发现原酒入库单及成本计算单上的完工入库数量与"自制半成品"明细账入库数量完全相符，但该月份"自制半成品产量报告"所填列的原酒产量却为 10 450 千克，以此产量计算的出酒率为 41.8%，与正常出酒率基本相符。

经查询落实，财会人员终于承认隐匿原酒产量 1 700 千克，并已按每千克 8.5 元的价格全部出售，由此，隐匿了所获得的收入 14 450 元。

④ 因素分析法。

因素分析法是指将影响某一事项的各个因素分离出来，在此基础上分析各个因素变动对该事项的影响程度，以便进一步查明原因的一种分析方法。例如，主营业务利润的各个影响因素可分解为销售数量、销售价格、主营业务成本、费用、税金及附加和品种结构等。

通过测定各个因素的变动对主营业务利润的影响程度，便可判明各因素影响程度的方向和大小，从中找出存在的问题及其具体原因。

8.1.2 应对税务稽查的日常基础工作

（1）合法经营，强化会计核算与税务管理。

（2）妥善保存会计资料、税务资料、经济合同等档案资料。

（3）建立健全财务管理制度、税务管理制度和会计政策等。

8.1.3 税务稽查前的准备事项

（1）对于重大遗漏，补缺补差。

（2）核实账实是否相符。

（3）核实银行存款往来是否与经济事项对应。

（4）充分准备好材料，以备查询。

（5）相关文档资料，入屉入柜，分类保管。

（6）安排接待的地点应远离账证资料的存放地。

（7）接待人员必须做到礼貌谦逊。

8.1.4 税务稽查接待技巧

（1）平常须做好基础工作。财务人员须加强税务政策学习，资料应分门别类存档，不该对外提供的资料，不能与可以对外提供的资料放在一个档案室。

（2）稽查接待心理准备。对于税务机关人员的突然到来，不必惊慌，可以有技巧地拖延稽查，如未经领导批准不能调阅资料等；要摆正位置，不与税务机关人员起争执；面对举报，要表现得大度宽容；沉着冷静、自信地面对税务机关人员。

（3）稽查前的准备工作要做足。做好税务稽查前的自查。

（4）接待税务稽查人员。税务稽查接待要按对等原则，公司负责人可礼节性出面应对，但对公司各项财务问题不进行肯定性答复和介绍，由财务总监与税务稽查人员对接；税务稽查人员在公司经营场所走访，一定要有财务负责人陪同。

（5）稽查资料提供技巧。税务机关的检查权不是搜查权，所以财务人员依旧是根据其权限进行有限的配合，提供有限的资料。

（6）稽查底稿核对方法。底稿的复印、核对要认真，应对要及时，措施要得当。

（7）稽查意见反馈技巧。认真研究，逐条核对；书面报告，口头反映；协调配合，进退有序；有礼有节，有理有据。

8.1.5　应对税务稽查的策略

1．选案环节应对

（1）及时办理税务登记，按时、全面进行纳税申报。

（2）保持各项经济指标的总体平衡。

（3）随时掌握生产经营变化情况，以便解释说明。

（4）注意内、外部信息的一致性。

（5）尽可能选择对自身有利的主管税务部门。

（6）注意关联单位的公开程度。

2．稽查环节应对

（1）查看检查证件和检查通知书。

（2）申请回避。

（3）询问、政策咨询，自查或补税。

（4）配合检查，提供有利于企业的资料；使用应急解释对策。

（5）分析征管单位责任。

（6）提出理由，降低处罚金额，尽量少计算滞纳金。

3. 审理环节应对

（1）书面陈述、申辩，降低处罚金额。

（2）可以要求听证。

（3）分析复议，避免盲目诉讼。

（4）征管单位承担管理责任。

（5）关注定性的问题。

4. 执行环节应对

（1）避免直接转移、隐匿财产。

（2）采取自我保管、扣押措施。

（3）避免加罚。根据《中华人民共和国行政处罚法》第五十一条规定，当事人逾期不履行行政处罚决定的，做出行政处罚决定的行政机关可以采取下列措施。

① 到期不缴纳罚款的，每日按罚款数额的百分之三加处罚款。

② 根据法律规定，将查封、扣押的财物拍卖或者将冻结的存款划拨抵缴罚款。

③ 申请人民法院强制执行。

5. 正确行使陈述、申辩权

一是直接向检查人员陈述。

二是向实施处罚或处理的税务机关陈述。

三是向税务机关的单位领导陈述。

陈述、申辩时需要注意以下事项。

（1）会计、办税人员不要以个人身份进行陈述、申辩。

（2）陈述、申辩时应尽量提供相关章程、合同、业务处理等方面的书面资料以及其他有利于本单位的资料。

（3）要充分引用相关法律法规条文。

（4）注意陈述、申辩的时限，按照规定，须在收到行政处罚告知书后3日内提出，否则即视为当事人放弃陈述、申辩权利。

8.2　企业接受税务稽查预防

8.2.1　税务稽查的重点行业（或企业）

（1）小微企业。

（2）外资企业。

（3）旅游业。

（4）建筑业。

（5）房地产业。

（6）生活服务业。

（7）制造业。

8.2.2　税务稽查的重点内容

（1）用于非增值税应税项目、免征增值税项目、集体福利和个人消费、非正常损失的货物（劳务）、非正常损失的在产品、产成品所耗用的购进货物（劳务）是否按规定作进项税额转出。

（2）是否存在将返利挂入其他应付款、其他应收款等往来账或冲减销售费用，而不作进项税额转出的情况。

（3）向购货方收取的各种价外费用（如手续费、补贴、集资费、返还利润、奖励费、违约金、运输装卸费等）是否按规定纳税。

（4）是否存在利用虚开发票或虚列人工费等虚增成本的情况，是否存在使用不符合税法规定的发票及凭证，列支成本费用的情况。

（5）是否存在将资本性支出一次计入成本费用的情况：在成本费用中一次性列支达到固定资产确认标准的物品未进行纳税调整；达到无形资产确认标准的管理系统软件，在销售费用中一次性列支，未进行纳税调整。

（6）企业发生的工资、薪金支出是否符合税法规定的工资薪金范围、是否符合合理性原则、是否在申报扣除年度实际发放。

（7）增加实收资本和资本公积后是否补缴印花税。

（8）是否存在与房屋不可分割的附属设施未计入房产原值缴纳房产税的情

况，土地价值是否计入房产价值缴纳房产税，以及无租使用房产是否按规定缴纳房产税。

（9）是否存在超标准列支业务招待费、广告费和业务宣传费未进行纳税调整等问题。

（10）是否存在未按税法规定年限计提折旧、随意变更固定资产净残值和折旧年限、不按税法规定折旧方法计提折旧等问题。

（11）是否存在擅自改变成本计价方法，调节利润等问题。

（12）是否存在计提的职工福利费、工会经费和职工教育经费超过计税标准，未进行纳税调整等情况。

（13）是否存在超标准、超范围为职工支付社会保险费和住房公积金，未进行纳税调整等问题。是否存在应由基建工程、专项工程承担的社会保险等费用未予资本化等问题。是否存在只提不缴纳、多提少缴虚列成本费用等问题。

（14）是否存在视同销售行为未进行纳税调整等问题。

（15）是否存在利用往来账户、中间科目如"预提费用"等延迟实现应税收入或调整等情况。

8.2.3　税务稽查的重点税种和环节

1. 虚开发票和接受虚开发票重点检查对象

（1）代开发票规模异常企业。即"营改增"后代开发票金额超过一定金额（如超过一般纳税人标准）的企业，特别是明显超过"营改增"前经营规模的企业。

（2）自开发票金额异常企业。即原地税长期零申报或非正常企业，"营改增"后销售额变动异常，在短期内开票金额巨大。

（3）接受代开发票金额异常企业。即接受代开发票规模超过一定标准的企业。

（4）代开"劳务派遣费"金额巨大并超过增值税一般纳税人标准的大学、人才服务公司、投资公司、各类技术服务部等。

（5）收入成本配比异常的房地产企业。即成本占收入的比重超同行业同类比重较多的房地产企业。

（6）住宿餐饮比例明显超同期或入住率明显异常的酒店（饭店）。

（7）接受发票金额异常的保险企业。

（8）进、销项发票与 2016 年国家税务总局下发的虚开案源企业相关联的"营改增"企业。

2. 未按规定开具发票重点检查对象

（1）销售货物、劳务、服务、无形资产或不动产，以各种理由拒绝开票的企业。

（2）违反规定要求购买方额外提供证件、证明等导致开票难的企业。

（3）存在随意变更品名等错开票行为的企业。

（4）开具增值税电子普通发票，购买方当场索取纸质普通发票，未按规定提供的企业。

8.2.4　视同销售、进项税转出稽查案件解析

案例 1　是否应作进项税额转出。

M 公司为增值税一般纳税人，2014 年 2 月，其向 D 公司购入原材料一批，取得价款为 50 000 元、增值税税额为 8 500 元的增值税专用发票，材料已验收入库。后因 D 公司突发意外而被注销工商登记，该款项无须支付。

问题：应付不付的款项必须要作进项税额转出吗？如果材料被折价销售呢？

分析：根据《中华人民共和国增值税暂行条例》第十条规定，当纳税人购进的货物或接受的应税劳务不是用于增值税应税项目，而是用于非应税项目、免税项目或用于集体福利、个人消费等情况时，其支付的进项税额就不能从销项税额中抵扣。还有善意取得假发票的，需要作进项税额转出。

需要作进项税额转出的项目都是列举式的，即使税务机关认为企业应付不付的款项必须要作进项税额转出，也没有明文依据。因此，只要交易是真实的，企业就可以不作进项税额转出。

假设由于行业的问题，企业将价值 1 万元的材料以 800 元甩卖，获得收入 800 元。那么，根据《国家税务总局关于企业改制中资产评估减值发生的流动资产损失进项税额抵扣问题的批复》（国税函〔2019〕1103 号）的规定，对于企业由于资产评估减值而发生流动资产损失，如果流动资产未丢失或损坏，只是由于市场发生变化，价格降低，价值量减少，则不属于《中华人民共和国增值税暂行条例实施细则》中规定的非正常损失，不作进项税额转出处理。

案例2 将自产产品对外投资的账务处理。

某公司将自产成本为1 000元的产品对外投资，公允价值为2 000元。

分析：由于货物的所有权发生转移，会计上应当按照公允价值确认损益，这与增值税法的规定一致。

确认投资时，账务处理如下。

借：长期股权投资　　　　　　　　　　　　　　　　　　2 260

　　贷：主营业务收入　　　　　　　　　　　　　　　　2 000

　　　　应交税费——应交增值税（销项税额）　　　　　260

结转成本时，账务处理如下。

借：主营业务成本　　　　　　　　　　　　　　　　　　1 000

　　贷：库存商品　　　　　　　　　　　　　　　　　　1 000

8.2.5　投资税务稽查

案例　所得税检查。

某商贸公司于2005年7月成立，注册资金为30万元，其中货币资金出资8万元，商品出资22万元（经会计师事务所评估确认），当年销售该商品11万元，2006年税务局稽查人员对其2005年的所得税进行检查时，对该公司已销售出库商品的11万元成本不认可，拟调增应纳税所得额11万元，补缴企业所得税。

争议焦点：投资的商品没有"发票"，是否认可销售成本。该公司2016年补开发票，发票开具日期是2016年9月，稽查人员认为"跨年度，不予认可"。

8.2.6　税务稽查危机公关

政策解释法

（1）税法政策非常繁杂，稽查人员素质不一，政策运用错误的情况时常发生。例如，境外发生的劳务，让预提所得税；分2007年的红利，分给了新加坡，预提10%的企业所得税。

（2）目前税法中存在大量的模糊点，或者前后矛盾之处，要尽量争取好的结果。

在政策非常明确，而只是税务机关运用错误的情况下，企业危机公关成功的把握非常大。因此，绝对不能轻言放弃。

例如，港务局航道作为固定资产，假设航道长 5 米，挖深到 10 米，作为固定资产改良支出来资本化。但是其淤泥每天都要清理，否则不能通行。清淤行为每年花费 1 亿多元，国税局认为其在某些年度超过了固定资产价值的 20%，根据国税发〔2000〕84 号文件的规定，要求其资本化。

企业应当如何应对呢？

① 清淤行为不属于修理支出，不能照搬"修理支出达到固定资产价值的 20% 以上必须资本化"的规定。

② 清淤行为的收益期为当年，甚至为当天，从事情的本质上来看，也不适宜资本化。

启示：处理模糊事情的时候，要有清晰的思路。

8.2.7 汇算清缴检查流程和检查方法

1．检查流程

首先，将企业填写的年度企业所得税纳税申报表及附表，与企业的利润表、总账、明细账进行核对，审核账账、账表。

其次，针对企业纳税申报表主表中"纳税调整事项明细表"进行重点审核，根据其所涉及的会计科目逐项进行。

最后，将审核结果与委托方交换意见，根据交换意见的结果决定出具何种报告——是年度企业所得税汇算清缴鉴证报告还是咨询报告。若是鉴证报告，其报告意见类型可分为无保留意见鉴证报告、保留意见鉴证报告、否定意见鉴证报告和无法表明意见鉴证报告。

2．检查方法

（1）收入：核查企业收入是否全部入账，特别是往来款项是否还存在该确认为收入而没有入账的情况。

（2）成本：核查企业成本结转与收入是否匹配，是否真实反映企业成本水平。

（3）费用：核查企业费用支出是否符合相关税法规定，计提费用项目和税前列支项目是否超过税法规定标准。

（4）税款：核查企业各项税款是否正确提取并缴纳。

（5）补亏：用企业当年实现的利润对以前年度(5年内)发生亏损的合法弥补。

（6）调整：对以上项目按税法规定分别进行调增和调减后，依法计算本企业年度应纳税所得额，从而计算并缴纳本年度实际应当缴纳的所得税税额。

所得税汇算清缴所说的纳税调整，是调表不调账的，在会计方面不做任何业务处理，而只是在纳税申报表上进行调整，影响的也只是企业应纳所得税，不影响企业的税前利润。

（7）数据比对，综合分析。稽查人员应利用金税三期、增值税发票管理新系统等进行数据应用。

8.2.8 企业所得税重点风险分析指标诠释

1. 主营业务收入变动率与主营业务利润变动率配比分析

正常情况下，二者基本同步增长。

（1）当二者比值<1且相差较大，都为负数时，可能存在企业多列成本费用、扩大税前扣除范围等问题。

（2）当二者比值>1且相差较大，都为正数时，可能存在企业多列成本费用、扩大税前扣除范围等问题。

（3）当二者比值为负数，且前者为正数、后者为负数时，可能存在企业多列成本费用、扩大税前扣除范围等问题。

2. 主营业务收入变动率与主营业务成本变动率配比分析

正常情况下，二者基本同步增长，比值接近1。

（1）当二者比值<1且相差较大，都为负数时，可能存在企业多列成本费用、扩大税前扣除范围等问题。

（2）当二者比值>1且相差较大，都为正数时，可能存在企业多列成本费用、扩大税前扣除范围等问题。

（3）当二者比值为负数，且前者为正数、后者为负数时，可能存在企业多列成本费用、扩大税前扣除范围等问题。

3. 主营业务收入变动率与主营业务费用变动率配比分析

正常情况下，二者基本同步增长。

（1）当二者比值 <1 且相差较大，都为负数时，可能存在企业多列成本费用、扩大税前扣除范围等问题。

（2）当二者比值 >1 且相差较大，都为正数时，可能企业存在多列成本费用、扩大税前扣除范围等问题。

（3）当二者比值为负数，且前者为正数、后者为负数时，可能存在企业多列成本费用、扩大税前扣除范围等问题。

4. 主营业务成本变动率与主营业务利润变动率配比分析

（1）当二者比值大于 1，都为正数时，可能存在企业多列成本问题。

（2）当前者为正数、后者为负数时，视为异常，可能存在企业多列成本费用、扩大税前扣除范围等问题。

5. 资产利润率、总资产周转率、销售利润率配比分析

如本期总资产周转率 − 上年同期总资产周转率 >0，本期销售利润率 − 上年同期销售利润率 ≤ 0，而本期资产利润率 − 上年同期资产利润率 ≤ 0 时，说明本期的资产使用效率提高，但收益不足以抵补销售利润率下降造成的损失，可能存在企业隐匿销售收入、多列成本费用等问题。

6. 存货变动率、资产利润率、总资产周转率配比分析

比较分析本期资产利润率与上年同期资产利润率，本期总资产周转率与上年同期总资产周转率。

若本期存货增加不大，即存货变动率 ≤ 0，本期总资产周转率 − 上年同期总资产周转率 ≤ 0，则可能存在企业隐匿销售收入问题。

8.2.9 关联延伸的其他税种风险分析指标诠释

1. 第一个税种：城市维护建设税

（1）纳税义务人。

城市维护建设税的纳税义务人，是指负有缴纳"两税"（增值税、消费税）义务的单位和个人。

（2）税率。

①纳税人所在地为市区的，税率为7%；所在地为县城、镇的，税率为5%；所在地不在市区、县城或者镇的，税率为1%。

②由受托方代征代扣"两税"的单位和个人，其代征代扣的城市维护建设税按照受托方所在地适用税率。

（3）计税依据。

城市维护建设税以增值税和消费税的税额为计税依据并与增值税和消费税同时征收。

注意以下几种情况。

①对纳税人违反"两税"有关规定而加收的滞纳金和罚款，不作为城市维护建设税的计税依据。

②对纳税人查补的"两税"和被处以罚款时，应同时对其偷漏城市维护建设税进行补税和罚款。

③对于免征或者减征"两税"的，也要同时免征或减征城市维护建设税。

④对出口产品退还增值税、消费税的，不退还已缴纳的城市维护建设税。

⑤实行免抵退税办法的生产企业出口货物，经国家税务局正式审核批准的当期免抵的增值税税额应纳入城市维护建设税和教育费附加的计征范围，分别按规定的税（费）率征收城市维护建设税和教育费附加。

（4）税收优惠政策。

①城市维护建设税随同"两税"的减免而减免。

②对因减免税而需进行"两税"退库的，城市维护建设税也同时退库。

③海关对进口产品代征的增值税、消费税，不征收城市维护建设税。

2. 第二个税种：土地增值税

（1）纳税义务人。

转让国有土地使用权、地上建筑物及附着物并取得收入的单位和个人，为土地增值税纳税义务人（无论内、外企）。

（2）征税范围。

①使用权是否为国家所有。必须是国有土地使用权，而集体土地使用权不得转让。将集体土地使用权转让的，应在有关部门补办土地征用或出让手续，将

土地变为国家所有之后，再纳入土地增值税的征税范围。

②产权是否发生转让。一级市场出让行为是国家转让，不纳税；二级市场转让要纳税。

③是否取得收入。包括货币、实物收入。

（3）扣除项目。

①取得土地使用权支付的金额。

a. 纳税人为取得土地使用权所支付的地价款：以转让方式取得土地使用权的，为实际支付的地价款；其他方式取得的，为支付的土地出让金。

b. 按国家统一规定交纳的有关登记、过户手续费。

②房地产开发成本：土地的征用及拆迁补偿费、前期工程费、建筑安装费、基础设施费、公共配套设施费、开发间接费用。

③房地产开发费用：管理费用、销售费用、财务费用。

④与转让房地产有关的税金。

⑤其他扣除项目：（仅指房地产开发纳税人）其他扣除项目金额＝（上述①和②项成本之和）×20%。

⑥旧房及建筑物的评估价格＝重置成本价 × 成新度。

（4）增值额。

增值额计算公式为：增值额＝转让收入－扣除项目。

对于纳税人有下列情形之一的，按房地产评估价计算征收土地增值税。

①隐瞒、虚报成交价的。

②提供扣除金额不实的。

③转让成交价低于评估价又无正当理由的。

（5）税收优惠。

①纳税人建造普通住宅出售时，增值额未超过扣除项目金额20%的，免征土地增值税；增值额超过扣除项目金额20%的，就其全部增值额计税。

②对个人转让房地产（自用住房），凡居住满5年或以上的，免征土地增值税；满3年未满5年的，减半征收土地增值税；未满3年的，不优惠。

③因国家建设需要依法征用收回的房地产，免征土地增值税。

（6）申报及缴纳。

①按次缴纳。每次转让房地产合同签订后7日内，到房地产所在地进行纳

税申报。房地产企业的预售收入，应预征土地增值税。

② 地点。纳税人是法人的，在房地产所在地申报缴纳土地增值税；纳税人是自然人的，在办理过户手续所在地申报缴纳土地增值税。

8.2.10 "金税三期"大数据下容易引起税务局注意的填报项目

（1）比对购货发票的开票单位。开票单位在什么地方，与发票上的货物来源地是否相符。例如，发票是在重庆开的，但发票上的货物是从杭州发的，这样就违反了"五流统一"的规定。

（2）进项与销项的品名在开具发票的时候是否严重背离。例如，一个批发建材的企业，购进的都是建材，但有几张发票上的品名是汽油，而且金额很大。《中华人民共和国消费税暂行条例》规定，成品油消费税是在炼油厂出厂环节征收的。所以，这应该定性为虚开增值税专用发票。

（3）个人所得税工资、薪金所得，企业所得税薪金支出，社会保险费缴费基数，年金缴费基数和住房公积金数据是否匹配。由于"金税三期"数据共享，税共用一套系统，这些数据都必须匹配。

（4）公司实际经营范围与对外开具发票项目比对，从而发现是否存在虚开发票的问题。一般纳税人处理自己使用过的固定资产，虽然不属于其经营范围，也可以开具发票。但如果这种情况经常发生，公司应变更经营范围。

（5）是否多次应用年终一次性奖金。比对同一家企业，同一个纳税年度，同一个纳税人，一年中是否多次应用年终一次性奖金。

（6）比对实名办税。分别按照法人、财务负责人、办税人员和主要管理人员的证件号码，对同一个法人，同一个财务负责人，同一个办税人员和主要管理人员重合及法人、财务负责人、办税人员交叉任职等情况进行分析展示与对比。

（7）监控个人股东是否发生股权转让行为。比对股权授让方是否按规定履行了个人所得税代扣代缴义务。

（8）比对纳税申报系统中的销售额和防伪税控系统中的开票金额是否一致。开票系统中的增值税销项税额与纳税人申报的增值税销项税额是否一致。

（9）比对财务报表的利润总额与企业所得税汇算清缴表上的利润总额是否一致。企业所得税汇算清缴年报主表第13行的数据，来自财务报表。

（10）比对同行业同类型纳税人耗用电费比率是否正常。如纳税人当月用了多少电，同行业、同类型纳税人用了多少电，各占营业收入的比率是否差距较大等。

8.2.11　如何降低国地税合并后的税务稽查风险

国地税合并后，稽查力度明显加强，企业面临更大的压力。因此，企业做好以下工作有助于降低税务稽查风险。

（1）有针对性地进行书面分析说明，必须考虑得更加周全，否则容易出现顾此失彼的情况。

（2）对于同一业务，提供给不同税务机关的资料必须一致。

（3）对于稽查进程缓慢、迟迟不能结案的情况要有足够的耐心。

（4）需要考虑如何向税务机关提供解释，同一业务应该有相同的解释，并且不能与外部机构的建议相冲突。

（5）测算补税成本必须考虑增值税、企业所得税、个人所得税等主要税种的协调。

（6）更加重视日常业务法律文件、商业单据的保管和处理。

8.3　税务稽查风险分析

8.3.1　涉税风险

涉税风险是指税务责任的一种不确定性，即纳税人在对纳税采取各种应对行为时所可能涉及的风险，也即纳税人因未能正确、有效地遵守税收法规而导致未来利益的可能损失，如企业被税务机关检查后，需承担补税、罚款的责任。

8.3.2 涉税风险的种类

（1）多缴税款：如时间性差异调整、增值税进项税额抵扣、差额纳税等。

（2）多预缴税款：如企业所得税、土地增值税等。

（3）少申报缴纳税款：如小税种漏申报等。

（4）不申报税款：如视同销售等。

（5）少扣缴税款：如个人所得税等。

（6）税收优惠政策：如新办企业未考虑能享受的税收优惠政策等。

（7）税务机关的执法过错导致的损失。

8.3.3 稽查处罚的主要依据

《税收征管法》第六十三条，有关偷税的处理。

《税收征管法》第六十四条，有关不申报和编造虚假计税依据的处理。

《税收征管法》第六十九条，有关未履行扣缴税款义务的处理。

《税收征管法》第七十条，有关不配合税务检查的处理。

《中华人民共和国发票管理办法》第三十六条、第三十九条，有关违反发票管理规定的处理。

《税收征管法》第六十八条，有关其他违法违规行为的处理。

8.3.4 税务稽查存在的主要问题以及对企业纳税影响的分析

（1）程序违规问题。

（2）违反"一事不二罚"原则。

（3）显失公正。

（4）实体法规错误。

（5）适用法规错误。

（6）政策理解偏差。

（7）缺乏政策依据。

（8）发票越权处罚。

（9）不听取陈述、申辩。

（10）不从轻处罚。

案例 税务稽查实例

某县税务局在检查中发现 A 货运公司接受 B 饭店白条一张，内容为业务招待费 20 000 元。

税务机关根据《企业所得税税前扣除办法》等相关规定，认为白条列支的费用不符合税前扣除的凭证要求，调增其应纳税所得额，补征企业所得税 5 000 元（20 000×25%）。

同时认定其多列支出 20 000 元，造成少缴税收，构成偷税，处少缴税款 1 倍的罚款。另外，税务机关还同时认定由于 A 货运公司未按规定取得发票，导致 B 饭店未缴增值税，依据《中华人民共和国发票管理办法》第四十一条规定，"违反发票管理法规，导致其他单位或者个人未缴、少缴或者骗取税款的，由税务机关没收违法所得，可以处未缴、少缴或者骗取税款 1 倍以下的罚款"，对 A 公司处以罚款 1 000 元（20 000×5%）。

8.3.5 控制税务稽查风险的措施

（1）重视税务风险、加强涉税管理。

（2）设立专门机构。

（3）提高专业能力和掌握应对技巧。

（4）选择有利的税务环境。

（5）正确处理好社会关系。

（6）加强与专业税务服务机构的合作。

9.1 增值税纳税 9 个常见涉税问题与风险控制

9.1.1 纳税义务发生时间的检查

人为滞后销售入账时间，延迟实现税款，主要包括以下 4 种情况。

（1）采用托收承付结算方式销售时，为调减当期销售额或利润，延期办理托收手续。

（2）发出商品时不进行销售收入处理，不申报纳税。

（3）采用交款提货销售方式销售时，货款已收到，提货单和发票已交给买方，但买方在尚未提货的情况下，不进行销售收入处理。

（4）故意推迟代销商品的结算，人为调节或推迟确认当期应交税费。

9.1.2 销售额申报情况的检查

采取少申报或不申报销售额的办法，不计或少计销项税额，包括以下两种情况。

（1）账面已确认销售，但账面未计提销项税额，未申报纳税。

（2）账面已确认销售、已计提销项税额，但未申报或少申报纳税。

9.1.3　账面隐匿销售额的检查

不按规定核算货物销售额，应计未计销售收入，不计提销项税额，主要有以下 3 种情况。

（1）销售货物直接冲减"生产成本"或"库存商品"。

（2）以物易物不按规定确认收入，不计提销项税额。

（3）用货物抵偿债务，不按规定计提销项税额。

9.1.4　收取价外费用的检查

将向购货方收取的应一并缴纳增值税的各种价外费用，采用不入账、冲减费用、人为分解代垫运费或长期挂往来账等手段，不计算缴纳增值税。

9.1.5　利用关联企业转移计税价格的检查

纳税人销售货物（应税劳务）的价格明显低于同行业其他企业同期的销售价格，或某一笔交易的货物（应税劳务）销售价格明显低于同期该货物的平均销售价格。

9.1.6　以旧换新、还本销售的检查

（1）纳税人采取还本销售方式销售货物，按减除还本支出后的销售额计税。

（2）纳税人采用以旧换新销售方式销售货物，按实际收取的销售款项计税（金银首饰除外）。

9.1.7　出售、出借包装物的检查

（1）随同产品出售单独计价包装物不计或少计收入。

（2）包装物押金收入不及时纳税。

9.1.8　应税固定资产出售的检查

分解出售应税固定资产取得的收入，造成转让价格低于原值的假象，逃避缴纳税款。

9.1.9　账外经营的检查

纳税人设立两套账，对内账簿记载真实的生产经营情况，对外账簿记载虚假的经营收入和利润，不缴、少缴税款。

9.2　销项税额常见涉税问题

9.2.1　与销项税额相关的 5 个常见涉税问题

（1）委托代销业务不按规定申报纳税。

（2）受托代销业务未申报纳税。

（3）不同县（市）间移送货物用于销售未申报纳税。

（4）自产或委托加工的货物用于非应税项目、集体福利和个人消费，未视同销售申报纳税。

（5）自产、委托加工或购买的货物用于对外投资、分配给股东或无偿赠送他人，未视同销售申报纳税。

9.2.2　增值税行业平均税负率

10 个行业增值税平均税负率如表 9-1 所示。

表 9-1　10 个行业增值税平均税负率

序号	行业	平均税负率（%）
1	农副食品加工	3.50
2	食品饮料	4.50
3	纺织品（化纤）	2.25
4	纺织服装、皮革羽毛（绒）及制品	2.91

（续表）

序号	行业	平均税负率（%）
5	造纸及纸制品业	5.00
6	建材产品	4.98
7	化工产品	3.35
8	医药制造业	8.50
9	卷烟加工	12.50
10	塑料制品业	3.50

9.3　进项税额常见涉税问题

9.3.1　购进环节的检查

（1）购进固定资产和工程物资（除中部、东北试点地区外）等抵扣进项税额。

（2）扩大农产品收购凭证的使用范围、将其他费用计入买价，多抵扣进项税额。

（3）错用税率，低税高扣。

（4）采购途中的非合理损耗未按规定转出进项税额。

9.3.2　存货的检查

（1）发生退货或取得折让未按规定作进项税额转出，多抵扣进项税额。

（2）用于非应税项目、非正常损失的货物未按规定作进项税额转出，多抵扣进项税额。

（3）用于免税项目的货物未按规定转出进项税额，多抵扣进项税额。

（4）以存挤销，将因管理不善等因素造成的材料短缺计入正常发出数，少缴增值税。

（5）盘亏材料未按规定的程序和方法及时进行账务处理，造成相应的进项税额未转出，或盈亏相抵后作进项税额转出，少缴增值税。

9.3.3　在建工程的检查

（1）工程用料直接计入相关成本、费用而不通过"在建工程"账户核算（工程实际用料超过账面用料记录），多抵扣进项税额。

（2）工程用料不作进项税额转出或故意压低工程用料价格，少作进项税额转出。

（3）工程耗用的水、电、气等不进行分配，少作进项税额转出。

9.3.4　返利的检查

（1）把返利挂入其他应付款、其他应收款等往来账，不作进项税额转出。

（2）用返利冲减销售费用，不作进项税额转出。

9.3.5　运输费用的检查

（1）扩大计税抵扣基数、错用税率。

（2）非应税项目的运费支出计算进项税额抵扣。

9.4　虚开增值税专用发票常见涉税问题与风险控制

9.4.1　对交易方做必要的了解

纳税人在交易前应该对交易方做必要的了解，通过交易方的经营范围、经营规模、企业资质等相关情况对其进行判断。

9.4.2　纳税人一定要提高风险防范意识

纳税人一定要提高风险防范意识，要从思想上重视取得虚开增值税专用发票是一个严重的问题，要有意识地规避取得虚开增值税专用发票的风险。

9.4.3　加强财务合规性审核

建议纳税人尽量通过银行转账的方式支付货款，避免现金交易。纳税人应尽量通过银行账户，将货款划拨给对方，如果对方提供的银行账户与发票上注明的信息不符，应引起警惕，暂缓付款，对购货业务进行进一步审查。

9.4.4　仔细核对发票信息

在取得发票时，除了验证发票本身的真伪外，还要核实票、货、款是否一致，即开票方、供货方、收款方是否一致，发票流、货物流、资金流是否合法合规。

纳税人应认真比对发票信息，认真审核开票方提供的税务登记证、出库单、一般纳税人资格等有关资料。可以通过国家税务总局"12366 纳税服务平台"等税务机关官方查询路径，审查取得的发票是否确实为销售方领购的。

9.4.5　取得和保存购货证据

购进货物要注意取得和保存相关证据，一旦对方虚开增值税专用发票给自身造成损失，可以依法向对方追偿。

9.4.6　完整留存交易的证据资料

如果对方故意隐瞒有关销售和开票的真实情况，恶意提供虚开的增值税专用发票，给受票方造成了经济损失，受票方在税务机关做出处理决定时可以提供相关的证据资料，也可以依法向对方追偿由于提供虚开增值税专用发票带来的经济损失。

第 10 章
企业利润表项目稽查应对与风险控制

10.1　企业主营业务涉税问题

10.1.1　与收入总额相关的 5 个常见涉税问题

（1）收入计量不准。

（2）隐匿实现的收入。

（3）实现的收入入账不及时。

（4）视同销售行为未进行纳税调整。

（5）销售货物的税务处理不正确。

10.1.2　与成本项目相关的 10 个常见涉税问题

（1）利用虚开发票或人工费等虚增成本。

（2）资本性支出一次性计入成本。

（3）将基建、福利等部门耗用的料、工、费直接计入生产成本等；将对外投资发出的货物，直接计入成本、费用等。

（4）擅自改变成本计价方法，调节利润。

（5）收入和成本、费用不配比。

（6）原材料计量、收入、发出和结存不正确。

（7）周转材料不按规定的摊销方法核算摊销额，多计成本、费用。

（8）成本分配不正确。

（9）人工费用的核算不准确。

（10）销售成本中存在的问题。

① 虚计销售数量，多转销售成本。

② 销货退回只冲减销售收入，不冲减销售成本。

③ 将本企业用于基建、福利部门及赠送、对外投资发出的货物计入销售成本。

10.1.3　与费用相关的 4 个常见涉税问题

（1）费用界限划分不清。

① 资本性支出与费用性支出的界限划分不清。

② 一项支出在成本和费用中重复列支。

③ 有扣除标准和无扣除标准费用的界限划分不清。

（2）管理费用的问题。

① 未按税法规定进行招待费的纳税调增。

② 擅自扩大技术开发费用的列支范围，享受税收优惠。

③ 未按规定提取和使用专项基金。

④ 企业之间支付的管理费、企业内营业机构之间支付的租金和特许权使用费进行税前扣除。

（3）销售费用的问题。

① 超额列支广告费和业务宣传费。

② 专设销售机构的经费税务处理不正确。

③ 发生的运输及装卸费不真实。

（4）财务费用的问题。

① 贷款使用企业和利息负担企业不一致。

② 从非金融机构借款的利息支出超过按照金融机构同期同类贷款利率计算的数额，未进行纳税调整。

③ 企业从其关联方接受的债权性投资与权益性投资的比例超过规定标准而

发生的利息支出，未进行纳税调整。

④ 汇兑损益的税务处理不正确。

⑤ 非银行企业内营业机构之间支付的利息税前扣除。

10.2 其他业务涉税问题

10.2.1 与税金相关的 3 个常见涉税问题

（1）应资本化的税金税前扣除。

（2）将补提、补缴的以前年度税金直接税前扣除。

（3）将企业所得税额和应由个人负担的个人所得税额进行税前扣除。

10.2.2 与营业外支出相关的 3 个常见涉税问题

（1）不符合条件或超过标准的公益救济性捐赠未进行纳税调整。

（2）违法经营的罚款、被没收财物的损失、各项税收的滞纳金、罚金和罚款及各种赞助支出、与收入无关的支出，未进行纳税调整。

（3）非正常损失未扣除个人负担或保险公司的赔款。

10.2.3 与固定资产相关的 6 个常见涉税问题

（1）虚增固定资产计税价值。

（2）属于固定资产计税价值组成范围的支出未予资本化。

（3）计提折旧范围不准确。

（4）折旧计算方法及分配不准确。

（5）固定资产处置所得未计入应纳税所得额。

（6）盘盈固定资产未进行以前年度损益调整。

第 11 章
个人所得税稽查应对与风险控制

11.1　个人所得税稽查项目

11.1.1　公司章程

公司章程，是指公司依法制定的、规定公司名称、住所、经营范围、经营管理制度等重大事项的基本文件，也是公司必备的规定公司组织及活动基本规则的书面文件。

公司章程是股东共同一致的意思表示，载明了公司组织和活动的基本准则，是公司的宪章。公司章程具有法定性、真实性、自治性和公开性的基本特征。公司章程与《公司法》一样，共同肩负调整公司活动的责任。作为公司组织与行为的基本准则，公司章程对公司的成立及运营具有十分重要的意义，它既是公司成立的基础，也是公司赖以生存的灵魂。

公司章程要包括以下内容：验资证明、资金来源、股东姓名。

验资证明是会计师事务所或者审计师事务所及其他具有验资资格的机构出具的证明资金真实性的文件。依照《公司法》规定，公司的注册资本必须经法定的验资机构出具验资证明，验资机构出具的验资证明是表明公司注册资本数额的合法证明。

资金来源是指企业、机关、事业单位或其他经济组织等所拥有的资金从一定渠道取得或形成的来源，如工业企业国家拨入的基金、银行借款、应付购货款、专用基金等。为了反映和监督各项资金来源的增减变动和结余，要设置一系列资金来源账户，并把一定日期的资金来源账户的余额按规定项目列入资金平衡表的资金来源方。在实际工作中资金来源有时亦称"负债"。

股东是指对股份公司债务负有限或无限责任，并凭持有股票享受股息和红利的个人或单位。向股份公司出资认购股票的股东，既拥有一定权利，也承担一定义务。股东的主要权利是：参加股东会议，对公司重大事项具有表决权；公司董事、监事的选举权；分配公司盈利和享受股息权；发给股票请求权；股票过户请求权；无记名股票改为记名股票请求权；公司经营失败宣告歇业和破产时的剩余财产处理权。股东权利大小，取决于股东所掌握的股票的种类和数量。

11.1.2 增资来源（评估增值、资本公积或往来账户等）

国税发〔1997〕198号文件规定，股份制企业用资本公积金转增股本不属于股息、红利性质的分配，对个人取得的转增股本数额，不作为个人所得，不征收个人所得税。

国税发〔1997〕198号文件中所表述的"资本公积金"是指股份制企业股票溢价发行收入所形成的资本公积金。将此转增股本由个人取得的数额，不作为应税所得征收个人所得税，而与此不相符合的其他资本公积金分配个人所得部分，应当依法征收个人所得税。

11.1.3 股东个人消费性支出和借款

企业的个人投资者，以企业资金为本人、家庭成员及其相关人员支付与企业生产经营无关的消费性支出及购买汽车、住房等财产性支出，视为企业对个人投资者的红利分配，依照"利息、股息、红利所得"项目计征个人所得税。企业的上述支出不允许在企业所得税前扣除。

纳税年度内个人投资者从其投资企业借款，在该纳税年度终了后既不归还，又未用于企业生产经营的，其未归还的借款可视为企业对个人投资者的红利分配，依照"利息、股息、红利所得"项目计征个人所得税。

11.1.4　个人所得税非应税项目

（1）按照国务院规定发放的政府特殊津贴和国务院规定免税的补贴、津贴。

（2）福利费、抚恤金、救济金。

（3）按照国家统一规定发给干部、职工的安家费、退职费、退休工资、离休工资、离休生活补助费。

（4）企业和个人按照国家或者地方政府规定的比例缴付的住房公积金、基本医疗保险费、基本养老保险费、失业保险费。

（5）个人与用人单位因解除劳动关系而取得的一次性经济补偿收入，相当于当地上年职工平均工资 3 倍数额以内的部分。

（6）破产企业的安置费收入。

（7）据实报销的通信费用（各省规定的标准不同）。

（8）个人按照规定办理代扣代缴税款手续取得的手续费。

（9）集体所有制企业改为股份合作制企业时，职工个人以股份形式取得的拥有所有权的企业量化资产。

（10）独生子女补贴。

（11）托儿补助费。

（12）差旅费津贴、误餐补贴等。

11.2　税务联查社保、个人所得税给企业带来的风险与应对

11.2.1　税务联查社保、个人所得税对企业带来的风险

1．挂账其他应付款长期不处理的个人所得税风险

财税〔2003〕158 号文件规定，纳税年度内个人投资者从其投资企业（个

人独资企业、合伙企业除外）借款，在该纳税年度终了后既不归还，又未用于企业生产经营的，其未归还的借款可视为企业对个人投资者的红利分配，依照"利息、股息、红利所得"项目计征个人所得税。

2. 工资成为"烫手山芋"，存在彻查风险

国地税合并后税务联查社保、个人所得税，工资使个人所得税和企业所得税工资薪金的断层终于弥补上了。

3. 专项扣除证据不足的风险

因子女教育、大病医疗、房租、房贷等各种专项扣除证据不足而存在被处罚的风险。

4. 企业所有者个人账户高额流水被稽查的风险

企业将不要发票的收入打进企业所有者个人账户，导致企业的钱越用越少，没钱了又从企业所有者那里借，造成账外资金回流，其他应付款数额过大，公私不分。这样会使得企业所有者账户因高额流水而被稽查。

5. 税务稽查方式改变的风险

税务机关稽查时，一旦发现企业社保缴费和个人所得税税负异常、资金流水异常等，就会约谈企业、调取其银行流水账以查找问题。

6. 银行等机构的案件移交风险

国家在大力进行反洗钱监控，个人和公司之间大额、频繁的资金往来，达到一定的预警级别后，各个部门就会进行联查，这种案子一般会涉及税务部门，进而涉及企业社保和个人所得税问题。

7. 被举报风险

企业如对员工劳动关系、社保、个人所得税的处理不规范，员工会举报企业，企业会因此受到税务稽查。

8. 失信风险

通过媒体公开违法者信息，编织"一处失信、处处受限"的信用惩戒大网，随着税务联查社保、个人所得税，"失信者寸步难行"成为现实。

9．清扫国地税分散管理盲区的风险

"金税三期"系统征管信息大整合，对纳税人涉税涉费行为的管理，将会更加集中，以实现全面税费监管。对原国地税分离交叉管理中的漏户和归属权限追究的盲区，进行彻底清理。税务联查社保、个人所得税的稽查实现了无缝对接。

10．追查历史账面数据比对的风险

税务联查社保、个人所得税后，税费稽查的大数据使得储存信息将更加全面、透明。纳税评估的日常监管及纳税人财务数据的分析、抓取、比对，也会更加精准和便捷。所有数据分析随着国地税稽查合并，会体现出全面性和更强的针对性。

11.2.2　企业应对税务联查社保、个人所得税风险的举措

1．禁止使用不规范的个人所得税避税方式

（1）找发票抵税，造成费用异常。例如，让员工找发票报销，直接计入福利费、差旅费等，从而造成期间费用异常。

（2）故意不通过银行发工资。

（3）补贴不申报个人所得税。

（4）大量员工零申报。

（5）冒名替代领工资。

（6）故意混淆劳务所得和工资、薪金所得的申报。

（7）外包福利。例如，将员工的部分福利和工资外包给人力资源、管理咨询公司，让其开发票并给员工发放工资。

2．强化社保和个税管理，增强企业管理制度的可操作性与执行力

2019 年 1 月起，社保由税务统一征收，工资避税将迎最严管控。

3．切实把握社保和个税法规政策，规范操作社保和个税管理

4．抓实社保和个税原始凭证及相关资料的管理与保存

5．及时、完整、准确地申报社保和个税，并注重财务报表与纳税申报表之间的逻辑关系与数据比对

6．从道、法、术三方面应对风险

结合目前国内企业的主流做法，目前以下 6 类个税违规手段一经查出，必定受罚。

1. 找发票抵税，造成费用异常

这样操作很多企业都感觉比较简单，如每个月员工找 2 000 元发票去报销，很多会计图省事，直接将其计入福利费或差旅费等。如果长期进行大额处理，会造成企业期间费用异常。

2. 故意不通过银行发工资

当移动支付成为潮流的时候，企业一般不会以现金的方式发放工资。据不完全统计，不通过银行发放工资的企业，不申报个税、少申报的情况基本都存在。为此，这类企业将会承担一定的后果。

3. 补贴不申报个税

也许是因为对税法不熟悉，也许是企业故意不申报个税，总有部分企业未将企业的饭补、话补、房补、结婚补贴、生日礼金等与工资合并进行纳税申报。

4. 大量员工零申报

这里一定要强调一个比例问题，一个企业如果和同地区、同行业企业相比，工资在 3 500 元以下的明显偏低，则面临稽查风险。

5. 故意混淆劳务和工资申报

一些企业，尤其是劳动密集型企业，其劳务工、临时工、第三方员工，很多应按劳务所得进行纳税申报，但是按照工资进行申报了。尤其是劳务公司、建筑企业等要高度重视，根据《中华人民共和国个人所得税法》的规定，不是全职员工是不可以按工资申报个税的。

6. 外包福利也是个火坑

很多企业现在将员工部分福利和工资外包给人力资源个税、管理咨询公司，让其给企业开发票，同时让其给企业员工发放工资。这种情况，实际上也是变相发放工资，是要补税的。

（1）应对风险之道。

确立合规意识、纠正违规行为，在此前提下采取符合法律规定的、具备可操作性的方法加以应对。

（2）应对之法。

① 减员增效。

② 多样用工。

a. 可以通过劳务派遣关系转嫁成本。

b. 采用外包的模式，包括劳务外包、业务外包与众包等，化劳动关系为商业合作关系，减少人工支出；聘用更多退休人员，发挥退休返聘关系的低成本优势。

c. 扩大非全日制用工在部分岗位的应用。此外，还可根据人力资源和社会保障部《关于支持和鼓励事业单位专业技术人员创新创业的指导意见》的规定，聘用事业单位的专业技术人员到企业兼职。

d. 响应《职业学校学生实习管理规定》和《高等学校勤工助学管理办法》（2018年修订）等文件精神，通过校企联合与在校生建立实习关系。

e. 根据国家和地方的促进就业政策，建立见习基地、招聘见习生，可享受一定的补贴等。

③ 薪酬转化。

一是在税务机关允许的范围内，可以将原有薪酬的一部分转化为不纳入工资总额项目的弹性福利。

二是在精准测算的基础上，可以采取股权激励等措施，使员工变成股东享受分红，仅需缴税而无须缴"费"。

④ 科技应用。

机器替代人是某些行业的大趋势，为此，用人单位可以在各个环节加大科技投入与应用以减少用工总量，从而降低人工成本和管理成本。

⑤ 化整为零。

用人单位可以安排员工成立个体户，让其以独立市场主体的名义承接用人单位分配的工作任务，由传统的劳动关系变成市场主体之间的商业活动。

（3）应变之术。

如将部分符合条件的劳动关系转为劳务关系，将工资作为劳务费发放；充分发挥工会的沟通、协调与监督作用等。

第 12 章
企业涉税风险自查

12.1　企业涉税风险自查要点与报告

12.1.1　企业涉税风险自查要点

（1）采取直接收款方式销售货物，收到销售款或者取得索取销售款凭据的当天未进行销售收入处理。

（2）采取托收承付和委托银行收款方式销售货物，发出货物并办妥托收手续的当天未进行销售收入处理。

（3）采取赊销和分期收款方式销售货物，书面合同约定的收款日期的当天，或无书面合同的或者书面合同没有约定收款日期的，货物发出的当天未进行销售收入处理。

（4）采取预收货款方式销售货物，发出货物的当天，或生产销售生产工期超过12个月的大型机械设备、船舶、飞机等货物，收到预收款或者书面合同约定的收款日期的当天未进行销售收入处理。

（5）委托其他纳税人代销货物，收到代销单位的代销清单或者收到全部或者部分货款的当天未进行销售收入处理。

（6）销售应税劳务，提供劳务同时收讫销售款或者取得索取销售款的凭据的当天未进行销售收入处理。

（7）有无账面已确认销售，但账面未计提销项税额，未申报纳税的情况。

（8）有无账面已确认销售、已计提销项税额，但未申报或少申报纳税的情况。

（9）有无以物易物不按规定确认收入，未计提销项税额的情况。

（10）有无用货物抵偿债务，未按规定计提销项税额的情况。

（11）有无未按规定冲减收入，少报销项税额的情况。

（12）有无将向购货方收取的应一并缴纳增值税的各种价外费用，未计提销项税额的情况。

（13）有无销售货物或者应税劳务的价格明显偏低并无正当理由的情况。

（14）有无采取还本销售方式销售货物，按减除还本支出后的销售额计提销项税额的情况。

（15）有无采用以旧换新销售方式销售货物，按新货物的同期销售价格计提销项税额（金银首饰除外）的情况。

（16）有无随同产品出售单独计价包装物，不计或少计收入的情况。

（17）有无将应税包装物押金收入不按规定申报纳税的情况。

（18）有无将销售残次品、废品、材料、边角废料等直接冲减原材料、成本、费用等账户，未计提销项税额的情况。

（19）有无出售应税固定资产，未按规定计提销项税额或未按征收率计算应纳税额的情况。

（20）有无将货物交付其他单位或者个人代销未进行视同销售处理的情况。

（21）有无销售代销货物未进行视同销售处理的情况。

（22）设有两个以上机构并实行统一核算的纳税人，有无将货物从一个机构移送其他机构用于销售未进行视同销售处理的情况，但相关机构设在同一县（市）的除外。

（23）有无将自产或者委托加工的货物用于非增值税应税项目未进行视同销售处理的情况。

（24）有无将自产、委托加工的货物用于集体福利或者个人消费未进行视同销售处理的情况。

（25）有无将自产、委托加工或者购进的货物作为投资，提供给其他单位或者个体工商户未进行视同销售处理的情况。

（26）有无将自产、委托加工或者购进的货物分配给股东或者投资者未进行视同销售处理的情况。

（27）有无将自产、委托加工或者购进的货物无偿赠送其他单位或者个人未进行视同销售处理的情况。

（28）纳税人兼营非应税劳务，有无未分别核算销售货物（应税劳务）和非应税劳务的销售额，未按规定申报增值税的情况。

（29）有无将用于非增值税应税项目、免征增值税项目、集体福利或者个人消费的购进货物或者应税劳务的进项税额申报抵扣的情况。

（30）有无将非正常损失的购进货物及相关应税劳务的进项税额未作进项税额转出处理的情况。

（31）有无将非正常损失的在产品、产成品所耗用的购进货物或者应税劳务未作进项税额转出处理的情况。

（32）有无扩大农产品收购凭证的使用范围、将其他费用计入买价，多抵扣进项税额的情况。

（33）有无将专用于非增值税应税项目、减免税项目、集体福利或个人消费的固定资产进项税额申报抵扣的情况。

（34）有无将返利收入挂其他应付款、其他应收款，冲减销售费用等，而不作进项税额转出处理的情况。

（35）增值税一般纳税人有无向供货方收取的与商品销售量、销售额挂钩（如以一定比例、金额、数量计算）的各种返还收入，未按照平销返利行为的有关规定冲减当期增值税进项税额的情况。

（36）一般纳税人有无因进货退出或折让而收回的增值税额，未从发生进货退出或折让当期的进项税额中扣减的情况。

（37）小规模纳税人转为一般纳税人后，有无抵扣其小规模纳税人期间发生的进项税额的情况。

（38）有无将取得未认证或逾期的增值税专用发票上注明的税额申报进项税额抵扣的情况。

（39）有无将取得未采集上传信息或逾期的海关进口增值税专用缴款书上注明的增值税额申报进项税额抵扣的情况。

（40）是否对评估、核查、稽查等调整的应纳税额进行调账处理，有无将调增的税额冲减当期应纳税额的情况。

12.1.2　企业涉税风险自查报告

税务自查报告范例如下。

根据某地税直查〔2014〕2002 号文件的要求，本公司高度重视某省地税局直属分局对企业所得税的此次稽查，成立专门的自查工作小组，组织相关财务人员学习，采取了自查与聘请税务师事务所税务专业人员协助相结合的方式，于 2014 年 7 月 13 日至 17 日针对企业所得税进行了自查。目前，自查工作已基本完成，现将自查结果汇报如下。

1．本次自查的时间范围和涉及的税种范围

本公司本次自查的内容主要为 2012—2014 年度的企业所得税的缴纳情况。

2．自查工作的原则

（1）高度重视，认真负责，严格按照国家财经税收相关法规，对本公司 2012—2014 年度在经营过程中涉及的各类税种进行彻底清查，力求做到不疏忽、不遗漏。

（2）把握契机，认真做好自查自纠工作，提前化解税务风险。本公司结合实际情况，进行认真全面的自查，彻底清理违法及不规范涉税事项，并以此为契机，加强本公司税务基础管理工作，并改善本公司税务管理工作的盲点弱点，提高本公司的税务工作管理水平。

3．自查结果

经过为期一周的自查工作，本公司 2012—2014 年度税务工作基本符合国家相关税收及会计法律法规等规定，依法申报缴纳各项税费。但工作当中难免存在疏漏，问题主要反映在未按照权责发生制原则按年分摊所属费用、购买无形资产直接费用化、无须支付的应付款项未计入应纳税所得额等。通过此次自查，本公司 2012—2014 年度应补缴企业所得税 13 096.18 元，其中：2012 年应补缴企业所得税 4 580.76 元、2013 年应补缴企业所得税 8 515.42 元。

具体情况如下。

（1）2012年度。

本公司所得税自查问题主要反映在没有按照权责发生制原则按年分摊所属费用，申报企业所得税时少调增应纳税所得额 13 881.10 元，应补缴企业所得税额 4 580.76 元，具体调增事项明细如下：项目金额未按照权责发生制原则分摊所属费用 13 881.10 元，调增应纳税所得额小计 13 881.10 元，应补缴企业所得税 4 580.76 元。

（2）2013年度。

2013年度本公司所得税自查问题主要反映在购买无形资产直接费用化、无须支付的应付款项未计入应纳税所得额，申报企业所得税时合计少调增应纳税所得额 34 061.67 元，应补缴企业所得税额 8 515.42 元，具体调增事项明细如下。

购买无形资产直接费用化 14 061.67 元，无须支付的应付款项 20 000 元，调增应纳税所得额小计 34 061.67 元，应补缴企业所得税 8 515.42 元。

①购买无形资产直接费用化。本公司 2013 年 11 月购入财务软件 14 300 元直接计入了当期费用，根据规定，应将该无形资产分期摊销，应调增应纳税所得额 14 061.67 元。

②无须支付的应付款项应调增应纳税所得额。我公司无须支付的应付款项为 2004 年应付莱思软件公司 20 000 元，该软件公司现已被合并，并且该公司一直未催收该笔款项，根据规定，应调增应纳税所得额 20 000 元。

每年 3 月到 12 月，税务机关都会要求上一年度税负异常的企业展开自查或对其进行纳税评估，如果企业平时没有注意控制税负或者税负过低，就可能被纳入自查范围。税务机关开展企业自查的主要目的是完成税款入库任务。那么多少金额合适呢？这里没有一个具体的标准，据说有些地方稽查局内部有不成文的规定，就是企业上报的自查数一般不得少于该企业上一年度纳税总额的 1.5%。1.5% 这个标准也符合统计学原理。例如，2008 年全国税收收入完成 54 218 亿元，其中稽查局查补入库的税款是 513 亿元，占 0.94%，考虑到 2009 年稽查任务增加了 1 倍，把比例提高到 1.5% 是有道理的。

大多数企业的管理者一直指示或要求会计人员税负不能做高，会计人员在管理者的压力下，将税负做得极低。

若不是管理者或会计不懂税负原理或者不懂控制税负，企业一般也不会故意留着某些税不交，从而导致税负过低的。税负过低的企业，每年自查一定少不了，而一旦要求企业自查，不补税是很难过关的，最后还是会被补税，还会增加被加收滞纳金的风险。所以，建议企业平时还是需要将税负控制在行业水平范围内，这样一般不会被要求自查。自查是税务机关给企业纠错的机会，如果自查环节不能通过，一旦转入稽查，企业的大麻烦就来了。

那么怎样才能在自查环节过关而不至于遭到稽查局的重点检查呢？

首先，企业要重视每次税务检查。衡量自己在当地所处的地位，是不是当地的纳税"大户"、是不是当地行业的领头羊等。如果是，企业应该明白自己毫无疑问已成为税务检查的重点对象，稽查机关会把优势力量集中于纳税"大户"身上，因为从重点税源企业"挖税"远比从一般中、小企业中"挖税"见效要快得多。没有哪个企业敢说自己一点问题都没有，即使请了中介机构帮助协查，仍不能高枕无忧，因此企业切不可轻视。

其次，企业应先把能在会计报表上体现的税款自查一遍。如印花税，现在很多省市采用了核定征收的方式，只要看财务报表的购销金额就可以匡算出购销合同应纳印花税的金额。实收资本和资本公积的增加会带来印花税纳税义务，房地产开发企业预收账款的增加也会导致产权转移书据印花税纳税义务的发生。还有土地使用税，从 2008 年开始，很多地方都大幅度提高了其单位税额，税务机关利用其税收征管信息系统，或者直接从财务报表上就可以看出企业所交的土地使用税是否足额。这些表面上易计算检查的税款一定要报上去。

最后，企业应该认真对照自查提纲的内容进行自查。自查提纲是税务机关根据以往对相关行业进行检查时发现的问题进行归纳总结得出的具有普遍性的检查提纲，对每一个纳税人的自查都有指导作用。

值得注意的是，企业在自查时不能仅限于自查提纲的要求，还应该跳出提纲，结合企业自身的实际情况来进行自查，这样才能最大限度地规避稽查风险。将表面上易计算检查的税款报上去后，如果税务局觉得还不满意，或者尚未达到其想要的数字，一般要求企业再回去自查。此时，企业应该多与税务机关沟通，认真把握机会再梳理一遍自查报告，看看还有什么地方疏漏了，以免留下后患。自查期间，企业应严格按照税法规定对全部生产经营活动进行全面自查。自查工作应涵盖企业生产经营涉及的全部税种。

12.2　企业涉税风险自查涉及的主要税种

12.2.1　增值税

1. 进项税额

（1）用于抵扣进项税额的增值税专用发票是否真实合法：是否有开票单位与收款单位不一致或票面所记载货物与实际入库货物不一致的发票用于抵扣进项税额。

（2）用于抵扣进项税额的运费发票是否真实合法：是否有与购进和销售货物无关的运费申报抵扣进项税额；是否有以购进固定资产发生的运费或销售免纳增值税的固定资产发生的运费申报抵扣进项税额；是否有以国际货物运输代理业发票和国际货物运输发票申报抵扣进项税额；是否存在以开票方与承运方不一致的运输发票申报抵扣进项税额；是否存在以项目填写不齐全的运输发票申报抵扣进项税额等情况。

（3）是否存在未按规定开具农产品收购统一发票申报抵扣进项税额的情况，具体包括：向经销农产品的单位和个人收购农产品开具农产品收购发票；扩大农产品范围，把非免税农产品（如方木、枕木、道木、锯材等）开具成免税农产品（如原木）；虚开农产品收购统一发票（虚开数量、单价，抵扣税款）。

（4）用于抵扣进项税额的废旧物资发票是否真实合法。

（5）用于抵扣进项税额的海关完税凭证是否真实合法。

（6）发生退货或取得折让是否按规定作进项税额转出。

（7）用于非应税项目、免税项目、非正常损失的货物是否按规定作进项税额转出。

（8）是否存在将返利挂入其他应付款、其他应收款等往来账或冲减销售费用，而不作进项税额转出的情况。

2. 销项税额

（1）销售收入是否完整、及时入账：是否存在以货易货交易未确认收入的情况；是否存在以货抵债收入未确认收入的情况；是否存在销售产品不开发票，取得的收入不按规定入账的情况；是否存在销售收入长期挂账不转收入的情况；

是否存在将收取的销售款项，先用于支付费用（如购货方的回扣、推销奖、委托代销商品的手续费等），再将余款入账确认收入的情况。

（2）是否存在视同销售行为未按规定计提销项税额的情况：将自产或委托加工的货物用于非应税项目、集体福利或个人消费，如用于内设的食堂、宾馆、医院、托儿所、学校、俱乐部、家属社区等部门，不计或少计应税收入；将自产、委托加工或购买的货物用于投资、分配、无偿捐助等，不计或少计应税收入。

（3）是否存在开具不符合规定的红字发票冲减应税收入的情况：发生销货退回、销售折扣或折让，开具的红字发票和账务处理是否符合税法规定。

（4）是否存在购进的材料、水、电、气等用于对外销售、投资、分配及无偿赠送，不计或少计应税收入的情况：收取外单位或个人水、电、气等费用，不计、少计收入或冲减费用；将外购的材料改变用途，对外销售、投资、分配及无偿赠送等未按视同销售的规定计税。

（5）向购货方收取的各种价外费用（如手续费、补贴、集资费、返还利润、奖励费、违约金、运输装卸费等）是否按规定纳税。

（6）设有两个以上的机构并实行统一核算的纳税人，将货物从一个机构移送到其他机构（不在同一县市）用于销售，是否进行销售处理。

（7）对逾期未收回的包装物押金是否按规定计提销项税额。

（8）免税货物是否依法进行核算：增值税纳税人对于免征增值税的货物或应税劳务的核算，是否符合税法的有关规定；有无擅自扩大免税范围的问题；军队、军工系统的增值税纳税人，其免税的企业、货物和劳务范围是否符合税法的规定；福利、校办企业，其免税的企业、货物和劳务范围是否符合税法的规定；兼营免税项目的增值税一般纳税人，其免税额、不予抵扣的进项税额计算是否准确。

12.2.2　企业所得税与个人所得税

自查各项应税收入是否全部按税法规定缴税，各项成本费用是否按照所得税税前扣除办法的规定税前列支。具体自查项目应至少涵盖以下内容。

1．收入方面

（1）企业资产评估增值是否并入应纳税所得额。

（2）企业从境外被投资企业取得的所得是否未并入当期应纳税所得额。

（3）持有上市公司的非流通股份（限售股），在解禁之后出售股份取得的收入是否未计入应纳税所得额。

（4）企业取得的各种收入是否存在未按所得税权责发生制原则确认计税的问题。

（5）是否存在利用往来账户延迟实现应税收入或调整企业利润的情况。

（6）取得非货币性资产收入或权益是否计入应纳税所得额。

（7）是否存在视同销售行为未进行纳税调整的情况。

（8）是否存在各种减免流转税及各项补贴、收到政府奖励，未按规定计入应纳税所得额的情况。

（9）是否存在接受捐赠的货币及非货币资产，未计入应纳税所得额的情况。

（10）是否存在企业分回的投资收益，未按地区差异补缴企业所得税的情况。

2．成本费用方面

（1）是否存在利用虚开发票或虚列人工费等虚增成本的情况。

（2）是否存在使用不符合税法规定的发票及凭证，列支成本费用的情况。

（3）是否存在将资本性支出一次性计入成本费用的情况：在成本费用中一次性列支达到固定资产标准的物品未进行纳税调整；达到无形资产标准的管理系统软件，在销售费用中一次性列支，未进行纳税调整。

（4）内资企业的工资费用是否按计税工资的标准计算扣除；是否存在工效挂钩的工资基数不上报税务机关备案确认，提取数大于实发数的情况。

（5）是否存在计提的职工福利费、工会经费和职工教育经费超过计税标准，未进行纳税调整的情况。

（6）是否存在计提的基本养老保险、基本医疗保险、失业保险和职工住房公积金超过计税标准，未进行纳税调整的情况；是否存在计提的补充养老保险、补充医疗保险、年金等超过计税标准，未进行纳税调整的情况。

（7）是否存在擅自改变成本计价方法，调节利润的情况。

（8）是否存在超标准计提固定资产折旧和无形资产摊销的情况：计提折旧时固定资产残值率低于税法规定的残值率或电子类设备折旧年限与税收规定有差异的，未进行纳税调整；计提固定资产折旧和无形资产摊销年限与税法规定有差异的部分，未进行纳税调整。

（9）是否存在超标准列支业务宣传费、业务招待费和广告费的情况。

（10）是否存在擅自扩大技术开发费用的列支范围，享受税收优惠的情况。

（11）专项基金是否按照规定提取和使用。

（12）是否存在企业之间支付的管理费、企业内营业机构之间支付的租金和特许权使用费进行税前扣除的情况。

（13）是否存在扩大计提范围、多计提不符合规定的准备金，未进行纳税调整的情况。

（14）是否存在从非金融机构借款利息支出超过按照金融机构同期贷款利率计算的数额，未进行纳税调整的情况。

（15）企业从关联方借款金额超过注册资金 50% 的，超过部分的利息支出是否在税前扣除。

（16）是否存在已进行损失处理的资产，部分或全部收回的，未进行纳税调整的情况；是否存在自然灾害或意外事故损失有补偿的部分，未进行纳税调整的情况。

（17）是否存在开办费摊销期限与税法不一致，未进行纳税调整的情况。

（18）是否存在不符合条件或超过标准的公益救济性捐赠，未进行纳税调整的情况。

（19）是否存在支付给总机构的管理费无批复文件，或不按批准的比例和数额扣除，或提取后不上交，未进行纳税调整的情况。

（20）是否以融资租赁方式租入固定资产，视同经营性租赁，多摊费用，未进行纳税调整的情况。

3. 关联交易方面

是否存在与其关联企业之间的业务往来，不按照独立企业之间的业务往来收取或者支付价款、费用而减少应纳税所得额，未进行纳税调整的情况。

在个人所得税方面，自查企业以各种形式向职工发放的工资薪金是否依法扣缴个人所得税，重点自查项目如下。

（1）为职工建立的年金。

（2）为职工购买的各种商业保险。

以下为企业风险排查自查报告范例。

××公司 2015 年风险排查自查报告

××××有限公司：

为全面贯彻落实 ×××2015 年风险排查工作要求，根据公司总部印发《关于开展公司系统 2015 年度风险排查工作的通知》（下文简称《通知》）的要求，我公司继续巩固和落实前期"压库存、防风险"专项检查治理工作成果，防范和化解经营风险，并积极促进公司业务在经济新常态下健康稳定发展。现将自查结果汇报如下。

1．工作组织

为加强公司风险管理，及时查找、发现和纠正存在的问题，防范并遏制库存风险和业务风险，××公司专门成立了以公司总经理为组长的专项检查小组，并于 1 月 7 日至 1 月 16 日围绕公司 2014 年房地产开发经营情况，对各部门的业务管理、制度执行、风控防范等方面进行了深入自查，检查小组由公司班子成员、相关部门负责人组成，具体成员如下。

小组组长：××

副组长：×××、×××、×××

成员：×××、×××、×××、×××、×××、×××

2．自查基本情况

本次排查对象包括公司本部、×××房产、××物业管理有限公司。专项检查小组成员根据业务职能，按照《通知》要求，重点排查 ××理想城商品房库存风险和公司流动性风险，并结合前期"压库存、防风险"专项治理中相关整改问题，重新梳理整改时间节点，对去化措施、时间节点做出了调整。同时认真查找、化解公司可能存在的资金回流速度隐患和潜在风险。

经自查，公司决策的重大业务和管理事项总体较规范，不存在重大风险，但在自查过程中也发现一些风险隐患，公司已采取针对措施进行整改，将定期开展风险测评，最大限度地防范公司经营风险。具体检查结果报告如下。

（1）经营管理方面。

问题：自 2014 年受公司总部委托收购 ××××珞业以及将 ××项目房产纳入我公司进行异地项目管理以来，××公司现有 ××××珞业、××项目房产以及两家下属物业公司，客观上对经营管理能力方面提出了更高的要求。由于目前尚没有形成明确的管理细则，存在一定的经营管理风险。

整改措施：加强公司权限管理，结合公司项目开发具体实际对同城项目公司、异地项目公司的审批事项进行梳理，理顺下属房地产开发公司、下属物业公司的管理权限。

目前整改进度：重新梳理所属公司、物业公司权限审批流程，并根据公司经营管理发展制定《××××理想骆业有限公司项目公司管理细则》。

预计整改完成时间：2015 年 4 月底。

（2）去库存方面。

问题：2014 年以来，由于××库存量巨大，加上××理想城项目所在区域为××供应量最大的区域，全年销售量与销售价格齐跌，区域内房企普遍采取低于成本价的方式销售，试图用以价跑量的方式防止资金链断裂，导致公司××理想城三期产品库存量较高，去库存速度较慢。

整改措施：公司对××理想城商品房库存情况进行梳理，并根据公司自身项目及意向客户特点灵活制定销售策略，加速去在售产品存量。

目前整改进度：2015 年初，公司积极贯彻总部去库存有关文件要求，开展"攻坚六十天、再上新征程"营销大会战活动，目前二期二组团剩余房源以特价房方式进行销售，确保加快资金回笼速度；三期产品将以小步快跑、低开平走的节奏进入 1~2 个月的销售周期，多条产品线并走，形成价格阶梯，以挤压客户，去化主力产品。

预计整改完成时间：对二期二组团剩余尾盘进行清盘，三期产品在 2015 年 12 月底前的销售额力争完成既定目标。

（3）流动性方面。

问题：公司于 2013 年 7 月取得浦发银行 5.96 亿元开发贷款，根据目前的财务状况及 2015 年资金计划，公司经营现金流入不能偿还即将到期的贷款本金，存在一定的流动性风险。

整改措施：根据公司经营计划安排，积极与交通银行等金融机构进行沟通，申请文萃路项目开发贷款约 2 亿元；同时加强与信托等融资机构进行沟通协商、筹措资金，积极探索构建"金融地产"合作开发模式。

目前整改进度：结合公司经营发展资金需求，财务部门在年初制订 2015 年融资计划，并积极与交通银行等金融机构进行业务洽谈，力争在 2015 年上半年获得相关融资。

预计整改完成时间：2015 年 7 月底。

（4）其他风险因素

问题 1：×× 理想城三期存在个别批次材料因直接现场出库导致控制不严，出现出入库手续日期延后情况；×× 泉天下项目施工现场门窗、电梯等成品存在安全风险。

整改措施：针对 ×× 理想城三期出入库管理不规范的现象，工程部门制定统一文件格式管理，规范对出入库文案的保存和管理；目前 ×× 泉天下项目处于缓建状态，施工（分包）单位门窗、电梯工程尚未竣工验收，截至 12 月底安装进度分别为 70%、90%。项目公司经与施工单位协商，由施工单位派人现场负责看护，确保复工前门窗、电梯能进行正常的后续使用。

目前整改进度：已对 ×× 理想城三期库存材料进行全面清理盘点，并建立出入库单和出入库台账，双向管理公司工程材料入库；×× 泉天下项目在建工程中的门窗、电梯保护事宜，由相关分包施工单位派人现场负责看护中，甲方工程人员每天派人巡检，并定期进行维护。

预计整改完成时间：2014 年 12 月底、项目重新启动前。

问题 2：×× 泉天下工程款支付延后，未付工程压力较大。

整改措施：目前项目公司处于股权退出阶段，由于 ×× 泉天下项目地处三、四线城市，当地经济及房地产市场形势更为严峻，目前尚无法准确判断完成的具体时间。同时考虑到 ×× 泉天下项目现已处于缓建状态，由于目前公司资金周转较困难，在该项目重新启动前，应及时与各付款单位进行沟通、协调。

目前整改进度：根据公司总部的相关工作要求，梳理项目公司 2014 年合同台账及现场签证单等审批程序，对未付款项目进行分类，并在合理控制项目开发节奏的基础上，暂缓工程款支付。

预计整改完成时间：根据项目的进展，合理统筹工程款支付工作。

3. 整改结果

针对自查中发现的上述问题，×× 公司将在后续的工作中进一步巩固自查整改成果，不断完善和规范工作程序，防范、规避风险。同时，为了巩固此次自查自纠工作的成果并建立防治的长效机制，公司将在严格落实整改的基础上，明确内部管理权限和职责，深化规范性经营的生产管理理念，尽可能避免同类问题重复发生，最大限度地降低公司经营风险。

12.3 纳税人自查

12.3.1 纳税人自查是什么性质的行为

纳税人自查修正行为，也叫纳税人自查自纠行为，是指纳税人在自查程序中，通过对过去的纳税行为进行自我检查和核对，在规定的期限内向税务机关报告其过去未缴、少缴税款的情况，补缴税款和滞纳金，并接受税务机关审查和处理的行为。

税务机关组织纳税人开展自查属于税务稽查程序的一部分。国家税务总局一般以"通知""公告"等形式部署地方税务局组织纳税人开展纳税自查，提倡"以自查为先导"的方法开展税收专项检查。

目前部分地方税务机关制定了纳税人自查的规范，对纳税人自查的适用范围、排除适用范围做出了规定。综合而言，纳税人自查范围包括除举报案件，上级交办、督办、批办案件，稽查机关认为不宜组织自查的案件以外的其他全部纳税案件，主要包括税收检查涉及的纳税人和税务稽查立案前确立的纳税人。

12.3.2 纳税人自查补税行为是否缴滞纳金

税务机关给予的"自查修正免罚"一般是以缴纳税款和滞纳金为前提的。因此税务机关和纳税人一般均较好地遵守现行《税收征管法》第三十二条规定，对自查发现的违法问题补缴税款并缴纳滞纳金。

12.3.3 纳税人自查补税行为是否应该处以罚款

纳税人自查后补缴税款和滞纳金的行为不能改变其行为纠正之前的违法性：违反了申报期限和如实申报的规定；违反了纳税义务发生时间和税款缴纳时间的规定；扰乱了税收征管秩序。《税收征管法》第六十二条、第六十三条、第六十四条分别规定了不按规定期限纳税申报、偷税、编造虚假计税依据、不进行纳税申报行为的法律责任，没有区分主观过错的不同规定不同责任，也没有规定事后补救可以减免行政处罚。因此，在现行税制下，纳税人的税收违法行为经修正后仍应受行政处罚。

《中华人民共和国税收征收管理法修订草案（征求意见稿）》（以下简称《征求意见稿》）第九十七条对《税收征管法》第六十三条进行了修正，将"偷税"修改为"逃避缴纳税款"，罚款比例调整为"百分之五十以上三倍以下"；第九十九条规定纳税人因过失违法导致未缴、少缴税款的并处较低行政处罚（百分之五十以下罚款），在税务检查前修正申报并缴纳税款的处较低行政处罚（百分之二十以下罚款）。《征求意见稿》获得通过并生效后，将成为对纳税人自查修正行为处以较低行政处罚的法律依据。但纳税人自查修正行为仍具有可罚性。

在《征求意见稿》尚未生效的情况下，可以适用《中华人民共和国行政处罚法》第二十七条、第二十八条确定纳税人自查修正行为的行政处罚问题。但纳税人在自查程序中的纠错行为是否符合《中华人民共和国行政处罚法》规定的从轻、减轻或不予处罚的条件，则应结合案件的主、客观情况进行认定。国家税务局（含稽查局）关于纳税人自查修正行为的处罚规定如表 12-1 所示。

表 12-1　国家税务总局（含稽查局）关于纳税人自查修正行为的处罚规定

税务机关	税收规范性文件	纳税人自查修正行为的处罚
国家税务总局	《国家税务总局关于进一步加强税收征管工作的若干意见》（国税发〔2004〕108号）	对纳税评估发现的一般性问题，可由税务机关引导纳税人开展自查自纠，在申报纳税期限内的，根据税法有关规定免于处罚；超过申报期限的，加收滞纳金

（续表）

税务机关	税收规范性文件	纳税人自查修正行为的处罚
国家税务总局	《国家税务总局关于加强外籍人员个人所得税征管工作的通知》（国税发〔2004〕27号）	2004年6月底以前，外籍人员或扣缴义务人主动申报以前年度未缴税款的，除依法补缴税款外，按日加收滞纳税款0.05%的滞纳金，但不予处罚
国家税务总局稽查局	《国家税务总局稽查局关于印发重点企业发票使用情况检查方案的通知》（稽便函〔2011〕19号）	企业在自查期间内自查发现的发票及相关税收问题，可以依法从轻处理
国家税务总局	《国家税务总局关于2002年税收专项检查工作的通知（国税发〔2002〕22号）	对企业自查出的纳税问题，凡是能够按规定缴清税款的，可以采取从宽处理的原则，给予改过的机会。对检查出的违反税收法律、法规的行为，要从重处罚，严厉打击，决不手软

12.3.4　自查补税行为是否应该承担刑事责任

《中华人民共和国刑法修正案（七）》对偷税罪进行了重大修改，将原偷税罪修改为逃避缴纳税款罪，以概括式表述和叙明罪状模式规定罪行结构，并且首次规定了"不予追究刑事责任"及其除外条款（也称"初犯免罚"）。"不予追究刑事责任"的构成要件包括：经税务机关依法下达追缴通知；补缴应纳税款，缴纳滞纳金；已受行政处罚；五年内没有因逃避缴纳税款受过刑事处罚；五年内没有因逃避缴纳税款被税务机关给予二次以上行政处罚。"不予追究刑事责任"的规定体现了鼓励纳税人补救税收违法犯罪行为的理念，以及威慑和激励并轨的刑事责任追究机制。

纳税人在税务机关组织的自查活动中，报告自己的税收违法行为并补充申报缴纳税款、支付滞纳金后，是否应追究刑事责任，一般有3种情况：当纳税人不是"初犯"（在五年之内因逃税受过刑事处罚或二次以上行政处罚）时，应追究刑事责任；当纳税人是"初犯"时，本次如已受行政处罚，不应追究刑事责任；当纳税人是"初犯"时，本次如未受行政处罚，则应当追究刑事责任。

第 13 章
企业税务风险分析与化解对策

13.1　企业税务风险分析

13.1.1　企业利润被人为操控引起的税务风险

根据相关资料可以得知，很多企业，尤其是大企业，为了进行融资而发行股票，对资产进行了重组，从而对实际的经营业绩加以瞒报，以规避企业今后退市后会遇到的风险。有的企业甚至为了同市场推广之间配合，采取各类手段，如利用会计手段编制虚假的报告，或者以关联交易的方式，有针对性地操控利润。这样势必会导致企业的会计信息的真实性受到影响，具体表现在企业账面收入的真实性不足，成本从预算至结算过程均处于失真的状态。

13.1.2　企业依法纳税意识薄弱

在企业实际发展过程当中，管理者一般对生产、销售与研发等方面工作的关注与重视度较高，而往往忽略了依法纳税、税务风险防范等方面的工作。企业务必要依法纳税，然而在实际过程中，企业为了促使自身的经济效益水平得到显著提升，对国家的法律法规不管不顾，并未依法履行纳税义务。在经济利益的驱使之下，企业会做出偷税以及漏税方面的不良行为，从而在很大程度上促使企业的税务风险水平显著增加。

13.1.3　相关税务工作人员的专业水平低下

当前时期，很多企业税务相关工作人员的专业水平普遍不高，其对国家制定的税收相关方面的法律法规没有全面、深入地掌握。我国制定的税务相关法律法规较为复杂，且更新较为频繁，绝大多数税务相关工作人员并不能熟练地对税务相关业务加以掌握。由于大部分企业税务相关工作人员在税务方面的培训机会非常少，当遇到税务方面的棘手的问题时，他们就会显得束手无策，常常出现这样或那样的错误。此外，由于税务工作人员对国家制定的相关税法不能全面、深入地掌握，不能充分地了解税收相关的政策，在实际工作当中就会出现很多方面的突出问题。虽然企业在主观方面不存在故意偷税、漏税等意愿，然而在相关税务业务的办理过程中，往往由于对相关税法的了解程度不够，导致偷税以及漏税等情况时常出现，最终使得企业面临不同程度的经济损失。

13.1.4　企业管理效率方面的风险

税务风险防范作为企业税务管理的一个重要的组成内容，其税务管理水平的高低又受到企业管理效率的制约。对于管理效率低下的企业而言，由于管理者疏于对可能存在的税务风险采取管理方面的举措，往往会导致额外的税负产生。与此同时，管理效率较低的企业也不能根据税法的变更、税务政策的变更对企业所产生的影响做出反应。例如，出口退税率的调整对企业今后盈利预期所产生的影响需要企业进行深入的剖析。所以说，企业税务管理无法及时地对企业的税务相关问题做出相应的调整，会诱发严重的税务风险事件。例如，对于以进出口贸易作为盈利方式的企业而言，其务必要时刻对进出口税率的调整情况加以关注与了解，且对其中可能存在的税务风险进行详尽的分析，根据所调整的进出口税率，来对税款加以预判。

13.2 企业税务风险产生的原因

13.2.1 内部原因

（1）企业税务风险意识的缺失。很多企业对于自身税务风险的认识严重不足，在实际经营过程中，由于企业缴纳税款会减少企业的经营利润，一些企业为了自身利益，铤而走险，采取偷税漏税等违法行为，这将导致企业面临巨大的税务风险。企业的管理层缺乏足够的税法知识，往往看不到偷税漏税等带来的税务风险。

事实上，在企业整体经营的各个环节都可能有税务风险，企业往往忽略了对生产、销售、筹资等环节中税务风险的掌控，从而增加了税务成本，加大了税务风险。

（2）企业内部财务、税务管理制度的不健全。毫无疑问，企业的经营管理制度关系到企业的生死存亡。很多企业的财务制度、税务管理制度很不规范，这都可能为企业的税务管理埋下隐患。很多企业缺乏必要的内部控制制度，而内部控制制度作为企业为实现自身目标而构建的管理措施，一旦其失去效用，可能会使企业无法及时发现内部出现的财务税务问题，会加大企业的税务风险。同时，企业内部往往缺乏独立的、专业的税务机构，而很多企业只是将税务机构作为财务机构的下属部门，以财务管理代替税务管理，没有充分意识到两者之间的差异，这是因为企业往往局限于事后的税务管理操作，而缺乏事中的监管和防范。

一方面，专业素质高的税务人员的匮乏进一步降低了企业税务管理的效率，不利于企业税务风险的管理与防范；另一方面，企业内部风险管理机构不健全、企业内部监督机构设置不合理、部门设置不完善、缺乏监督机制等，均可能产生税务风险。

目前，很多企业尤其是中、小企业基本没有建立真正完善的税务监督管理机构，也没有聘请相对独立的税务中介机构对企业的税务问题进行审计和评估，而企业内部的税务风险报告往往只是流于形式，无法真正反映企业已经存在的和潜在的税务风险，从而造成企业无法有效防范税务风险。

13.2.2　外部原因

（1）现行税收制度的不完善。现阶段，我国税收体制尽管在不断进行深化改革，税法体系也在不断完善，但其仍然存在一些问题，这主要体现在以下几个方面。

第一，税法本身的不完善。任何国家的税法都或多或少存在一些模糊的、笼统的或有歧义的条文，这会给企业的税务管理工作造成困难，这种不确定性会增加企业的财务风险。企业一旦出现问题，往往会处于不利的地位。

第二，国家税收政策的变化。税收是政府收入的主要来源，税收政策更是国家宏观经济调控的重要手段。经济环境的多变也造成了税收政策的不确定性，使很多税收政策的时效性比较短。不同的经济发展阶段、不同的地区和行业施行的税收政策往往是不同的，这也造成了税收制度的复杂性，加大了企业的税务风险。

第三，税务部门执法不严。我国税务部门在执法的过程中具有一定限度的自由裁量权。但是这种裁量权造成了一些税务部门执法过程不规范，税务机关的执法往往具有随意性和不透明性，这对企业的税务管理非常不利。另外，由于各地实际情况的不同造成执法标准的不统一，这也为企业税务工作的开展带来了困难。

（2）行业的不规范。企业生存的环境会对企业的发展和经营产生非常重要的影响。现阶段，我国部分行业仍然存在一些"潜规则"甚至违法行为，在我国的市场上，经常会出现虚开、代开发票的现象，这不利于企业税务风险的管理。同时，行业和市场中其他企业的违法行为也会提高企业的税务成本，给企业带来极大的税务风险。

13.3　企业税务风险化解对策

13.3.1　构建税务风险管控体系

当前时期，我国企业税务风险管理尚处于初始发展阶段，有很大一部分企业均未专门设置税务管理部门；个别企业虽然构建了税务风险管控体系，然而却未能设置科学化、规范化的税务风险管控部门，从而使得税务风险管控系统也形同虚设。所以说，企业若要强化税务风险管控，就应该积极地构建税务风险管控体系，有效规避税务风险，确保企业税务工作能够有序、正常地运行。

13.3.2　提高企业税务相关工作人员的素质

企业税务相关工作人员需要接受系统化的专业学习和培训，强化其对专业知识、税法、不同种类的税种申报与计算方法等方面的知识的学习与掌握。应该注意将企业税务相关工作人员进行分类，包括税务总监、税务经理、中层税务经理以及税务操作员等层级，并依据层级的不同，相应地分配税务风险管控方面的任务。职位越高的工作人员，其所负责的范围越广，其工作任务也就越重。此外，税务工作人员应该养成良好的业务素养和道德情操，对涉税业务进行仔细处理，以有效预防人为失误所导致的税务风险事件。

13.3.3　强化企业税务风险意识

企业应提高对税务风险分析评估报告的重视程度，从分析结果出发，对企业税务风险控制效益及成本进行考虑。在税务风险管理系统下，及时制定出有效的税务风险应对措施，在遇到不能承受的税务风险时，要第一时间使用相应措施加以应对。例如，不能因承担相关风险得到有吸引力的回报，或者是企业无法对该类风险进行控制，就选择排除或回避。针对有可能发生的税务风险，企业要能够提前预测，并采取解决措施，将其遏制在萌芽阶段。

第 14 章
新税收政策下企业税收风险防范与控制

14.1 新税收政策及风险

14.1.1 新税收政策

近年来，我国企业杠杆率高，债务规模增长过快，企业债务负担不断加重。国家从战略高度对降低企业杠杆率工作做出决策部署，提出以下税收支持政策。

（1）企业符合税法规定条件的股权（资产）收购、合并、债务重组等重组行为，可按税法规定享受企业所得税递延纳税优惠政策。

（2）企业以非货币性资产投资，可按规定享受 5 年内分期缴纳企业所得税政策。

（3）企业破产、注销，清算企业所得税时，可按规定在税前扣除有关清算费用及职工工资、社会保险费用、法定补偿金。

（4）企业符合税法规定条件的债权损失可按规定在计算企业所得税应纳税所得额时扣除。

（5）金融企业按照规定提取的贷款损失准备金，符合税法规定的，可以在企业所得税税前扣除。

（6）在企业重组过程中，企业通过合并、分立、出售、置换等方式，将全部或者部分实物资产以及与其相关联的债权、负债和劳动力，一并转让给其他单位和个人，其中涉及的货物、不动产、土地使用权转让行为，符合规定的，不征收增值税。

（7）企业重组改制涉及的土地增值税、契税、印花税，符合规定的，可享受相关优惠政策。

（8）2019年4月1日起，国家将制造业、商品流通等行业的增值税税率降至13%。将交通运输、建筑、房地产、基础电信服务等行业及农产品等货物的增值税税率降至9%。

14.1.2　企业面临的税收风险

新税收政策使得企业享受到了更多的优惠。企业的税收风险通常都是自身原因造成的，所以企业还必须积极地做好企业税收风险管理工作，有效预防税收风险。企业的税收风险主要包括以下几种。

1.　政策风险

政策风险是指纳税人利用国家政策进行税务活动时违反税法规定造成的不确定性。政策风险，又可分为政策选择风险和政策变化风险。政策选择风险即错误选择政策的风险。由于纳税人对政策的误解，自认为税务处理符合一个地方或一个国家的政策或法规，但实际上由于政策的差异或认识的偏差受到相关的限制或打击。例如，前文所提到的几项税收优惠政策，企业如果无法正确理解其内容，或者选择错误，都可能产生税收风险。政策变化风险就是由政策变动所导致的风险。目前，我国市场经济发展越来越快，为了适应不同发展时期的需要，旧的政策必须不断地被改变甚至取消，尤其在当前形势下，新政策的不断出台，使得企业一时无法适应，导致税务风险加大。

2.　客观经营环境的税收风险

由于客观经营环境带来的税收风险，尤其是税收秩序方面存在的一些社会问题，也会对纳税人的税收造成较大的影响。例如，虚开、代开增值税发票就会给正常经营的纳税人带来巨大的税收风险。虚假发票、违法犯罪行为防不胜防，许多无辜企业因此承担连带责任。因此，企业应该树立足够的防范意识，避免被动跌入"税收陷阱"。

3．企业自身造成的税收风险

第一，由于税收政策的不断变化，企业相关人员不了解、不熟悉税收政策的变化，容易造成漏缴、错缴税款等情况。第二，为了增加自己的利润，减少成本，有些企业负责人会要求相关人员做出违背职业道德的行为，如伪造、变造、隐匿记账凭证等，这些都会增加企业的税收风险。第三，纳税人滥用税法及做出偷税行为都会带来税收风险。由于现阶段我国正处于经济变革时期，为了适应经济发展的需要，税收政策的变化比较频繁，不够稳定，企业如果不能及时调整自己的涉税业务，就会使自己的纳税行为由合法转变为不合法，从而面临较大的税收风险。

14.2　企业税收风险防范与控制策略

14.2.1　创新税收理念

对于每个企业而言，新税收政策带来的负面影响都比较明显。但是，新税收政策也具有较强的科学性和合理性，所以企业并不应该从个人利益出发，去评判新税收政策，而是应该具备长远的目光，正确认识新税收政策。作为企业的管理者，首先应该创新税收理念，提高自身意识，充分认识到新税收政策的核心内容以及新税收政策对企业税务管理所产生的影响。与此同时，企业管理者还应该组织企业全部人员进行培训，深入学习新税收政策的相关内容，了解其中涉及的细节问题，这有利于企业更好地应对税务变化。尤其是要加强对财务人员的培训，让他们在新税收政策下开展税务活动。除此之外，企业的管理者还应该注重企业文化理念的宣传，提高全体员工的税收意识，做好相应的税务风险管理防控措施。

14.2.2 完善税务管理制度和管理系统

首先，企业要在营运层面设置有效的税务风险管理部门或岗位，以确保税收风险能被有效地管理和控制。其次，企业要制定统一的内部控制制度、操作流程以及税务管理标准（包括国内外采购、存货管理、固定资产管理、国外销售、资金管理等各环节），并对其中各关键控制点下的税收风险进行管理和控制，以完善企业各环节的涉税链条。最后，企业可以通过信息管理系统的设置，便于各项目或子公司的税务管理人员及时、有效地安排纳税申报以及相关税务事宜，以实现企业对税务合规性风险进行有效监控和管理，并与税务主管当局保持合理的沟通和联系，有效防范企业税收风险。

14.2.3 避免入账发票出错

企业所得税的很多税前扣除项目一般都通过发票来进行确认。但一些企业以不合规票据（如无抬头发票、以前年度发票）甚至假发票列支成本、费用，违反了真实性原则；还有一些企业的入账发票没有填开时间、发票版式过期、未加盖发票专用章等。自制凭证也可以入账，但一些企业对自制凭证把关不严，如工资费用分配表随意填制、作假、造假等。因此，企业应该制定相关制度，严格避免入账发票出错。

14.2.4 做好资金管理工作

现如今，新税收政策还在不断完善，而且该类政策的推广力度非常大。基于这一背景，企业必须不断完善相关的资金管理工作，从而有效防止税收风险的产生。企业要想做好资金内部管理控制工作，就要秉承量入为出的原则，做好预算工作。特别是企业在开展重大工程项目时，一定要注重分析和评估，最大限度减少资金的浪费。要将资金分散，这样才能最大限度地减少企业的税收风险。

第 15 章
企业增值税筹划与风险防范

15.1　企业采购业务增值税筹划

15.1.1　购货规模与结构的筹划

（1）采购固定资产比例的筹划。

（2）技术引进的筹划。

（3）购货规模与结构的筹划。

15.1.2　购货单位的筹划

以增值税一般纳税人为主，在货物价格相对优惠的情况下，由于小规模纳税人专用发票可由税务机关代开，所以也需要考虑。

15.1.3　购货时间的筹划

（1）利用市场供求关系。

（2）利用税制变化。

15.1.4　结算方式的筹划

（1）未付出货款，先取得对方开具的发票。

（2）采用托收承付和委托收款结算方式，尽量让对方先垫税款。

（3）采取赊销和分期付款方式，使出货方垫付货款，为自身获得足够的资金调度时间。

（4）尽可能采用商业承兑汇票，少用现金支付。

15.1.5　购货合同的筹划

第一层次，合同规范，符合《中华人民共和国合同法》的相关规定。

第二层次，合同不出差错。

第三层次，合同有利于自身赢得利润，减轻税负。

筹划时应注意以下几个问题。

（1）了解合同性质，确定合同是商业性的合同还是其他类型的合同。

（2）对合同的任何环节都应分析清楚，使筹划的内容能够"对号入座"。

（3）语言规范，用词准确。

（4）充分利用合同保障己方的权益。

15.1.6　从一般纳税人处采购

从一般纳税人处采购，抵扣率为13%；从小规模纳税人处采购，抵扣率为3%；一般纳税人供货价格高于小规模纳税人供货价格。

对此，需要综合比较成本和增值税税负。

案例　某企业向一般纳税人、小规模纳税人采购办公用品的成本和增值税税负综合比较。

某汽车制造企业拟采购一批办公用品，采购价款为10万元。如果从大型商场（一般纳税人）处采购，可以抵扣进项税额=10÷（1+13%）×13%=1.15（万元）；如果从小卖部（小规模纳税人）处采购，则不能抵扣进项税额。

从小卖部处采购，如果销售方能去税务机关代开增值税专用发票，可以抵扣进项税额=10÷（1+3%）×3%=0.29（万元），少抵进项税额=1.15-0.29=0.86（万元）。很明显，从大型商场采购更划算。但如果小卖部为不失去该笔业务，答应除了去税务机关代开增值税专用发票外，总价再便宜 0.5 万元，只需 9.5 万元，企业应怎样决策？

验证：根据上面计算得知，从大型商场处采购，可以抵扣进项税额为 1.15 万元；从小卖部处采购可以抵扣进项税额为 0.29 万元，所以从大型商场采购可以少抵进项税 0.86 万元，即多交增值税 0.86 万元，价格才便宜 5 000 元。

因此，应向大型商场（一般纳税人）采购。

① 当 $Y \div (1+3\%) \geqslant X \div (1+A\%)$ 时，应该选择具有一般纳税人资格的供应商。

例如，$100 \div (1+3\%) \geqslant 109 \div (1+13\%)$，$97.09 \geqslant 96.46$。

② 当 $Y \div (1+3\%) < X \div (1+A\%)$ 时，可以优先选择小规模纳税人供应商。

例如，$100 \div (1+3\%) < 110 \div (1+13\%)$，$97.09 < 97.35$。

注：Y 表示选择小规模纳税人供应商的价格；X 表示选择一般纳税人资格的供应商的价格；A 表示一般纳税人增值税税率。

由此可见，当一般纳税人供应价高于小规模纳税人供应价 10% 以上（含 10%）时，选择小规模纳税人供应商有利；反之，应该选择具有一般纳税人资格的供应商。

本例中，大型商场（一般纳税人）供应价 10 万元，小卖部（小规模纳税人）供应价 9.5 万元，前者比后者高 5%，所以选择大型商场采购更有利。

15.1.7　尽早取得增值税专用发票抵扣

抵扣进项税的前提如下。

（1）取得增值税专用发票。

（2）360 天内认证。

（3）认证相符后，认证当月抵扣，只有拿到增值税专用发票才能认证抵扣大额采购；分批购进、分批付款时，尽可能在没付完款时取得全额增值税专用发票，这样可以提高进项税额的抵扣额度。

15.1.8　成立享受即征即退税收优惠政策的关联企业

享受免征增值税政策虽然会降低本企业税负，但会转移税负；享受增值税即征即退政策既不会转移税负，还能降低税负。

（1）增值税一般纳税人销售其自行开发生产的软件产品，按13%税率征收增值税后，对其增值税实际税负超过3%的部分实行即征即退政策。

（2）增值税一般纳税人将进口软件产品进行本地化改造后对外销售，其销售的软件产品可享受（1）中规定的增值税即征即退政策。

本地化改造是指对进口软件产品进行重新设计、改进、转换等，而单纯对进口软件产品进行汉字化处理不包括在内。

15.2 案例分析：增值税处理与税收优惠

15.2.1 某企业集团下属子公司增值税处理

A公司开票享受增值税即征即退政策，抵扣率为13%。

A公司某年销售收入为10 000万元，销项税额为1 300万元。

假设A公司可抵扣的进项税额只有200万元，实际税负超过3%的部分享受即征即退优惠政策，则：A公司应缴纳的增值税税额=1 300-200=1 100（万元），退税额=1 100-10 000×3%=800（万元）。

15.2.2 某企业开发软件享受政策优惠

某工业企业2014年销项税额为6 000万元，进项税额为3 000万元，缴纳增值税3 000万元；另外2016年该企业还计划上马一条生产流水线，需要开发复杂的软件控制流水线的生产。其决定进行税务筹划。该企业认真研究了财税〔2011〕100号文件之后，2015年初决定成立一个软件企业，专门为原企业研发控制生产流水线的软件，并申请了增值税实际税负超过3%的部分实行即征即退的优惠政策。

2015年该软件企业销售为工业企业开发的软件，实现不含税销项收入为 10 000 万元，销项税额为 1 300 万元，进项税额为 500 万元。则工业企业可抵扣 1 300 万元，少交增值税 1 300 万元；软件企业应纳增值税税额 =1 300–500= 800（万元），应退税额 =800–1 000×3%=500（万元），实际缴纳增值税税额 =800–500=300（万元）。

15.3 企业销售业务增值税筹划与风险防范

15.3.1 改直接销售为代销

根据《中华人民共和国增值税暂行条例》（中华人民共和国国务院令第538号）和《中华人民共和国增值税暂行条例实施细则》（财政部国家税务总局第50号令）的规定，增值税纳税义务发生时间：

销售货物或者应税劳务，为收讫销售款项或者取得索取销售款项凭据的当天；先开具发票的，为开具发票的当天。按销售结算方式的不同，具体为：

（1）采取直接收款方式销售货物，不论货物是否发出，均为收到销售款或者取得索取销售款凭据的当天；

（2）采取托收承付和委托银行收款方式销售货物，为发出货物并办妥托收手续的当天；

（3）采取赊销和分期收款方式销售货物，为书面合同约定的收款日期的当天，无书面合同的或者书面合同没有约定收款日期的，为货物发出的当天；

（4）采取预收货款方式销售货物，为货物发出的当天，但生产销售生产工期超过 12 个月的大型机械设备、船舶、飞机等货物，为收到预收款或者书面合同约定的收款日期的当天；

（5）委托其他纳税人代销货物，为收到代销单位的代销清单或者收到全部或者部分货款的当天。未收到代销清单及货款的，为发出代销货物满 180 天的

当天;

（6）销售应税劳务，为提供劳务同时收讫销售款或者取得索取销售款的凭据的当天;

（7）纳税人发生《中华人民共和国增值税暂行条例实施细则》第四条第（三）项至第（八）项所列视同销售货物行为，为货物移送的当天。

代销方式有以下几种。

① 买断。

买断是指委托方与受托方签订协议，委托方按照协议收取所代销的货款，实际售价可由受托方自定，实际售价与协议价之间的差额归受托方所有。

委托方在交付商品时不确认销售收入，受托方也不做购进处理。受托方将其商品销售后按实际售价确认收入，并向委托方开具代销清单;委托方收到代销清单后确认销售收入。

② 收取手续费。

收取手续费是指受托方根据所代销的商品数量，向委托方收取手续费，以作为其劳务收入，受托方应按规定缴纳增值税;委托方在收到受托方的代销清单后确认销售收入。

代销与直销相比，其销售收入的确认和纳税义务的发生时间都会滞后，从而可使企业获得一定的延期纳税利益。

此外，企业支付的代销手续费还可以在销售费用中列支，并进行所得税税前扣除。

案例 某电视机生产企业采用委托代销的方式节税。

2019年4月9日，某电视机生产企业向商场销售电视机一批，不含税价款为200万元，增值税税率为13%，商场表示流动资金紧张，5个月之后才能付款。电视机生产企业与商场签订委托代销彩电的协议，企业在发出彩电时不用交税，纳税义务推迟到收到商场的代销清单的当天。

假设2019年9月9日，商场提供了代销清单并将货款一并交付，该企业的纳税义务就推迟到2019年的9月9日。

如果商场2019年11月7日才提供代销清单，企业必须在2019年10月5日（第180天）确认收入并缴纳增值税;相反，如果商场资金充裕，2019年8月9日就支付了货款，则企业8月就应该缴纳26万元的增值税。

15.3.2　兼营销售

纳税人销售货物、加工修理修配劳务、服务、无形资产或者不动产适用不同税率或者征收率的，应当分别核算适用不同税率或者征收率的销售额，未分别核算销售额的，按照以下方法适用税率或者征收率。

（1）兼有不同税率的销售货物、加工修理修配劳务、服务、无形资产或者不动产，从高适用税率。

（2）兼有不同征收率的销售货物、加工修理修配劳务、服务、无形资产或者不动产，从高适用征收率。

（3）兼有不同税率和征收率的销售货物、加工修理修配劳务、服务、无形资产或者不动产，从高适用税率。

企业的主营业务确定以后，其他业务项目即为兼营业务。

例如，供销系统的企业，既经营税率为 13% 的生活资料，又经营税率为 9% 的农业用生产资料等。税法规定，未分别核算的从高适用税率。

所以，分别核算意味着税负的减轻。

15.3.3　混合销售

一项销售行为如果既涉及货物又涉及服务，则为混合销售。从事货物的生产、批发或者零售的单位和个体工商户的混合销售行为，按照销售货物缴纳增值税；其他单位和个体工商户的混合销售行为，按照销售服务缴纳增值税。

上述从事货物的生产、批发或者零售的单位和个体工商户，包括以从事货物的生产、批发或者零售为主，并兼营销售服务的单位和个体工商户在内。

某科研单位为增值税一般纳税人，在 2016 年 6 月转让一项其新研制出来的技术，取得转让收入 120 万元。其中，技术转让费 80 万元，仪器设备费 40 万元。因为该单位不是以从事货物生产、批发或零售为主的企业、企业性单位或个体经营者，其取得的 120 万元混合销售收入，全部按现代服务业 6% 的税率缴纳增值税。

15.3.4 销售收入实现时间的筹划

在我国，税收制度和财务制度两者对于纳税义务发生时间和销售实现时间的确定是不一致的。而企业产品销售收入实际流入时间往往会因为多种原因滞后于纳税义务发生时间。这样不仅会造成企业资金紧缺，而且会丧失延迟纳税的税收屏蔽效应。

销售收入实现时间筹划总的指导思想便是让法定收入时间与实际收入时间一致或晚于实际收入时间，这样企业就能有较为充足的现金用来纳税并享受一笔相当于无息贷款的资金。如采用预收货款方式销售就能创造税收屏蔽效应。

15.3.5 销售方式的筹划

现行税法规定，采用折扣销售方式，如果销售额和折扣额在同一张发票上体现，那么可以以销售额扣除折扣额后的余额为计税金额。

现金折扣不得从销售额中扣除。

销售折让可以从货物或应税劳务的销售额中扣除，以其余额计缴增值税。

采用以旧换新销售方式销售的货物，应按新货物的同期销售价格计缴税款，旧货物的支出不得从销售额中扣除。

在销售方式的筹划过程中，应掌握以下原则。

（1）未收到货款不开发票。

（2）尽量避免采用托收承付与委托收款的结算方式，防止垫付税款。

（3）在赊销方式或分期收款结算方式中，避免垫付税款。

（4）尽可能采用支票、银行本票和汇兑结算方式。

（5）多用折扣销售方式刺激市场。

15.3.6 销售地点的筹划

利用销售地点进行税务筹划往往需要涉及其他企业。在国内应充分利用低税区，在国外应充分利用避税地、避税港。全球几百个国家和地区，其经济发展水平各不相同，采用不同的税制是必然的。

国内在不同地区间实施不同的优惠政策也是必不可少的。因此，销售地点的税务筹划具有永恒性。

15.3.7　改直接销售为赊销

根据《中华人民共和国增值税暂行条例实施细则》第三十八条第三款的规定，采用赊销和分期收款方式销售货物，可以在合同约定的收款日期确认收入，计算缴纳增值税，把纳税义务推迟到合同约定的收款日期，而在从发出货物到收款这期间，不用缴纳增值税。

案例　采用赊销方式销售货物的应用。

2018 年 8 月 5 日，某企业销售产品一批，不含税售价为 100 万元，成本价为 70 万元，增值税税率为 13%，预计客户近期资金比较紧张，客户不能在收到货物后立刻付款，一年以后才能付款的可能性非常大。

如果签订赊销合同，并约定收款日期为 2019 年 8 月 5 日，即采用赊销方式销售，发出货物时不用确认收入、计算销项税额。发出货物时，会计处理如下。

借：发出商品　　　　　　　　　　　　　　　　　　　700 000

　　贷：库存商品　　　　　　　　　　　　　　　　　　700 000

2019 年 8 月 5 日收到货款时，会计处理如下。

借：银行存款　　　　　　　　　　　　　　　　　　1 130 000

　　贷：主营业务收入　　　　　　　　　　　　　　　1 000 000

　　应交税费——应交增值税（销项税额）　　　　　　130 000

15.3.8　改直接销售为分期收款方式销售

采用分期收款方式销售货物，也可以在合同约定的收款日期确认收入，计算缴纳增值税，避免货款没收到还要垫付税款。

案例　采用分期收款方式销售货物的应用。

2019 年 7 月 25 日，某企业销售产品一批，不含税售价为 8 000 万元，成本价为 5 000 万元，由于设备价款很高，客户不能在收到货物后立刻结清货款，因此，其给出的付款计划是：2019 年 7 月 25 日付款 2 000 万元，2019 年 9 月 25 日付款 3 000 万元，2019 年 12 月 25 日付款 3 000 万元。

企业以分期收款方式销售货物，如果书面合同约定了收款日期，则为书面合同约定的收款日期的当天，确认收入的实现，应该开具发票，计算缴纳增值税和企业所得税。

分期确认收入知和结转成本，即企业应按照合同约定的收款日期确认销售收入；同时按商品全部销售成本与全部销售收入的比率计算出本期应结转的销售成本。

此时的具体会计处理为：发出商品时，借记"发出商品"科目，贷记"库存商品"科目；实际分次收取货款时，借记"银行存款"科目，贷记"主营业务收入""应交税费——应交增值税（销项税额）"科目。同时结转销售成本，借记"主营业务成本"科目，贷记"发出商品"科目。

在新会计准则中，分期收款销售是按公允价值即分期收款总额的现值一次性确认收入的金额，在销售额与增值税计税基础不相同的情况下，就会出现不知如何开具增值税专用发票等问题，从而可见分期收款销售的税务处理和会计准则的规定存在较大差异。

15.3.9　商品移库

与购货单位签订仓库租赁协议，将双方收付的货款列入往来款项。

仓库租赁合同是出租人将仓库交付承租人使用、获取收益，承租人支付租金的合同。仓库租赁合同属于房屋租赁合同的一种，与其他房屋租赁合同相比，其特点在于租赁标的是仓库而不是普通房屋，租赁的目的通常是工业和商业目的而不是居住。

15.3.10　不动产买卖的增值税避税

根据 2016 年房地产业、建筑业、金融业、生活服务业四大行业"营改增"主体文件——财税〔2016〕36 号文件附件 2《营业税改征增值税试点有关事项的规定》和其他相关规定，可知以下情况。

一般纳税人销售其 2016 年 4 月 30 日前取得（不含自建）的不动产，可以选择适用简易计税方法，以取得的全部价款和价外费用减去该项不动产购置原价或者取得不动产时的作价后的余额为销售额，按照 5% 的征收率计算应纳税额。

一般纳税人销售其 2016 年 5 月 1 日后取得（不含自建）的不动产，应适用一般计税方法，以取得的全部价款和价外费用为销售额计算应纳税额。纳税人应以取得的全部价款和价外费用减去该项不动产购置原价或者取得不动产时的作价后的余额，按照 5% 的预征率在不动产所在地预缴税款后，向机构所在地主管税务机关进行纳税申报。

销售不动产的增值税税率变化：2016 年 4 月 30 日以前为 5%；2016 年 5 月 1 日以后，2018 年 5 月 1 日以前为 11%；2018 年 5 月 1 日以后，2019 年 4 月 1 日以前为 10%，2019 年 4 月 1 日以后为 9%。

可见，销售 2016 年 4 月 30 日前取得（不含自建）的不动产税率为 5%，购买 2016 年 5 月 1 日后取得（不含自建）的不动产，可用于抵扣的税率高于 5%。利用这两者之间的税率差可降低增值税税负。

案例　某企业加大不动产投资以降低增值税税负。

2019 年 8 月，某企业销项税额为 2 500 万元，进项税额为 800 万元，需要缴纳增值税 1 700 万元。预计今后一段时间内销项税额都会比较大，增值税负担会比较重。同时该企业的生产车间的厂房比较破旧，并且还经常漏雨。

该企业决定于 2019 年 8 月投资 10 000 万元用于购置新厂房，则 2019 年 8 月的进项税额 =800+10 000÷（1+9%）×9%=800+825.69=1 625.69（万元），当月应缴纳的增值税税额 =2 500-1 625.69=874.31（万元），少交增值税税额 =1 700-874.31=825.69（万元）。

第 16 章
企业所得税筹划与风险防范

16.1 企业所得税筹划技巧

16.1.1 利用结转亏损进行筹划

利用结转亏损进行企业所得税筹划主要有以下两种方法。

第一种，如果某年度发生亏损，尽量使邻近的纳税年度获得较多的收益，也就是尽可能早地将亏损予以弥补。

第二种，如果企业没有需要弥补的亏损或是企业刚刚组建，而亏损在最近几年又是不可避免的，那么应尽量安排企业先亏损，再盈利。

16.1.2 将利息变为其他支出进行筹划

当企业发生的利息支出超过允许扣除的数额时，企业可以将超额的利息转变为其他可以扣除的支出，如通过工资、奖金、劳务报酬或者利润转移的方式支付利息，从而减轻所得税负担。

16.1.3　利用国债利息免税的优惠政策进行筹划

国债利息收入是指企业持有国务院财政部门发行的国债取得的利息收入。企业买入国债获得的利息收入免征企业所得税。

16.1.4　利用企业捐赠进行筹划

企业捐赠时应该注意符合税法的规定：应当通过特定的机构进行捐赠，而不能自行捐赠；应当将捐赠用于公益性目的，而不能用于其他目的。如果企业在当年的捐赠达到了限额，可以考虑在下一个纳税年度再进行捐赠，或者将一项捐赠分成两次或者多次进行。

16.1.5　利用个人接受捐赠免税政策进行筹划

个人接受捐赠的财产不缴纳个人所得税，而企业接受捐赠的财产要缴纳企业所得税。因此，某主体如果向企业捐赠，则接受捐赠的企业需要缴纳企业所得税；如果捐赠人向企业的股东个人捐赠，股东再将该捐款或物资出资到该企业中，那么相当于捐赠人直接向企业捐赠，但可避免缴纳企业所得税。

16.1.6　利用小型微利企业低税率优惠政策进行筹划

符合条件的小型微利企业，减按 20% 的税率征收企业所得税。国家重点扶持的高新技术企业，减按 15% 的税率征收企业所得税。

16.1.7　利用有限责任公司与个人独资企业、合伙企业的互换进行筹划

不同类型的企业所缴纳的所得税是不同的，具有法人资格的有限责任公司和股份有限公司缴纳企业所得税，不具有法人资格的个人独资企业和合伙企业则只需要由投资者缴纳个人所得税。因此可以通过企业形态之间的互换进行税务筹划。

16.1.8　利用个人独资企业分立，降低累进税率进行筹划

当个人独资企业拥有多项具有相对独立性的经营业务时，可以采用分立个人独资企业的方式创办多家个人独资企业，这样可以降低每个企业的应纳税所得额，从而降低所适用的税率，并减轻整体的税收负担。

16.1.9　利用承包集体企业进行筹划

企业实行个人承包、承租经营后，通过工商登记变为个体工商户的，应当按照个体工商户的生产、经营所得计征个人所得税，不再缴纳企业所得税。企业可以充分利用这些规定，通过企业形式的变换最大限度减轻企业税负。

16.1.10　利用注册地点进行筹划

凡是在经济特区、沿海经济开发区、经济特区和经济技术开发区所在城市的老市区以及国家认定的高新技术产业区、保税区设立的生产、经营、服务型企业和从事高新技术开发的企业，都可享受较大程度的税收优惠。中、小企业在选择注册地点时，可以有目的地选择在以上特定区域从事投资和生产经营，从而享受更多的税收优惠。

16.1.11　利用管理费用进行筹划

企业计提坏账准备时应借记"信用减值损失"科目，贷记"坏账准备"科目，这样，利用坏账准备的计提比例，可增加"信用减值损失"科目的金额，从而减少当年的利润，进而降低企业所得税税负。

企业可以尽量缩短折旧年限，这样可使当期折旧金额增加、利润减少，从而降低企业所得税税负。另外，采用的折旧方法不同，计提的折旧额相差会很大，最终也会影响企业所得税的多少。

16.1.12　利用职工福利进行筹划

中、小企业及私营业主在生产经营过程中，可考虑在不超过计税工资的范畴内适当提高员工工资，为员工设置养老基金、失业保险基金和职工教育基金等统筹基金，因为这些费用可以在成本中列支，同时也能够帮助私营业主调动员工积

极性，减轻税负，降低经营风险和福利负担，从而，企业能以较低的成本支出赢得良好的综合效益。

16.1.13　利用销售结算进行筹划

企业可以根据自身的实际情况，通过选择不同的销售结算方式，尽可能推迟收入确认的时间。延迟纳税会给企业带来意想不到的节税效果。

16.1.14　利用转移定价进行筹划

转移定价一般适用于税率有差异的关联企业。税率高的企业可以通过转移定价将部分利润转移到税率低的企业，以最终减少两家企业的纳税总额。

16.1.15　利用费用分摊进行筹划

费用分摊就是指企业在保证必要的费用支出的前提下，想方设法通过账目找到平衡，使费用在被摊入成本时尽可能实现最大摊入，从而最大限度地减轻税收负担。

16.1.16　利用资产租赁进行筹划

租赁是指出租人以收取租金为条件，在契约或合同规定的期限内，将资产租借给承租人使用的一种经济行为。对承租人来说，租赁可以避免企业承受购买机器设备的负担和设备陈旧过时的风险，由于租金可从税前利润中扣减，可冲减利润，从而达到减轻税收负担的目的。

16.2　企业所得税政策的应用

（1）财税〔2018〕54 号文件规定，企业在 2018 年 1 月 1 日至 2020 年

12月31日期间新购进的设备、器具，单位价值不超过500万元的，允许一次性计入当期成本费用在计算应纳税所得额时扣除，不再分年度计算折旧。

上述政策是一项税收政策，不是一项会计核算政策，即税前一次性扣除是指在计算当期应纳企业所得税时，允许在应纳税所得额中提前一次性扣除，而不是在当期会计利润中一次性扣除，不是不计入固定资产。

会计核算按会计准则进行，税务申报按税收政策进行。

进行账务处理时，需要按照固定资产折旧方法计提折旧；进行企业所得税处理时，一次性计入当期成本费用，由此产生的差异是暂时性差异，企业在会计核算时，应按照《企业会计准则第18号——所得税》的规定，采用资产负债表债务法进行核算，计算暂时性差异，以确认递延所得税负债。

（2）《财政部 税务总局关于实施小微企业普惠性税收减免政策的通知》（财税〔2019〕13号）规定，对小型微利企业年应纳税所得额不超过100万元的部分，减按25%计入应纳税所得额，按20%的税率缴纳企业所得税；对年应纳税所得额超过100万元但不超过300万元的部分，减按50%计入应纳税所得额，按20%的税率缴纳企业所得税。

16.2.1 案例：某企业一次性购入价值500万元以下设备的税务处理

某一般纳税人2019年6月30日购进生产用乙设备1台，价款以银行存款支付，含税价为452万元，取得增值税专用发票，增值税税率为13%。该设备可以按规定抵扣进项税额。该设备预计可使用年限为10年，预计净残值为0，会计上按直线法计提折旧，税法上按照上述优惠政策计提折旧。企业所得税税率为25%。

（1）2019年6月30日购进乙设备时，账务处理如下。

借：固定资产——生产用固定资产（乙设备）　　　　　4 000 000

　　应交税费——应交增值税（进项税额）　　　　　　 520 000

　　　贷：银行存款　　　　　　　　　　　　　　　　　　 4 520 000

（2）计提折旧。

每年应计提折旧额 = 400 ÷ 10 = 40（万元），2019年应计提6个月折旧额（投入使用月份的次月起计算折旧），为20万元。当年计提折旧的账务处理如下。

借：制造费用	200 000
贷：累计折旧	200 000

（3）纳税调整。

① 税务上 2019 年按优惠政策计提折旧 400 万元，因折旧产生的税会差异应调减应纳税所得额 = 400-20=380（万元）。

②A 设备期末账面价值 = 400-20=380（万元），计税基础 =400-400=0（万元），前者大于后者 380 万元，属于应纳税暂时性差异，应确认递延所得税负债 = 380×25%=95（万元）。确认递延所得税负债的账务处理如下。

借：所得税费用	950 000
贷：递延所得税负债	950 000

（4）后期调整。

以后年度，该企业每年都会涉及税会差异的调整，递延所得税负债也会随着折旧的完成而最终结平。

第 2 年提取折旧 40 万元，A 设备期末账面价值 =400-20-40=340（万元），计税基础为 0，应确认应纳税暂时性差异 340 万元，由于上期已确认 380 万元，所认本期应转回 40 万元，即本期应冲减递延所得税负债 =40×25%=10（万元）。相关账务处理如下。

借：递延所得税负债	100 000
贷：所得税费用	100 000

16.2.2　案例：小微企业优惠政策的应用——年销售收入、应纳税所得额筹划

小微企业应采用全面预算管理方式，设定营业收入、营业成本、管理费用、销售费用、财务费用、营业外收入、营业外支出等指标，并按季度考核。

小微企业进行年终结算以前，可通过调整材料计价、周转材料分摊方法等措施，使年应纳税所得额不超过 300 万元，从而实现享受《财政部 税务总局关于实施小微企业普惠性税收减免政策的通知》（财税〔2019〕13 号）中规定的普惠性税收减免政策。

16.3　准予扣除项目的确认与调整

16.3.1　工资、薪金支出

企业发生的合理的工资、薪金支出准予税前扣除。

16.3.2　职工福利费

企业实际发生的满足职工共同需要的集体生活、文化、体育等方面的职工福利费支出，不超过工资薪金总额 14% 的部分，准予扣除。

16.3.3　工会经费

企业拨缴的工会经费，不超过工资薪金总额 2% 的部分准予扣除。根据国家税务总局公告 2010 年第 24 号文件的规定，企业拨缴的职工工会经费，凭工会组织开具的《工会经费收入专用收据》在企业所得税税前扣除；根据国家税务总局公告 2011 年第 30 号文件的规定，自 2010 年 1 月 1 日起，在委托税务机关代收工会经费的地区，企业拨缴的工会经费，也可凭合法、有效的工会经费代收凭据依法在税前扣除。

16.3.4　职工教育经费

《财政部 税务总局关于企业职工教育经费税前扣除政策的通知》（财税〔2018〕51 号）的规定如下。

（1）企业发生的职工教育经费支出，不超过工资薪金总额 8% 的部分，准予在计算企业所得税应纳税所得额时扣除；超过部分，准予在以后纳税年度结转扣除。

（2）本通知自 2018 年 1 月 1 日起执行。

16.3.5　社会保险费和住房公积金

企业按照国务院有关主管部门或省级人民政府规定的范围和标准为职工缴纳的"五险一金"，准予税前扣除。

企业缴纳的补充养老保险费（即企业年金）、补充医疗保险费，在自愿的基础上，由企业和员工共同缴费构成。不超过自愿参保职工工资总额 5% 标准内的部分，允许在税前扣除。超过部分不得扣除。

企业为投资者或者职工向商业保险机构投保的人身保险、财产保险等商业保险费，不得扣除。

上述内容的依据为《中华人民共和国企业所得税法实施条例》第四十二条等。

16.3.6　公益金捐赠支出

《财政部 国家税务总局关于公益性捐赠支出企业所得税税前结转扣除有关政策的通知》（财税〔2018〕15 号）的规定如下。

企业通过公益性社会组织或者县级（含县级）以上人民政府及其组成部门和直属机构，用于慈善活动、公益事业的捐赠支出，在年度利润总额 12% 以内的部分，准予在计算应纳税所得额时扣除；超过年度利润总额 12% 的部分，准予结转以后三年内在计算应纳税所得额时扣除。

16.3.7　利息支出

企业在生产经营活动中发生的下列利息支出，准予扣除。

（1）非金融企业向金融企业借款的利息支出、企业经批准发行债券的利息支出等。

（2）非金融企业向非金融企业、向股东或其他与企业有关联的自然人、向内部职工或其他人员借款的利息支出，不超过按照金融企业同期同类贷款利率计算的数额部分。

（3）对于采用实际利率法确认的与金融负债相关的利息费用，未超过银行同期贷款利率的部分。

16.3.8　汇兑损失

企业在货币交易中以及纳税年度终了时，将人民币以外的货币性资产、负债，按照期末即期人民币汇率中间价折合为人民币时产生的汇兑损失，除已经计入有关资产成本以及与向所有者进行利润分配相关的部分外，准予扣除。

16.3.9　借款费用

借款费用是指企业因借款而发生的利息支出、因发行债券而发生的利息支出及其折价或溢价摊销、因外币借款而发生的汇兑差额，以及手续费、佣金、印刷费、承诺费等辅助费用。它反映的是企业因举债所付出的代价。

企业在生产经营活动中发生的合理的不需要资本化的借款费用，准予在税前扣除。

16.3.10　业务招待费

所谓业务招待费，是指企业为生产、经营业务的合理需要而支付的应酬费用。它是企业生产经营中所发生的实实在在的、必需的费用支出，是企业进行正常经营活动必要的一项成本费用。由于其直接影响国家的税收，税法对其税前扣除有限定——仅允许按一定标准扣除。

《中华人民共和国企业所得税法实施条例》第四十三条规定，企业发生的与生产经营活动有关的业务招待费支出，按照发生额的 60% 扣除，但最高不得超过当年销售（营业）收入的 5‰。

一般情况下企业的业务招待费包括两部分：一是日常性业务招待费支出，如餐饮费、住宿费、交通费等；二是重要客户的业务招待费，即除前述支出外，还有赠送给客户的礼品费、正常的娱乐活动费、安排客户旅游的费用等。

案例　如果企业 10 年的销售收入为 1 000 万元，招待费实际发生额为 6 万元，税前准予扣除为多少？如招待费实际发生额为 4 万元，税前准予扣除为多少？如招待费实际发生额为 10 万元，税前准予扣除为多少？

（1）销售收入为 1 000 万元，招待费实际发生额为 6 万元，按照发生额的 60% 扣除，税前扣除额为 3.6 万元。

（2）销售收入为 1 000 万元，招待费实际发生额为 4 万元，按照发生额的 60% 扣除，税前扣除额为 2.4 万元。

（3）销售收入为 1 000 万元，招待费实际发生额为 10 万元，按照发生额的 60% 扣除，税前扣除额为 6 万元，但最高不得超过当年销售（营业）收入的 5‰，即 5 万元。因此，只能在税前扣除 5 万元，超过 5 万元部分不能税前扣除。

对于收入的确认，要特别强调一下"财产转让收入"。需要注意的是，转让无形资产所有权收入，转让固定资产所有权收入归属营业外收入；而无形资产使用权收入（特许权使用费）和固定资产使用权收入（租赁收入），应归属其他业务收入。而对从事股权投资业务的企业（包括集团公司总部、创业投资企业等），其从被投资企业所分配的股息、红利以及股权转让收入，实际上就是企业的主营业务收入，所以可以按规定比例计算业务招待费扣除限额。

16.3.11　广告费和业务宣传费

企业发生的符合条件的广告费和业务宣传费支出，除国家财政、税务主管部门另有规定外，不超过当年销售（营业）收入额（含视同销售收入）15% 的部分，准予扣除；超过部分，准予在以后年度结转扣除。

企业申报的广告费支出，必须符合下列条件。

（1）广告是通过工商部门批准的专门机构制作的。

（2）已实际支付，并已取得相应发票。

（3）通过一定的媒体传播。

案例　某公司广告费管控。

某公司 2012 年"主营业务收入"科目贷方发生额为 3 200 万元，"其他业务收入"科目贷方发生额为 30 万元，以物抵债商品的不含税销售价格为 15 万元，"营业外收入"科目贷方发生额为 5 万元，全部是出售固定资产清理净收益。"销售费用——广告费"支出为 500 万元，当期利润总额为 650 万元。

广告费计提基数 =3 200+30+15=3 245（万元）。

广告费扣除限额 =3 245×15%=486.75（万元）。

应调增应纳税所得额 =500-486.75=13.25（万元）。

递延所得税资产 =13.25×25%=3.312 5（万元）=33 125（元）。

应交企业所得税 =（650+13.25）×25%=165.81（万元）=1 658 125(元)。

账务处理如下。

借：所得税费用　　　　　　　　　　　　　　　　　　　　1 625 000

　　递延所得税资产　　　　　　　　　　　　　　　　　　　 33 125

　　　　贷：应交税费——应交所得税　　　　　　　　　1 658 125

16.3.12　资产损失

　　未实施《企业会计准则》的企业，对应收款项不计提坏账准备。逾期三年以上的应收款项在会计上已作为损失处理的，可以作为坏账损失；企业逾期一年以上、单笔金额不超过5万元或者不超过企业年度收入总额万分之一的应收款项，会计上已经作为损失处理的，可以作为坏账损失，但均应说明情况，并出具专项报告。

16.3.13　长期待摊费用

　　根据《企业会计准则》及其相关规定，"长期待摊费用"科目用于核算企业已经支出，但摊销期限在1年以上（不含1年）的各项费用，包括固定资产修理支出、租入固定资产的改良支出以及摊销期限在1年以上的其他待摊费用。

　　税法对长期待摊费用范围的规定如下。

　　企业发生的下列支出作为长期待摊费用按照规定摊销的，准予扣除。

　　（1）已提足折旧的固定资产的改建支出。

　　（2）固定资产的改建支出。

　　（3）固定资产的大修理支出。

　　（4）其他应当作为长期待摊费用的支出，如企业在筹建期间发生的开（筹）办费等。

16.3.14　商业折扣

　　财税〔2016〕36号文件规定，纳税人采取折扣方式销售货物，销售额和折扣额在同一张发票上分别注明的，可按折扣后的销售额征收增值税；未在同一张发票"金额"栏注明折扣额，而仅在发票的"备注"栏注明折扣额的，折扣额不得在销售额度中扣除。

　　有关商业折扣的处理，税法同会计制度均有明确规定，而且规定也是一致的，因此不需要进行纳税调整。

16.3.15　现金折扣

财税〔2016〕36 号文件规定，债权人为鼓励债务人在规定的期限内付款而向债务人提供的债务扣除属于现金折扣，销售商品涉及现金折扣的，应当按扣除现金折扣前的金额确定销售商品收入金额，现金折扣在实际发生时作为财务费用扣除。

对于增值税来说，如果折扣发生在开具发票之时，根据财税〔2016〕36 号文件的规定，如果销售额和折扣额在同一张发票上分别注明的，可按折扣后的销售额征收增值税，如果将折扣额另开红字发票，不论其在财务制度上如何处理，均不得在销售额中减除。

如果折扣发生在开具发票之后，由购货方主管税务机关出具《开具红字增值税专用发票通知单》，购货方作进项税额转出处理，销货方开具红字专用发票，进行销项负数处理。

在会计上采用总价法对现金折扣的处理与在税法上对现金折扣的处理基本一致，因此不需要进行纳税调整。

16.3.16　分期收款

（1）税法规定。

《中华人民共和国企业所得税法实施条例》第二十三条规定如下。

①以分期收款方式销售货物的，按照合同约定的收款日期确认收入的实现。

②企业受托加工制造大型机械设备、船舶、飞机，以及从事建筑、安装、装配工程业务或者提供其他劳务等，持续时间超过 12 个月的，按照纳税年度内完工进度或者完成的工作量确认收入的实现。

（2）企业会计准则规定。

《企业会计准则第 14 号——收入》规定，企业以分期收款方式销售货物的，商品已经支付，货款分期收回（通常为超过 3 年），如果延期收取的货款具有融资性质，其实质是企业向购货方提供免息的信贷，则企业应当按照应收的合同或协议价款的公允价值确定收入金额，即企业不需要分期确认销售商品的收入。

可见，上述税法的规定与企业会计准则的规定不同。

（3）企业会计准则与税法规定的差异调整。

① 销售收入确认的时限不同。

企业会计准则规定分期收款销售在满足收入的确认条件时一次性确认收入的实现；税法规定按合同约定的收款日期分期确认收入的实现。

纳税调整的方法是：将本期未实现融资收益摊销额和本期会计确认的销售收入之和，与本期税法确认的销售收入对比，两者的差额调整应纳税所得额。

② 每期确认的销售收入和收入总额不同，但在整个回收期内企业确认的收入总额是一致的。

企业会计准则规定分期收款销售按应收合同或协议价款的公允价值（折现值）确认为收入的金额，按应收的合同或协议价款与其公允价值的差额，确认"未确认融资收益"，在合同或协议期间内采用实际利率法进行摊销，并冲减财务费用。而税法规定按合同或协议约定的金额确认为收入的金额。

此差异导致长期应收款及一年内到期的非流动资产的账面价值大于计税基础，形成了应纳税暂时性差异，在货款回笼期内会计确认的销售收入与未实现融资收益摊销额之和，与税法确认的销售收入的差额，进行纳税调整处理。

③ 销售成本结转的方式和金额不同。

企业会计准则规定分期收款销售在确认时一次性结转销售成本；税法规定按照合同约定的收款日期分期结转销售成本，与分期确认收入相配比。

此差异导致存货的账面价值小于计税基础，形成了可抵扣暂时性差异。纳税调整的方法是：将本期会计结转的销售成本，与税法结转的销售成本对比，两者的差额调整应纳税所得额。

16.3.17　手续费和销售佣金

《财政部 国家税务总局关于企业手续费及佣金支出税前扣除政策的通知》（财税〔2009〕29号）的规定如下。

企业发生与生产经营有关的手续费及佣金支出，不超过以下规定计算限额以内的部分，准予扣除；超过部分，不得扣除。

（1）保险企业：财产保险企业按当年全部保费收入扣除退保金等后余额的15%（含本数，下同）计算限额；人身保险企业按当年全部保费收入扣除退保金等后余额的10%计算限额。

（2）其他企业：按与具有合法经营资格中介服务机构或个人（不含交易双方及其雇员、代理人和代表人等）所签订服务协议或合同确认的收入金额的 5% 计算限额。

第 17 章
企业其他税种筹划

17.1 资源税筹划

17.1.1 资源税征税范围与基本技巧

资源税征税范围包括原油、天然气、煤炭、其他非金属矿原矿、黑色金属矿原矿、有色金属矿原矿、盐等 7 类。

资源税筹划的基本技巧：利用折算比例筹划，利用相关产品筹划，准确核算筹划。

17.1.2 煤炭资源税筹划

煤炭主要涉及税种有增值税和资源税，增值税适用 13% 的税率，资源税实行定额，按应税数量定额征收，但税率因地域煤矿级差不同而异。至于资源税的筹划，要做好长期的筹划，并合理、合法地针对相关税法政策采取措施。

煤炭资源税筹划包括产量平衡、税负平衡和煤矿级差平衡。

17.2　房产税筹划

17.2.1　预售购房款挂往来

将预售购房款挂往来，即将预售购房款以往来款项记账，使得应该马上缴纳的税款变成往来流动资金，这是房地产开发企业普遍采用的一种手段。

17.2.2　预收房款未确认收入

对预收房款只开具收据，不开具发票，在账务处理上不做预收处理或根本就另外记一套流水账，供内部掌握，从而隐瞒收入或不按收入原则确认收入。

17.2.3　不按照合同约定的时间确认收入

不按照合同约定的时间确认收入，即以各种理由，如未清算、未决算或者商品房没有销售完毕等拖延缴纳企业所得税。

17.2.4　随意调整税款申报数额

有些房地产开发企业由于资金紧张，在年度内随意调整税款的申报数额，通常做法是年初、年中减少申报数额，年末全部缴清。

17.2.5　钻政策"空子"，不及时清算土地增值税

企业开发项目应在全部竣工结算或销售完毕后清算土地增值税。而部分开发商迟迟不结算或者是故意留一、两套尾房，导致无法进行整个项目的结算，影响土地增值税及时足额入库。

17.2.6　任意扩大成本开支范围

企业预收的售楼款甚至收取的全部售房款，不计入收入或在账外循环，从而少纳或不纳销售不动产增值税及附加等。

17.2.7　不按收入原则确认收入

以房抵债、商品房自用不按收入原则确认收入。即以商品房抵顶工程款，只在与工程队的往来账上记载，而不做相应的收入调整；将代理销售商手续费支出直接从售楼款收入中抵减，而从代理商处收取的楼款净增额为计税营业额，以此少缴增值税。

17.2.8　多转经营成本

扩大拆迁安置补偿面积，减少可售面积，多转经营成本。

17.2.9　少缴增值税和企业所得税

无正当理由降低销售商品房价格，从而达到少缴增值税和企业所得税的目的。

17.3　契税筹划

17.3.1　新免征契税政策

《财政部 税务总局关于继续支持企业事业单位改制重组有关契税政策的通知》（财税〔2018〕17号）有关规定如下。

1. 企业改制

企业按照《中华人民共和国公司法》有关规定整体改制，包括非公司制企业改制为有限责任公司或股份有限公司，有限责任公司变更为股份有限公司，股份有限公司变更为有限责任公司，原企业投资主体存续并在改制（变更）后的公司中所持股权（股份）比例超过75%，且改制（变更）后公司承继原企业权利、义务的，对改制（变更）后公司承受原企业土地、房屋权属，免征契税。

2. 事业单位改制

事业单位按照国家有关规定改制为企业，原投资主体存续并在改制后企业中出资（股权、股份）比例超过 50% 的，对改制后企业承受原事业单位土地、房屋权属，免征契税。

3. 公司合并

两个或两个以上的公司，依照法律规定、合同约定，合并为一个公司，且原投资主体存续的，对合并后公司承受原合并各方土地、房屋权属，免征契税。

4. 公司分立

公司依照法律规定、合同约定分立为两个或两个以上与原公司投资主体相同的公司，对分立后公司承受原公司土地、房屋权属，免征契税。

5. 企业破产

企业依照有关法律法规规定实施破产，债权人（包括破产企业职工）承受破产企业抵偿债务的土地、房屋权属，免征契税；对非债权人承受破产企业土地、房屋权属，凡按照《中华人民共和国劳动法》等国家有关法律法规政策妥善安置原企业全部职工规定，与原企业全部职工签订服务年限不少于三年的劳动用工合同的，对其承受所购企业土地、房屋权属，免征契税；与原企业超过 30% 的职工签订服务年限不少于三年的劳动用工合同的，减半征收契税。

6. 资产划转

对承受县级以上人民政府或国有资产管理部门按规定进行行政性调整、划转国有土地、房屋权属的单位，免征契税。

同一投资主体内部所属企业之间土地、房屋权属的划转，包括母公司与其全资子公司之间，同一公司所属全资子公司之间，同一自然人与其设立的个人独资企业、一人有限公司之间土地、房屋权属的划转，免征契税。

母公司以土地、房屋权属向其全资子公司增资，视同划转，免征契税。

7. 债权转股权

经国务院批准实施债权转股权的企业，对债权转股权后新设立的公司承受原企业的土地、房屋权属，免征契税。

8. 划拨用地出让或作价出资

以出让方式或国家作价出资（入股）方式承受原改制重组企业、事业单位划拨用地的，不属于上述规定的免税范围，对承受方应按规定征收契税。

9. 公司股权（股份）转让

在股权（股份）转让中，单位、个人承受公司股权（股份），公司土地、房屋权属不发生转移，不征收契税。

17.3.2 案例分析

案例 1 签订等价交换合同，享受免征契税政策。

金信公司有一块土地价值 3 000 万元，拟出售给南方公司，然后从南方公司购买其另外一块价值 3 000 万元的土地。双方签订土地销售与购买合同后，金信公司应缴纳契税税额 =3 000×4%=120（万元），南方公司应缴纳契税税额 =3 000×4%=120（万元）。

税务筹划思路：根据《中华人民共和国契税暂行条例》及其实施细则规定，土地使用权、房屋交换，契税的计税依据为所交换的土地使用权、房屋的价格差额，由多交付货币、实物、无形资产或其他经济利益的一方缴纳税款，交换价格相等的，免征契税。

根据上述文件对于免征契税的规定，提出税务筹划方案如下：金信公司与南方公司改变合同订立方式，签订土地使用权交换合同，约定以 3 000 万元的价格等价交换双方土地。根据契税相关政策的规定，金信公司和南方公司各自免征契税 120 万元。

案例 2 签订分立合同，降低契税支出。

红叶实业公司有一个化肥生产车间拟出售给月星化工公司，该化肥生产车间有一幢生产厂房及其他生产厂房附属物，附属物主要为围墙、烟囱、水塔、变电塔、油池油柜、若干油气罐、挡土墙、蓄水池等。该化肥生产车间总占地面积为 3 000 平方米，整体评估价为 600 万元（其中生产厂房评估价为 160 万元，3 000 平方米土地评估价为 240 万元，其他生产厂房附属物评估价为 200 万元），月星化工公司按整体评估价 600 万元购买，应缴纳契税税额 = 600×4% = 24（万元）。

税务筹划思路：《财政部 国家税务总局关于房屋附属设施有关契税政策的批复》（财税〔2004〕126 号）的规定如下。

（1）对于承受与房屋相关的附属设施（包括停车位、汽车库、自行车库、顶层阁楼以及储藏室，下同）所有权或土地使用权的行为，按照契税法律、法规的规定征收契税；对于不涉及土地使用权和房屋所有权转移变动的，不征收契税。

（2）采取分期付款方式购买房屋附属设施土地使用权、房屋所有权的，应按合同规定的总价款计征契税。

（3）承受的房屋附属设施权属如为单独计价的，按照当地确定的适用税率征收契税；如与房屋统一计价的，适用与房屋相同的契税税率。

可考虑税务筹划方案如下：红叶实业公司应与月星化工公司签订两份销售合同，第一份合同为销售生产厂房及占地 3 000 平方米土地使用权的合同，销售合同价款为 400 万元；第二份合同为销售独立于房屋之外的建筑物、构筑物以及地面附着物（主要包括围墙、烟囱、水塔、变电塔、油池油柜、若干油气罐、挡土墙、蓄水池等）的合同，销售合同价款为 200 万元。

经上述筹划，月星化工公司只就第一份销售合同缴纳契税，应缴纳契税税额 =400×4%=16（万元），节约契税支出 =24-16=8（万元）。

案例 3　改变抵债不动产的接收人，免征契税。

华业公司欠石林公司货款 2 000 万元，准备以华业公司原价值 2 000 万元的商品房偿还所欠债务。石林公司接受华业公司商品房抵债后又将其以 2 000 万元的价格转售给亚美公司偿还所欠债务 2 000 万元，石林公司接受华业公司抵债商品房应缴纳契税税额 =2 000×4%=80（万元）。

税务筹划思路：石林公司最终需将抵债商品房销售给亚美公司抵债，华业公司用以抵债的商品房在石林公司的账面上属于过渡性质，却需多缴纳契税 80 万元，在三方欠款均相等的情况下，进行税务筹划后这多缴纳的中间环节契税 80 万元可免征。

可考虑税务筹划方案如下：石林公司与华业公司、亚美公司签订债务偿还协议，由华业公司将抵债商品房直接销售给亚美公司，亚美公司将房款汇给华业公司，华业公司收到亚美公司的房款后再将其汇给石林公司偿还债务，石林公司收到华业公司的欠款后再将其汇给亚美公司偿还债务。

经上述筹划后，三方欠款清欠完毕，且石林公司可免征契税，节约契税支出

80 万元。

案例 4 改变投资方式，享受免征契税政策。

王明有一幢商品房价值 500 万元，李立有货币资金 300 万元，两人共同投资开办新华有限责任公司（后文简称"新华公司"），新华公司注册资本为 800 万元。新华公司接受房产投资后应缴纳契税税额 =500×4%=20（万元）。

非公司制企业，按照《中华人民共和国公司法》的规定，整体改建为有限责任公司（含国有独资公司）或股份有限公司，或者有限责任公司整体改建为股份有限公司的，对改建后的公司承受原企业土地、房屋权属，免征契税。

根据上述文件对于免征契税的规定，提出税务筹划方案如下。

第一步，王明到工商行政管理部门注册登记成立王明个人独资公司，将自有房产投入王明个人独资公司。由于房屋产权所有人和使用人未发生变化，无须办理房产变更手续，不需缴纳契税。

第二步，王明对其个人独资公司进行公司制改造，改建为有限责任公司，吸收李立投资，改建为新华有限责任公司，改建后的新华有限责任公司承受王明个人独资公司的房屋，免征契税。由此，新华公司可减少契税支出 20 万元。

17.4 土地增值税筹划

17.4.1 可进行土地增值税筹划的 10 种情况

税法对土地增值税的征税范围有明确规定，土地增值税有一定的征收范围，超出该范围，企业或个人的经济行为不征收土地增值税。

（1）以继承、赠与方式转让房地产。该行为属于无偿转让房地产的行为，不属于土地增值税的征税范围。

（2）房地产出租。出租人取得了收入，但没有发生房地产产权的转让，不属于土地增值税的征税范围。

（3）房地产抵押。在抵押期间不征收土地增值税。待抵押期满后，视该房地产是否转移产权来确定是否征收土地增值税。对于以房地产抵债而发生房地产产权转让的，属于土地增值税的征税范围。

（4）房地产交换。交换房地产行为既发生了房产产权、土地使用权的转移，交换双方又取得了实物形态的收入，按照规定属于土地增值税的征税范围。但对个人之间互换自有居住用房地产的，经当地税务机关核实，可以免征土地增值税。

（5）以房地产进行投资、联营。对于以房地产进行投资、联营的，投资、联营的一方以土地（房地产）作价入股进行投资或作为联营条件，将房地产转让到所投资、联营的企业中时，暂免征收土地增值税。对投资、联营企业将上述房地产再转让的，应征收土地增值税。

但对于以土地（房地产）作价入股进行投资或联营的，凡所投资、联营的企业从事房地产开发的，或者房地产开发企业以其建造的商品房进行投资和联营的，均不适用免征土地增值税的规定。

（6）合作建房。对于一方出地，一方出资金，双方合作建房，建成后按比例分房自用的，暂免征收土地增值税；建成后转让的，应征收土地增值税。

（7）企业兼并转让房地产。在企业兼并中，对被兼并企业将房地产转让到兼并企业中的，暂免征收土地增值税。

（8）房地产的代建房行为。这种情况是指房地产开发公司代客户进行房地产的开发，开发完成后向客户收取代建收入的行为。对于房地产开发公司而言，其虽然取得了收入，但没有发生房地产权属的转移，其收入属于劳务收入性质，故不属于土地增值税的征税范围。

（9）房地产的评估增值。房地产的评估增值，没有发生房地产权属的转移，不属于土地增值税的征税范围。

（10）国家收回国有土地使用权、征用地上建筑物及附着物。国家收回或征用，虽然发生了权属的变更，原房地产所有人也取得了收入，但按照《中华人民共和国土地增值税暂行条例》的有关规定，可以免征土地增值税。

此外，对于因城市实施规划、国家建设的需要而搬迁，由纳税人自行转让原房地产的，《中华人民共和国土地增值税暂行条例实施细则》规定免征土地增值税。

17.4.2 土地增值税筹划案例

S拿到了一块400亩的土地，准备其中的100亩自用，其他的300亩等到变更土地性质后，拆分成3块卖掉。如何操作，才能规避缴纳土地增值税，获取最大的利益呢？

土地增值税合理避税方案如下：

（1）假定S自有一家A公司，他应当再分别注册3家公司：B公司、C公司、D公司。3家新成立的公司，分别买下100亩的土地。

若干年后，假定S通过运作，将土地性质做了变更，可以卖掉多余的300亩土地了。

以B公司为例，S可以把B公司的股权转让给对方（×公司）。股权转让不存在缴纳土地增值税的问题，因此，B公司做了合理的规避。

这里面存在一个问题，B公司节省了土地增值税，×公司将来出让土地时，土地增值空间小了，相应缴纳的土地增值税就高了。这时，B公司可以做一定的折让，让×公司取得土地的成本低一些。

（2）对于B公司的操作，一些地方的税务部门已经意识到了，并采取反避税的措施，要求那些没有任何经营，而只是以股权形式买卖土地的公司，照样缴纳土地增值税。

对此，合理避税的应对方法如下。

B公司不再直接转让100%股权，而是由×公司投资B公司，使B公司成为一家合资公司，×公司做大股东。

B公司将自己的所有经营管理、表决、分红的权利，都授让给×公司，使×公司实际上获得B公司100%的股权。

S以小股东的身份，向B公司借款若干万元（借款金额为出让土地的价格）。若干年后，S转让在B公司的股权，抵顶先前向B公司的借款。

交易完成。

17.5　城镇土地使用税筹划

17.5.1　利用纳税人身份的界定进行筹划

一是利用经营范围或投资对象进行筹划。根据《中华人民共和国城镇土地使用税暂行条例》规定，下列经营用地可以享受减免税的规定：市政街道、广场、绿化地带等公共用地；直接用于农、林、牧、渔业的生产用地（不包括农副产品加工场地和生活、办公用地）；能源、交通、水利设施用地和其他用地；民政部门举办的安置残疾人占一定比例的福利工厂用地；集体和个人办的各类学校、医院、托儿所、幼儿园用地；高校后勤实体用地。

二是当经营者租用厂房、公用土地或公用楼层时，在签订的合同中要有所考虑。根据国税地字〔1988〕15 号文件中"土地使用权未确定或权属纠纷未解决的，由实际使用人纳税""土地使用权共有的，由共有各方分别纳税"的规定，经营者在签订合同时，应该把是否成为土地的法定纳税人这一因素考虑进去。

17.5.2　利用经营用地的所属区域进行筹划

经营者占有并实际使用的土地，其所在区域直接关系到缴纳城镇土地使用税数额的大小。因此经营者可以结合投资项目的实际需要在下列几个方面进行选择。一是在征税区与非征税区之间选择。二是在经济发达与经济欠发达的省份之间选择。三是在同一省份内的大、中、小城市以及县城和工矿区之间选择。在同一省份内的大、中、小城市，县城和工矿区内的城镇土地使用税税额同样有差别。四是在同一城市、县城和工矿区之内的不同等级的土地之间选择。

17.5.3　利用所拥有和占用的土地用途进行筹划

纳税人实际占有并使用的土地用途不同，可享受不同的城镇土地使用税政策，主要包括以下内容。

（1）根据《国家税务局关于印发〈关于土地使用税若干具体问题的补充规定〉的通知》（国税地字〔1989〕140 号）中"对厂区以外的公共绿化和向社会开放的公园用地，暂免征城镇土地使用税"之规定，企业把原绿化地只对内专用改成对外公用即可享受免税政策。

（2）根据《国家税务局关于水利设施用地征免土地使用税问题的规定》（国税地字〔1989〕14 号）中对水利设施及其管护用地（如水库库区、大坝、堤防、灌渠、泵站等用地）以及对兼有发电的水利设施用地，可免征土地使用税的规定，企业可以考虑把这块土地的价值在账务核算上明确区分开来，以达到享受税收优惠的目的。

17.5.4　利用纳税义务发生时间进行筹划

（1）发生涉及购置房屋的业务时考虑进行筹划。涉及房屋购置业务时，城镇土地使用税的纳税义务发生时间规定如下。

① 纳税人购置新建商品房的，自房屋交付使用的次月起纳税。

② 纳税人购置存量房，自办理房屋权属转移、变更登记手续，房地产权属登记机关签发房屋权属证书之次月起纳税。

因此，对于购置方来说，应尽量缩短取得房屋所有权与实际经营运行之间的时间差。

（2）对于新办企业或需要扩大规模的老企业，在征用土地时，可以在征用耕地与非耕地之间进行筹划。因为政策规定，纳税人新征用耕地，自批准征用之日起满一年时开始缴纳城镇土地使用税，而征用非耕地的，则自批准征用的次月起开始缴纳城镇土地使用税。

（3）选择经过改造才可以使用的土地。政策规定，经批准开山填海整治的土地和改造的废弃土地，从使用月份起免征土地使用税 5~10 年。

17.5.5　利用纳税地点进行筹划

关于城镇土地使用税的纳税地点，相关政策规定为"原则上在土地所在地缴纳"。但对于跨省份或虽在同一个省、自治区、直辖市但跨地区的纳税人，可利用纳税地点进行筹划。

这里的筹划实质就是尽可能选择税额标准最低的地方纳税。这对于目前不断扩大规模的集团性公司来说，显得尤为必要。

17.6　印花税筹划

17.6.1　新印花税减税政策

根据《财政部 税务总局关于对营业账簿减免印花税的通知》（财税〔2018〕50 号）的规定。为减轻企业负担，鼓励投资创业，有关减免营业账簿印花税有关事项的规定如下。

自 2018 年 5 月 1 日起，对按万分之五税率贴花的资金账簿减半征收印花税，对按件贴花五元的其他账簿免征印花税。

根据国家税务总局规定，在供需经济活动中使用电话、计算机联网订货、没有开具书面凭证的，暂不贴花。网上销售货物暂免印花税。

17.6.2　印花税筹划方法

1.　压缩金额法（避免虚增合同金额）

企业现状：很多企业在签订经济合同的过程中，往往会根据预计的情况估算合同数量和金额，但实际执行的数量和金额却达不到原合同的一半。

法律规定：根据我国法律规定，印花税属于行为税，只要存在签订应税合同的行为，法律规定的合同主体就应该按规定全额计算应缴纳的印花税。不论合同是否执行或者全部执行企业均应贴花，而且对已履行并贴花的合同，所载金额与合同履行后实际结算金额不一致的，只要双方未修改合同金额，不办理退税手续。

税务筹划：对于仅有标的金额的合同，企业在签订合同时，分别预计合同金额的最佳估计数和最低限额；为了避免未执行金额导致多缴纳印花税，可以先按最低限额签订经济合同，待合同执行金额基本可以确定时，以补充协议的形式进行补充说明。

对于存在数量、单价的合同，企业在签订合同时可以合理运用数量范围，如合同执行下限为 10 万吨，执行上限为 12 万吨，则实际签订的合同数量为 10 万吨（±10%），印花税可以按照 10 万吨计算缴纳。

2. 模糊金额法（先上车后买票）

企业现状：很多经济合同会跨越整个年度，年度内合同价格会随时发生变化，因此对于事先拟定价格的长期合同会存在多缴纳印花税的风险。

法律规定：《中华人民共和国印花税暂行条例》规定，有些合同在签订时无法确定计税金额，可在签订时先按定额5元贴花，以后结算时再按实际金额计税，补贴印花。

税务筹划：对于此类合同，企业应尽量以框架协议的形式签订，协议内仅约定最可能的执行数量，不要约定具体的执行价格，这样在协议签订时仅需贴花5元。待每月实际执行时，通过补充协议的形式约定具体价格，按照实际结算的数量和金额计税贴花。

案例 某设备租赁公司印花税筹划。

某设备租赁公司想和某生产企业签订一份租赁合同，由于租赁设备较多，而且设备本身比较昂贵，租金每年200万元。如果在签订合同时明确规定租金200万元，则两个企业均应缴纳印花税，其计算如下： 各自应纳税额 = $2\,000\,000 \times 1‰ = 2\,000$（元）。

如果两个企业在签订合同时仅规定每天的租金，而不具体确定租赁合同的执行时限，则根据上述规定，两个企业只需各自缴纳5元的印花税，余下部分等到结算时才缴纳，从而达到了节省税款的目的。当然这笔钱在以后还是要缴纳的，但因为现在不用缴纳，企业便获得了货币时间价值，对企业有利无弊。

3. 同一经济合同分别记载法

企业现状：对于加工承揽合同，分为受托方提供原材料加工和委托方提供原材料加工两种形式，以受托方提供原材料加工的形式进行加工承揽业务的，如果没有在合同签订时明确约定原材料金额和加工费金额，将会按照原材料金额与加工费金额之和的0.5‰计征印花税。

法律规定：加工承揽合同的计税依据是加工或承揽收入的金额。

（1）对于由受托方提供原材料的加工、定做合同，凡在合同中分别记载加工费金额和原材料金额的，应分别按"加工承揽合同""购销合同"计税，按两项税额之和计税贴花；若合同中未分别记载金额，则全部金额按照加工承揽合同计税贴花。

（2）对于由委托方提供主要材料或原料，受托方只提供辅助材料的加工合同，无论加工费金额和辅助材料金额是否分别记载，均以辅助材料金额与加工费金额的合计数，按照加工承揽合同计税贴花。对委托方提供的主要材料或原料金额不计税贴花。

税务筹划：以受托方提供原材料加工的形式进行加工承揽业务的，需要在合同签订时明确约定原材料金额和加工费金额，计算应缴纳的印花税时将会按照原材料金额的 0.3‰与加工费金额的 0.5‰之和计征，相当于节约了原材料金额 0.2‰的税金。

4. 不同经济事项分别核算法

企业现状：对于同一经济业务，企业可能承担的不仅是一个角色，如提供运输服务的同时提供财产保险业务、提供运输服务的同时提供仓储保管业务等，但是签订合同时并未分别记载各类业务的金额。

法律规定：同一凭证，载有两个或两个以上经济事项而适用不同税目税率分别记载金额的，按各自的税率分别计算印花税，未分别记载金额的，按税率高的计税。

税务筹划：企业在签订合同时应尽量分别记载不同税率的经济事项，以免蒙受不必要的损失。

例如，提供运输服务的同时提供仓储保管业务：货物运输合同的印花税税率是 0.5‰，仓储保管合同的印花税税率是 1‰，如果未分别记载合同金额，需要按照仓储保管合同 1‰的税率从高缴纳印花税，从而使该项业务多负担标的金额 0.5‰的印花税。

第 18 章
签订合同税务风险防范

18.1 合同主体与标的额风险防范

18.1.1 在合同中完善当事人名称和相关信息

"营改增"之后，服务提供方为增值税一般纳税人，服务提供方缴纳的增值税可以作为进项税额被服务接受方用来抵扣，因此，对合同双方名称的规范性要求很高。

生产企业作为服务接受方需要把公司的名称、纳税人识别号、地址、电话、开户行账号信息主动提供给服务提供方，用于服务提供方开具增值税专用发票。

18.1.2 明确合同标的额是否包含增值税

签订合同时要明确合同标的额是否包含增值税，同时关注以下内容。

（1）服务接受方应主动和服务提供方重新协商合同的总标的额。

（2）向境外支付服务费时，通常双方会约定城市维护建设税、教育费附加、增值税、所得税的承担方。在签订合同时，除了合同价款是否含税需要约定外，其他税费的承担方式也应该进行约定，从而避免在实务中出具非贸易项下付汇证明可能出现的困难。

对于代扣代缴义务涉及税款的合同条款，也应及时进行更新，以反映"营改增"之后境内服务接受方不同的代扣代缴义务。

在采购合同的条款中明确约定，服务提供方需要向服务接收方提供增值税专用发票。

18.2　合同条款风险防范

18.2.1　增加"取得合规的增值税专用发票后才支付款项"的付款方式的条款

为了确保采购方取得增值税专用发票，应在合同条款中增加以下内容：采购总额为不含税_____元，供货方须在货物交付后_____日内向我方提供增值税专用发票。供货方提供的增值税专用发票经我方审核无误、履行付款审批流程后，我方即按增值税专用发票注明的银行账户向供货方支付货款。

供货方未能按我方要求提供增值税专用发票的，应承担合同金额的 20% 的违约金；供货方未能将增值税专用发票送交我方，且无法提供我方已签收证据，使增值税专用发票逾期无法认证的，造成的损失由供货方全额赔偿，我方有权从应付货款中直接扣除。

18.2.2　增加虚开增值税专用发票责任的条款

为了防止供货方提供或购买虚假的增值税专用发票，给企业带来虚抵进项税额的税务风险，合同条款中应增加虚开增值税专用发票责任的条款，如下。

供货方应向我方提供真实合规的增值税专用发票，并准确填写增值税专用发票的开票信息。因供货方开具的增值税专用发票不合法或涉嫌虚开增值税专用发票或增值税专用发票填写错误，造成我方增值税扣税凭证损失的，由供货方全额赔偿，且不免除供货方重新开具合法增值税专用发票的义务。

18.2.3　加入退货开具红字增值税专用发票，对方需要协助的条款

为了应对供货方提供的货物有质量问题而退货，从而及时冲减进项税额的情况，合同条款中还要增加开具红字增值税专用发票责任的条款，如下。

供货方提供的货物有瑕疵或存在质量问题，我方有权退货，因退货需要供货方开具红字增值税专用发票的，供货方应积极协助，包括但不限于应于增值税专用发票认证期限内在增值税发票系统升级版中填开并上传信息表，及时凭税务机关系统校验通过的信息表开具红字增值税专用发票，并在_____日内向我方提交红字增值税专用发票。逾期未开具提交红字增值税专用发票的，我方有权要求供货方赔偿相应的税收利益损失，并不免除供货方继续开具红字增值税专用发票的义务。

18.3　合同履行风险防范

18.3.1　约定合同标的发生变更时发票的开具与处理

（1）合同标的发生变更，可能涉及混合销售、兼营的风险，需要关注发生的变更是否对本企业有利。必要时，可在合同中区分不同项目的价款。

（2）合同变更如果涉及采购商品品种、价款等增值税专用发票记载项目发生变化的，则应当约定作废、重开、补开、开具红字增值税专用发票。

如果收票方取得增值税专用发票尚未认证抵扣，则可以由开票方作废原发票，重新开具增值税专用发票；如果原增值税专用发票已经认证抵扣，则由开票方就合同增加的金额补开增值税专用发票，就合同减少的金额开具红字增值税专用发票。

18.3.2　关注履约期限、地点和方式等其他细节

"营改增"之后，增值税服务的范围扩大，很多企业的业务可能是跨境服务。

根据"营改增"的税收优惠政策规定，境内单位在境外提供建筑服务、文体业服务是暂免征收增值税的，此时可以在合同中对履约地点、期限、方式等进行合理的选择，以便税务机关审查时能够准确判断是否适用免税政策。

18.3.3 案例：建筑工程合同纠纷分析

2005年6月10日，上海某房地产开发有限公司（简称"A公司"）与浙江某建筑工程公司（简称"B公司"）签订《建设工程施工合同》，合同中约定：由B公司作为施工总承包单位完成A公司投资开发的某宾馆工程项目，承包范围是地下2层和地上24层的土建、采暖、给排水等工程项目，其中，玻璃幕墙工程由A公司直接发包，工期为2005年6月26日至20××年12月30日，工程款按工程进度支付。

同时约定，由B公司履行对玻璃幕墙工程项目的施工配合义务，由A公司按玻璃幕墙工程项目竣工结算价款的3%向B公司支付总承包管理费。

玻璃幕墙工程由江苏某玻璃幕墙专业施工单位（简称"C公司"）施工。施工过程中，在总包工程已完工的情况下，由于C公司自身原因，导致玻璃幕墙工程不仅迟迟不能完工，且已完工部分也存在较多的质量问题。

A公司在多次催促B公司履行总包管理义务和C公司履行专业施工合同所约定的要求未果的情况下，以B公司为第一被告、C公司为第二被告向法院提起诉讼，诉讼请求有以下3项。

（1）请求判令第一被告与第二被告共同连带向原告承担由于工期延误所造成的实际损失和预期利润。

（2）请求判令第一被告与第二被告共同连带承担质量不合格工程的返修义务。

（3）请求判令第二被告承担案件的诉讼费和财产保全费用。

争议的焦点如下。

本案例中的发包人以施工总承包单位B公司收取"总承包管理费"却没有履行总承包管理职责，而要求与玻璃幕墙专业施工单位C公司共同承担连带责任，而总承包单位B公司则以玻璃幕墙工程项目的合同当事人并非是B公司与C公司为由拒绝承担连带责任，从而产生纠纷。

此案例是一个典型的因业主直接发包工程导致工程延期和产生质量问题的案

例。本案例的事实是清楚的，争议焦点在于 B 公司是否负有总承包管理责任。

已经明确的事实如下。

（1）业主直接发包玻璃幕墙工程并与 C 公司签订施工合同。

（2）B 公司收取了总承包管理费。

（3）C 公司未能履行合同导致工程延期和产生质量问题。

对于焦点问题，即 B 公司是否负有总承包管理责任的判定如下。

（1）B、C 公司之间没有合同关系，且总承包管理费由 A 公司支付，从这一点事实可以认定 C 公司不对 B 公司负有合同责任，而是直接对 A 公司负责。

（2）A、C 公司玻璃幕墙工程施工合同约定了 B 公司履行施工配合义务，这一点并不合法，因为合同双方非经同意无权设定第三方权利义务。

（3）如 B 公司按照 A、C 公司的施工合同约定收取了总承包管理费，应认定其已经认可并同意 A、C 公司为其设定的权利义务，从而以事实履行构成三方之间的特殊合同关系。

（4）值得注意的是，A、C 公司的施工合同设定 B 公司义务为：履行对玻璃幕墙工程项目的施工配合义务，而施工配合义务与总承包管理义务是两个不完全一致的概念，前者只负责配合施工工作，后者不仅要配合施工还要负责总承包管理，更要承担总承包责任。

（5）A、C 公司设定 A 公司支付和 B 公司收取的是"总承包管理费"，与 A、C 公司设定并经 B 公司同意认可的对应义务"施工配合义务"相对应，两者的表述出现差异，应认定"总承包管理费"是费用，而"施工配合义务"是 B 公司的合同权利义务和责任。

综上，如非因 B 公司履行"施工配合义务"过错，B 公司不承担总承包管理责任，因该责任在 B 公司认可的 A、C 公司有关其义务的条款中没有设定。因此，应当裁决如下。

（1）裁定 C 公司承担工期延误所造成的实际损失和预期利润，驳回对 B 公司的该项诉讼请求。

（2）裁定由 C 公司承担质量返修义务，驳回对 B 公司的该项诉讼请求。

（3）裁定由 C 公司承担本案诉讼费和财产保全费用，驳回对 B 公司的该项诉讼请求。

19.1 存货计价的税务筹划

19.1.1 存货计价的方法

企业在不同时间、不同地点购入的存货的价格不同，不同批别或不同期间制造的存货的制造成本也不同，这就要求企业对被耗用或被销售的存货按一定的方法进行计价。

根据税法和财务会计法规的规定，各种存货发出时，企业可以根据实际情况选择使用先进先出法、月末一次加权平均法、移动加权平均法或个别计价法等方法确定实际成本。

19.1.2 不同计价方法的税收影响

在不同计价方法下，由于计算出的存货发出单位成本和存货发出成本不同，会对企业的成本、利润产生影响。

（1）在物价下跌的情况下。

先进先出法下计算出来的发出存货成本最高，期末结存存货成本最低。

月末一次加权平均法下计算出来的发出存货成本最低，期末结存存货成本最高。

移动加权平均法下计算出来的结果则处于这两种方法计算出来的结果中间。

月末一次加权平均法下，采用存货的总金额除以存货的数量来计算存货的单位加权成本，物价下跌后的存货成本会和物价较高时的存货成本中和，从而存货的发出成本会降低。

移动加权平均法下，每发出一次存货就要计算一次存货的加权平均成本，后期价格下降对前期发出的存货成本的影响不大。物价下跌时，移动加权平均法下的发出存货成本会低于先进先出法下的发出存货成本而高于月末一次加权平均法下的发出存货成本。

（2）在物价上涨的情况下。

先进先出法下计算出来的发出存货成本最低，期末结存存货成本最高。

月末一次加权平均法下计算出来的发出存货成本最高，期末的结存存货成本最低。

移动加权平均法下计算出来的结果则处于这两种方法计算出来的结果中间。

这是由于在先进先出法下，发出存货的计价是以存货入库的先后顺序来确定的，而在物价上涨的情况下，越早入库的存货价格就越低，期末结存的存货是以物价上涨后的价格来计价的，先进先出法下发出存货的成本最低而期末存货成本最高。

月末一次加权平均法下，采用存货的总金额除以存货的数量来计算存货的单位加权成本，物价上涨后的存货成本会拉升物价较低时的存货成本，所以存货的发出成本会升高。

移动加权平均法下，每发出一次存货就要计算一次存货的加权平均成本，所以后期价格上涨对前期发出的存货成本的影响不大。移动加权平均法下的发出存货成本会高于先进先出法下的发出存货成本而低于月末一次加权平均法下的发出存货成本。

19.2　折旧计算的税务筹划

19.2.1　折旧年限的确定

折旧年限本身是一个预计的经验值，因此折旧年限容纳了很多人为因素。

19.2.2　折旧方法的确定

税法赋予了企业在固定资产折旧方法上有条件地选择直线法或加速折旧法的权利。

19.2.3　会计政策调整

在周转材料（低值易耗品）与固定资产的划分标准上，企业可以从管理需要出发做出会计政策调整，并报当地税务部门备案。

19.2.4　达到可使用状态可估价计提折旧

运用好建筑工程、设备安装工程达到可使用状态可估价计提折旧这一财税政策。

竣工结算后，调整了该项固定资产的成本，然后计提的折旧也要按照调整后的成本来重新计算，而不能按照原来估计的成本折旧计算了。

举个例子来说明：固定资产以 1 000 万元暂估入账，残值估计为 0，预回计可使用年限为 10 年，暂估入账到完工结算时间 1 年，即到完工时已计提折旧 100 万元，完工后调整固定资产成本为 1 200 万元。

19.2.5　继续计提折旧

在固定资产已提足折旧的情况下，如需要继续计提折旧，以增加成本，减少利润，从而达到少交企业所得税的目的，可将修理费作为固定资产重置成本，重新确定其使用年限。

19.2.6　增加利润为目的

如需要减少企业固定资产折旧费，达到增加利润的目的，可将闲置的固定资产封存，报当地税务部门备案。

19.3　坏账准备处理方法的税务筹划

2016 年财政部新出台的《企业会计准则》，在资产减值准备问题上实现了与国际会计准则的"实质性"趋同（如存货准则等具体的准则）。而坏账准备的计提虽在计提范围上较以前会计制度相比有了扩大外，更重要的是新准则同税法在核算办法、计提口径、计提方法、计提比例、核销程序等方面依旧存在差异，而对差异形成的所得税会计处理，新准则只允许采用一种方法——资产负债表债务法。

《企业会计准则》规定：有客观证据表明应收款项发生了减值的，确认减值损失，计提坏账准备。坏账准备计提后，可以转回。

税法规定：企业发生的坏账，一般应按实际发生额据实扣除。但经税务机关批准，也可提取坏账准备。已提取坏账准备的纳税人发生坏账损失时，应冲减坏账准备；实际发生的坏账损失，超过已提取坏账准备的部分，可在当期直接扣除。

由于财税处理的差异，企业计提的坏账准备就形成了"可抵减暂时性差异"，根据《企业会计准则第 18 号——所得税》规定，应采用资产负债表债务法计提或冲回计提的坏账准备。

从财务管理的层面来讲，新准则的出现为企业新一轮的管理创新提供了契机，运用新准则的潜在因素，使其与企业的财务管理相得益彰，实现企业价值的最大化是财务管理者要完成的目标。做好坏账准备的税务筹划是通过财务管理为企业创造价值的有效途径之一。

19.3.1　利用资金时间价值进行税务筹划

税务筹划，除依法运用各种方法减轻企业的税收负担外，还可以通过如获取资金时间价值等方式实现。

由于资金具有时间价值，企业的税务筹划不是对税收负担的简单处理，因为一个能减轻当前税收负担的税务方案可能会增加企业未来的税收负担。

这就要求纳税人在评价税务方案时要引进资金时间价值观念，把不同税务方案、同一税务方案中不同时期的税收负担折算成现值来加以比较。

案例　某公司采用备抵法对坏账损失进行处理。

某公司 2019 年末应收款项借方余额为 6 000 万元，同时在 2019 年 3 月发生坏账损失 5 万元，经有关税务机关批准同意核销；2019 年 10 月收回已确认的坏账损失 2 万元。假设企业所得税税率为 25%，无其他纳税调整事项。

企业在会计上可以根据自身的实际情况合理地确定坏账准备的计提方法，即可按应收款余额的百分比计提，也可采用账龄分析法，还可以选用销货百分比法。为提高会计信息的质量与真实性，一般历史欠款情况较严重的企业宜采用应收账款余额百分比法，而当期销售额较大的企业则采用销货百分比法更佳。

假设该公司充分使用备抵法计提 5‰坏账准备，则可税前扣除坏账准备 = 6 000×5‰ = 30（万元）。该公司如果采用直接转销法，2019 年 3 月可以将 5 万元的坏账损失计入管理费用予以扣除，在 2019 年 10 月收回已确认的 2 万元坏账损失时，应调增应纳税所得额 2 万元。

该公司 2019 年在税前实际扣除了 3 万元坏账损失，而采用备抵法计入管理费用的坏账准备数额高达 30 万元。

如果在其他条件不变的情况下，采用备抵法，则较采用直接转销法在 2019 年度多扣除应纳税所得额 27 万元，仅此一项，企业就可少缴所得税 6.75 万元（27×25%）。

可见，直接转销法下，只有在坏账实际发生时，才将坏账损失计入期间费用；而备抵法下，在年末先将坏账准备计提出来，增加当期费用，从而减少当年应纳税所得额，增加企业流动资金。

企业财务人员从企业经济利益出发，在税收规定允许的情况下，应该选择使用备抵法，滞延企业所得税的缴纳期，从而减轻企业负担，增加企业流动资金，降低当期应纳税所得额，这等同于享受一笔无息贷款。

19.3.2 从实际出发，因时制宜、因地制宜、科学筹划

企业财务人员从企业利益出发，在税法准许的情况下，应该选择备抵转销法。

案例 某企业采用直接转销法对坏账损失进行处理。

某企业 2015 年处于免税期，有营业利润，应收款项借方余额为 3 000 万元。若该企业采用备抵法，按 0.5% 计提坏账准备，则应计提的坏账准备 = 3 000 × 0.5% = 15（万元）。但因为其处于免税期，计提坏账准备对纳税情况不产生影响。2016 年该企业进入正常纳税期，应纳税所得额为 200 万元，假设所得税税率为 25%，无其他纳税调整事项。2016 年发生坏账损失 10 万元。

如果该企业采用备抵法，坏账损失 10 万元应用计提的坏账准备冲减，应纳税所得额仍为 200 万元，应纳税额为 50 万元。

如果该企业采用直接转销法，坏账损失 10 万元可以直接计入管理费用，减少 10 万元的应纳税所得额，则该企业 2016 年的应纳税所得额为 190 万元，应纳税额为 47.5 万元，比备抵法下的应纳税额少 2.5 万元。因此，企业采取哪种方法对坏账损失进行处理，还要根据企业情况具体分析。

19.4　费用分摊的税务筹划

19.4.1 费用分摊主要的 3 种方法

企业通常所用的费用分摊方法主要有 3 种：平均分摊法、实际费用摊销法和不规则摊销法。

第一种，平均分摊法。即把一定时间内发生的费用平均摊到每个产品的成本中，使费用的发生比较稳定、平均的方法。平均分摊法是抵销利润、减轻纳税的最佳选择，生产经营者只要不是短期经营而是长期从事某一种经营活动，那么将

一段时期内（如 1 年）发生的各项费用进行最大限度的平均，就可以将这段时期获得的利润进行最大限度的平均，这样就不会出现某个阶段利润额及纳税额过高的现象。

第二种，实际费用摊销法。根据实际发生的费用进行摊销，多则多摊，少则少摊，没有就不摊，任其自然，这样就达不到避税的目的。

第三种，不规则摊销法。根据经营者需要进行费用摊销，可能将一笔费用集中摊入某一产品成本中，也可能在另一批产品中一分钱费用也不摊。这种方法最为灵活。企业如果运用得好，可以达到事半功倍的效果。特别是当企业的经营不太稳定，造成利润每月差别很大时，该方法可以起到平衡的作用，利润高时多摊，利润低时少摊，从而有效地避税。

企业在进行费用分摊时应解决以下两个关键问题：一是如何实现最小利润支付；二是在费用摊入成本时如何使其实现最大摊入。

企业费用开支包括劳务费用开支、管理费用开支、福利费用开支、各项杂费开支等。其中，劳务和管理费用开支最为普通，也是企业费用开支中两项最主要的内容。

劳务费用开支和管理费用开支有多种标准，但最小、最低的标准只有一个，即它是由企业生产经营活动的需要来决定的。以劳务费用开支举例，任何一个企业生产经营中都有一个劳务使用最佳状态点。在这个最佳状态点上，劳动力和各种人员配备使企业利益最大而劳务费用最小。因此，寻找发现这一最佳状态点是使用费用均摊法的基础。

19.4.2　选择不同的费用摊销方法

企业选择不同的费用摊销方法，可以增加或减少企业成本，进而影响企业利润和应纳税款。

案例

某一房地产开发企业劳动人员组合状态是一个管理人员配备三个技术人员，并由 50 个劳动者一道组成一个生产单位，则各种人员比为 1∶1.2∶50；同时，管理人员工资为 100 元，技术人员工资为 120 元，劳动者工资为 60 元，则各种人员工资之比为 1∶1.2∶0.6。在这种情况下，劳务费用开支最小，即为最佳组合。

　　如果劳务人员是由 10 个管理人员、1 个技术人员、100 个劳动工人组成的，那么，这时的劳务费用是绝对增大了。在这种情况下，即使采取最高超的费用分摊法也很难达到有效避税的目的。经营管理费用开支也是同样的道理。

第 20 章
企业产权重组税务筹划

20.1　企业分立的税务筹划

企业分立中的税收利益主要体现在流转税与所得税两个方面。

20.1.1　流转税税务筹划

在流转税中，一些特定产品是免税的，或者适用较低税率，这些产品在税收核算上有一些特殊要求，而企业往往由于种种原因不能满足这些核算要求而丧失了税收上的一些利益。如果将这些特定产品的生产部门分立为独立的企业，也许会获得免征流转税或税负减轻的好处。

20.1.2　所得税税务筹划

当企业所得税采用累进税率时，通过分立可以使原本适用高税率的企业，分化成两个或者两个以上适用低税率的企业，从而减轻企业的总体税负。

从流转税方面来看，各税种减免税的特定项目都有一定的筹划空间。例如，《中华人民共和国增值税暂行条例》规定，避孕药品和用具、古旧图书等 8 种货物免征增值税。

相应地，用于这些免税项目的购进货物或应税劳务的增值税进项税额不能从销项税额中抵扣。如果纳税人既经营免税项目的产品，又经营应税项目的产品，就必须准确划分不得抵扣的增值税进项税额。如果不能准确划分，则按下列公式计算不得抵扣的增值税进项税额。

不得抵扣的增值税进项税额 = 当月全部增值税进项税额 ×（当月免税项目销售额 + 非应税项目营业额）÷（当月全部销售额 + 营业额）

案例 乐华制药厂分立的税务筹划。

乐华制药厂主要生产抗菌类药物，也生产避孕药品。2019年该厂抗菌类药物的销售收入为400万元，避孕药品的销售收入为100万元。全年购进货物的增值税进项税额为40万元。该厂是否要把避孕药品车间分离出来，单独设立一个制药厂呢？下面我们来分析一下。

合并经营时可以抵扣的增值税进项税额 =40-40×100÷500=32（万元）。另外设立一个制药厂，如果避孕药品的增值税进项税额为5万元，则乐华制药厂可抵扣的增值税进项税额 =40-5=35(万元)，大于合并经营时可抵扣的32万元，可多抵扣3万元。此时分设另外一个制药厂对乐华制药厂有利。

如果避孕药品的增值税进项税额为10万元，则乐华制药厂可抵扣的增值税进项税额 =40-10=30（万元），小于合并经营时可抵扣的32万元，则采用合并经营较为有利。

如果避孕药品的增值税进项税额为8万元，则乐华制药厂可抵扣的增值税进项税额 =40-8=32（万元），与合并经营时可抵扣的32万元相等，因此，分立经营与合并经营在应纳税额上并无区别。此时，免税产品的增值税进项税额占全部产品增值税进项税额的比例 =8÷40×100%=20%，免税产品销售收入占全部产品销售收入的比例 =10÷50×100%=20%。

因此，当免税产品的增值税进项税额占全部产品增值税进项税额的比例与免税产品销售收入占全部产品销售收入的比例相等时，分立经营与合并经营在税收方面并无差别。

对小型微利企业年应纳税所得额不超过100万元的部分，减按25%计入应纳税所得额，按20%的税率缴纳企业所得税；对年应纳税所得额超过100万元但不超过300万元的部分，减按50%计入应纳税所得额，按20%的税率缴纳企业所得税。

当前，企业所得税出现了一个有趣的变化，它像个人所得税一样，出现了超额累进的算法，所以，我们也可以直接用速算扣除数来快速计算自己的公司应缴纳的所得税。

举例说明：

若某符合条件的小微企业，2019 年应纳税所得额为 250 万元。则：

（1）100 万元以下的部分，应所得税额 =100×25%×20%=5（万元）

（2）超过 100 万元但不超过 300 万元的部分，应纳所得税额 =150×50%×20%=15（万元）。

则该企业共计需要缴纳 20 万元（5+15）。

但若该企业 2019 年应纳税所得额为 300.01 万元，就不能适用上述税收优惠政策。

即：应纳所得税额 =300.01×25%=75.002 5（万元）。

这种差别税率给纳税人提供了税务筹划的空间。但是使用这种税务筹划方法必须充分考虑成本和收益。

企业分立并不能单纯地以追求税收利益为目的，而还应综合考虑分立的成本和收益、市场、财务、经营等多个方面的因素，只有全面分析后，才能做出对企业最有利的选择。

20.2　企业合并的税务筹划

20.2.1　企业合并形式

新设合并，指一个企业与另一个或一个以上的企业合并以组建成立一个新企业，原合并各企业解散且取消原企业的法人资格的合并方式。

吸收合并，指以一个企业为基础，接纳吸收另一个或一个以上的企业加入本企业，加入方解散且被取消原法人资格，而接纳方仍然存续的合并方式，这种合并又被称为企业兼并。

20.2.2　企业合并税务筹划

针对企业合并进行税务筹划需考虑的问题主要有两个：一是合并后整体税负的增减，二是合并行为中产权支付方式的选择。

在国际税收实践中，采用现金支付方式的情况下，被兼并者收到现金的时刻便是纳税义务发生的时刻；而采用证券支付方式的情况下，被兼并者在出售证券（股票）时才依据损益计缴资本利得税，而且世界上多数国家对其实行轻税政策。

高利润企业兼并高亏损企业会冲减盈利企业的利润，这样就会减少企业的应纳税所得额；在采用累进税率的情况下，还可以降低适用税率，从而减轻税负。

20.2.3　企业合并的购受法

购受法是假定企业合并是一个企业取得其他参与合并企业净资产的一项交易，这与企业购置普通资产的交易基本相同。

购受法认为企业合并是一种购买行为，因此，购受法具有以下特点（从购买企业角度出发）。

（1）实施合并的企业，应以实际成本作为投资的计价成本。该成本就是购买企业实际支付给被并购企业的现金或现金对酬物的金额。

（2）如果被并购企业丧失法人地位，购买企业收到的被并购企业的资产和负债应按评估确认的价值作为记账价值。

（3）从购买日开始，被并购企业的经营成果应并入购买企业的利润表中，并一起计算应纳税所得额。

（4）被并购企业的以前年度亏损不得结转到合并后企业弥补亏损。

20.2.4　企业合并的权益联营法

权益联营法是假设企业合并是两个或两个以上参与合并企业的经济资源的联合或现有股东权益的联合，而不是一家企业购买另一家或几家企业的产权交易行为。

基于企业合并是合并前各企业股东权益在新的合并后企业的联合和继续这一认识，权益联营法有以下特点。

（1）无论企业哪一个年度哪一个时点发生企业合并，参与合并企业的未满5 年的未弥补亏损都可以由合并后的企业用以后年度的盈利来弥补。

（2）所有合并企业以前年度全部企业所得税涉税事项由合并企业承担。

（3）合并后企业资产计税成本按未合并资产的账面净值作为入账价值。

20.3　资产重组的税务筹划

20.3.1　争取特殊性税务处理，递延纳税

新颁布实施的《财政部 国家税务总局关于促进企业重组有关企业所得税处理问题的通知》（财税〔2014〕109 号）将适用特殊性税务处理的股权收购和资产收购比例由不低于 75% 调整为不低于 50%，因此，满足以下条件可申请特殊性税务处理，暂时不用缴纳税款。

（1）具有合理的商业目的，且不以减少、免除或者推迟缴纳税款为主要目的。

（2）被收购、合并或分立部分的资产或股权比例符合本通知规定的比例（50%）。

（3）重组后的连续 12 个月内不改变重组资产原来的实质性经营活动。

（4）重组交易对价中涉及股权支付金额符合本通知规定比例 85%。

（5）企业重组中取得股权支付的原主要股东，在重组后连续 12 个月内，不得转让所取得的股权。

20.3.2 资产与债权、债务等"打包转让"的运用

《国家税务总局关于纳税人资产重组有关增值税问题的公告》（国家税务总局公告 2011 年第 13 号）规定：纳税人在资产重组过程中，通过合并、分立、出售、置换等方式，将全部或者部分实物资产以及与其相关联的债权、负债和劳动力一并转让给其他单位和个人，不属于增值税的征税范围，其中涉及的货物转让，不征收增值税。

20.3.3 未分配利润、盈余公积的处理

根据《国家税务总局关于贯彻落实企业所得税法若干税收问题的通知》（国税函〔2010〕79 号）第三条"关于股权转让所得确认和计算问题"规定，转让股权收入扣除为取得该股权所发生的成本后，为股权转让所得。企业在计算股权转让所得时，不得扣除被投资企业未分配利润等股东留存收益中按该项股权所可能分配的金额。

同时根据《国家税务总局关于企业所得税若干问题的公告》（国家税务总局公告 2011 年第 34 号）第五条规定，投资企业从被投资企业撤回或减少投资，其取得的资产中，相当于被投资企业累计未分配利润和累计盈余公积按减少实收资本比例计算的部分，应确认为股息所得。股息所得为免税收入，企业在股权转让前可以先向股东分配留存收益。

20.3.4 成本"核定"的使用

根据新实施的《国家税务总局关于发布〈股权转让所得个人所得税管理办法（试行）〉的公告》（国家税务总局公告 2014 年第 67 号）第十七条规定，个人转让股权未提供完整、准确的股权原值凭证，不能正确计算股权原值的，由主管税务机关核定其股权原值。

从之前部分地区的实践情况来看，例如，海南省按申报的股权转让收入的一定比例（15%）核定计税成本。因此，对于部分近年来迅猛发展的行业（如房地产等），如果按照上述方式进行核定的成本大于实际成本，可以适用这一方法进行税务筹划，以减少应纳税所得额。

20.3.5　变更公司注册地址

为了招商引资，发展中西部地区的经济，国家及地方都出台了一系列的区域性税收优惠政策，多数经济开发区都出台了财政返还政策。各地出台的区域性的税收优惠政策或财政返还政策，实际上是降低了税负率。

2010 年以来，针对上市公司限售股减持现象，更是一度出现了所谓的"鹰潭模式""林芝模式"等，一大批股权转让方实现了税收负担的减轻，相关减税金额高达数十亿元。

20.3.6　"过桥资金"的引入

房地产等行业在股权转让过程中面临的一个突出问题就是企业的资产增值过大，相比较而言，账面的"原值"过小，从而形成了高昂的税负成本，甚至迫使并购重组交易终止。

实践中，为了提高被转让股权的"原值"，可以通过引入"过桥资金"，变债权为股权，从而实现转让收益的降低，减少税收成本。

20.3.7　分期缴纳税款的争取

根据《财政部 国家税务总局关于非货币性资产投资企业所得税政策问题的通知》（财税〔2014〕116 号）规定，居民企业以非货币性资产对外投资确认的非货币性资产转让所得，可在不超过 5 年期限内，分期均匀计入相应年度的应纳税所得额，按规定计算缴纳企业所得税。

对于个人股东在并购重组过程中存在的纳税金额过大、缺少必要资金的现实问题，实践中，部分地区税务机关采取了与个人签署协议、分期缴纳税款的做法，对此，并购企业及个人也可以善加利用。

20.3.8　纳税义务发生时间推迟的筹划

根据国税函〔2010〕79 号文件的规定，企业转让股权收入，应于转让协议生效且完成股权变更手续时，确认收入的实现。根据《股权转让所得个人所得税管理办法（试行）》的规定，具有下列情形之一的，扣缴义务人、纳税人应当依法在次月 15 日内向主管税务机关申报纳税。

（1）受让方已支付或部分支付股权转让价款的。

（2）股权转让协议已签订生效的。

（3）受让方已经实际履行股东职责或者享受股东权益的。

（4）国家有关部门判决、登记或公告生效的。

（5）本办法第三条第四至第七项行为已完成的。

（6）税务机关认定的其他有证据表明股权已发生转移的情形。

第 21 章
企业筹（融）资税务筹划

21.1　企业负债规模的税务筹划

21.1.1　负债税务筹划原则

负债税务筹划原则为：确定负债总规模，将其控制在一定的范围之内，使负债融资带来的利益抵消由于负债融资比重增大带来的财务风险及融资的风险成本增加。

21.1.2　案例：烟台大华公司筹资税务筹划

烟台大华公司计划筹资 6 000 万元用于一项新产品的生产，为此制定了 5 个方案，如表 21-1 所示，企业所得税税率为 25%。

表 21-1　烟台大华公司筹资税务筹划相关数据

项目	方案 A	方案 B	方案 C	方案 D	方案 E
负债额（万元）	0	3 000	4 000	4 500	4 800
权益资本额（万元）	6 000	3 000	2 000	1 500	1 200
负债比率 / 负债成本率（%）	0∶6/0	1∶1/6	3∶1/7	3∶1/9	4∶1/10.5

（续表）

项目	方案 A	方案 B	方案 C	方案 D	方案 E
息税前投资收益率（%）/ 普通股股数	10/60	10/30	10/20	10/15	10/12
息税前利润（万元）	600	600	600	600	600
利息成本（万元）	0	180	280	405	504
税前利润（万元）	600	420	320	195	96
应纳所得税（万元）	150	105	80	48.75	24
税后利润（万元）	450	315	240	146.25	72
税前权益资本收益率（%）	10	14	16	13	8
税后权益资本收益率（%）	7.5	10.5	12	9.75	6

分析如下。

（1）对于税前权益资本收益率、税后权益资本收益率，方案 B、C、D 超过未使用负债的方案 A。

（2）负债比例超出一定范围，权益资本收益率下降，表现为反向杠杆效应，方案 E 的权益资本收益率低于未使用负债的方案 A 的权益资本收益率。

（3）随着负债总额的增加，负债比率提高，利息成本呈现上升趋势。

（4）负债成本具有税收挡板作用，从方案 A 到方案 E，随着负债比率与成本水平升高，纳税负担逐渐降低，节税效果显著。

（5）方案 E 节税效应最大，但企业所有者权益资本收益率水平最低，导致企业最终利益的损失。

注意：负债总额超过临界点时，增加的风险成本超过节税利益，企业的所有者权益资本收益率下降，不符合税务筹划的目的。

21.2　企业间资金拆借的税务筹划

21.2.1　资金拆借税务筹划原则

企业之间的资金拆借利息计算和资金回收期限，均具有较大的弹性和回旋余地，这种弹性和回旋余地常常表现为支付更多利息，冲减企业利润，减少纳税金额。

21.2.2　案例：甲公司和乙公司间资金拆借的税务筹划

甲公司（母公司）和乙公司（全资子公司）是关联公司，乙公司拟于 2017 年 1 月 1 日向甲公司借款 500 万元，双方协议规定，借款期限为一年，年利率为 10%，乙公司于 2017 年 12 月 31 日借款到期时一次性还本付息 550 万元。乙公司实收资本总额为 600 万元。已知同期同类银行贷款利率为 8%，金融保险业增值税税率为 6%，城市维护建设税税率为 7%，教育费附加征收率为 3%。

乙公司当年支付甲公司利息 50 万元，允许税前扣除的利息 =600×50%×8%=24（万元），调增应纳税所得额 26 万元（50-24）。假设乙公司 2016 年利润总额为 200 万元，企业所得税税率为 25%，不考虑其他纳税调整因素，乙公司当年应纳企业所得税税额 =（200+26）×25%= 56.5（万元）。

上述业务的结果是：乙公司支付利息 50 万元、甲公司得到利息 50 万元，由于是内部交易，对甲、乙公司整个利益集团来说，既无收益又无损失。但是，因为甲、乙公司均是独立的企业所得税纳税人，税法对关联企业利息费用的限制，使乙公司额外支付了 6.5 万元（26×25%）的税款。而甲公司收取的 50 万元利息，还须按照 6% 的税率缴纳增值税、7% 的税率缴纳城市维护建设税和 3% 的征收率缴纳教育费附加，合计多缴纳税费 3.3 万元 [（50×6%×（1+7%+3%）]。

对整个集团企业来说，合计多缴纳税费 =3.3+6.5=9.8（万元）。

企业可以采取如下 3 种纳税筹划方式。

方案一：将甲公司借款 500 万元给乙公司，改成甲公司向乙公司增加投资 500 万元。这样，乙公司就无须向甲公司支付利息，如果甲公司适用所得税税率与乙公司的相同，则从乙公司分回的股息无须补缴税款。如果甲公司所得税税率高于乙公司的，则乙公司可以保留盈余不分配，这样甲公司也就无须补缴所得税。

方案二：如果甲、乙公司存在购销关系，乙公司生产的产品作为甲公司的原材料，那么，当乙公司需要借款时，甲公司可以支付预付账款 500 万元给乙公司，让乙公司获得一笔"无息"贷款，从而排除了关联企业借款利息扣除的限制。

方案三：如果甲公司生产的产品作为乙公司的原材料，那么，甲公司可以采取赊销方式销售产品，将乙公司需要支付的应付账款由甲公司作为"应收账款"挂账，这样乙公司同样可以获得一笔"无息"贷款。

上述方案二和方案三，属于商业信用筹资。这是因为，关联企业双方按正常售价销售产品，对"应收账款"或"预付账款"是否加收利息，可以由企业双方自愿确定，税法对此并无特别规定。由于乙公司是甲公司的全资公司，甲公司对应收账款或预付账款不收利息，这对于投资者来说，并无任何损失。

21.3　向金融机构借款的税务筹划

21.3.1　银行借款税务筹划的原则

银行借款是负债筹资的主要方式，由于存在财务杠杆效应，只要企业息税前投资收益率高于负债成本率，增加负债、提高负债比重就会使权益资本收益率提高。所以，适度增加银行借款比重，减轻企业所得税税负，增加投资者收益，被认为是银行借款税务筹划的主要内容。

21.3.2　案例：某企业负债筹资税务筹划

某企业计划投资 2 000 万元兴建厂房用于出租，预计每年息税前收益为 300 万元，厂房使用寿命为 20 年。现有两个方案，如下。

方案一： 增加留存收益 2 000 万元。

方案二： 从银行借款 2 000 万元，年利率为 8%。

该企业投资前拥有净资产 20 000 万元，净资产利润率为 15%。

该厂房建成后结果如下。

方案一：

每年增加的收益应纳企业所得税税额 =300×25%=75（万元）

净收益 =300-75=225（万元）

企业净资产利润率 =（20 000×15%+225）÷22 000×100%=14.66%

方案二：

企业每年增加的收益 =300-2 000×8%=140（万元）

每年增加的收益应纳所得税税额 =140×25%=35（万元）

净收益 =140-35=105（万元）

企业净资产利润率 =（20 000×15%+105）÷20 000×100%=15.53%

21.3.3　案例：企业不同融资方案的税务筹划

某企业根据年度财务收支计划，当年资金缺口 4 000 万元，拟通过 1 年期银行借款弥补资金缺口。

（1）企业当年生产经营流动资金缺口 2 000 万元。

（2）拟请某软件公司开发应用软件，软件开发预计需要 1 年，当年末可投入使用，须支付软件费用 2 000 万元，软件摊销期限为 2 年。

企业现有以下两个融资方案。

方案一： 流动资金贷款 4 000 万元。

方案二： 组合贷款 4 000 万元，即流动资金贷款 2 000 万元、软件开发贷款 2 000 万元。

假定：

（1）企业当年及以后两年的息税前利润为 4 000 万元。

（2）银行 1 年期贷款的利率为 10%。

（3）企业处于正常的纳税期，没有享受所得税税收优惠。

要求：比较不同融资方案的税后净现值。

不同融资方案的税后净现值分析如下。

（1）**方案一**：流动资金贷款 4 000 万元。

第一年：

利息属于经营性支出，均在第一年全部支付。

应纳税所得额 = 息税前利润 – 利息支出 =4 000-400=3 600（万元）

应纳企业所得税额 =3 600×25%=900（万元）

净现值 =（4 000-400-900）×（P/F，10%，1）=2 700×0.909 1=2 454.57（万元）

第二年：

应纳税所得额为 4 000 万元。

应纳企业所得税额 =4 000×25%=1 000（万元）

净现值 =（4 000-1 000）×（P/F，10%，2）=3 000×0.826 4=2 479.2（万元）

第三年：

应纳税所得额为 4 000 万元。

应纳企业所得税额 =4 000×25%=1 000（万元）

净现值 =（4 000-1 000）×（P/F，10%，3）=3 000×0.751 3=2 253.9（万元）

三年合计净现值 =2 454.57+2 479.2+2 253.9=7 187.67（万元）。

（2）**方案二**：组合贷款 4 000 万元。

①开发软件借款利息不能当期税前扣除，需要计入软件成本，分期摊销扣除。

利息费用总额 =2 000×10%=200（万元）

第二年、第三年各摊销 100 万元。

②该利息全部在第一年支付，计算现值时需要全部放在第一年。

③软件开发借款利息抵税发生在第二年、第三年。

第一年：

应纳税所得额 =4 000-2 000×10%=3 800（万元）

应纳企业所得税额 =3 800×25%=950（万元）

净现值 =（4 000-400-950）×（P/F，10%，1）=2 650×0.909 1=2 409.12（万元）

注：400 万元包括流动资金借款利息支出 200 万元，第二年、第三年摊销

的开发软件利息支出各 100 万元。

第二年：

应纳税所得额 =4 000-100=3 900（万元）

应纳企业所得税税额 =3 900×25%=975（万元）

净现值 =（4 000-975）×（P/F，10%，2）=3 025×0.826 4=2 499.86（万元）

第三年：

应纳税所得额 =4 000-100=3 900（万元）

应纳企业所得税税额 =3 900×25%=975（万元）

净现值 =（4 000-975）×（P/F，10%，3）=3 025×0.751 3=2 272.68（万元）

三年合计净现值 =2 409.12+2 499.86+2 272.68=7 181.66（万元）

（3）两种方案比较。

方案一中流动资金贷款三年合计净现值为 7 187.67 万元，方案二中流动资金、软件开发组合贷款三年合计净现值为 7 181.66 万元，即方案一比方案二增加净现值 6.01 万元。

这是由于方案一中的利息支出全部在第一年全额税前扣除，这有助于减少应纳税款，从而增加净现值。

21.4　集资税务筹划

21.4.1　集资税务筹划原则

企业在筹资时，眼光有时会从外部转向内部，发动企业员工进行集资。通过集资，企业既可以解决一部分生产经营所需的资金短缺的问题，还可以调动员工的积极性和增强其努力工作的意识。集资利息同工资一样是付给员工个人的，企业可将这两者进行转化以实现税务筹划。

21.4.2 案例：企业负债率高时的税务筹划

某企业刚投产的一个项目市场销售形势良好，目前急需流动资金。但由于企业目前负债率过高，无法再从外部获得资金，企业决定通过内部集资解决资金问题。该企业资金缺口为100万元，有职工1 000人，每人集资1 000元就可以满足企业的资金需要。为调动职工的积极性，企业将集资款的利率规定为年利率20%，目前市场上金融机构的同类同期贷款利率为8%，该企业年会计利润为100万元。

如果职工的利息全部以利息的名义支付，则该企业本年应纳企业所得税税额=[100+（100×20%−100×8%）]×25%=28（万元）。如果企业将其中的8万元以利息的名义支付给职工，另12万元以奖金的形式发放给职工，企业应纳企业所得税=100×25%=25（万元）。

通过税务筹划，该企业年节税3万元。

21.5 融资租赁的税务筹划

21.5.1 融资租赁的税务筹划原则

融资租赁是指具有融资性质的设备租赁业务，即出租人根据承租人所要求的规格、型号、性能等条件购入设备租赁给承租人的行为，承租人只拥有使用权，合同期满付清租金后，承租人有权按残值购入设备，以获得设备的所有权。

融资租赁的租金包括租赁设备的价款、价款利息和手续费；租赁期内，承租人除分期向出租人支付租金外，还应给租赁设备办理保险。融资租赁具有可选择租赁设备、租赁时间长和中途不得毁约等特点。

21.5.2　案例：购进固定资产税务筹划

某企业想购入新的固定资产，该固定资产价值为 10 万元，企业可供选择的方案有两个：一是从银行借款购入；二是租入该固定资产。

长期借款的年利率为 8%，期限 5 年，分期偿还本息。租金每年年末支出，出租者要求 5 年收回成本，并取得 8% 的报酬。固定资产预计使用 5 年，按直线计提法折旧，不计残值。

该企业适用的企业所得税税率为 25%，资金成本率为 8%，5 年期 8% 利率的年金现值系数为 3.993。两个方案中，每年现金流出量 = 年金现值 ÷ 年金现值系数 =100 000÷3.993= 25 044（元），即租赁方案下，每年支付租金 25 044 元。借款方案下，每年支付本利 25 044 元。

根据税法规定，租赁费用可以在当期所得税前扣除；以长期借款方式购买固定资产，可在所得税税前扣除借款利息（非购建期间）和固定资产折旧额两项。

表 21-2 和表 21-3 是两个方案的相关数据，借款方案现金流出现值合计 74 757.99 元，租赁方案现金流出现值合计 67 000.47 元，前者比后者多 7 757.52 元。

表 21-2　租赁方案现金流出现值计算

单位：元

年限	现金支出	抵缴所得税	现金支出	现金系数	现金流出现值
1	25 044	8 264.52	16 779.48	0.93	15 537.80
2	25 044	8 264.52	16 779.48	0.86	14 380.01
3	25 044	8 264.52	16 799.48	0.79	13 338.79
4	25 044	8 264.52	16 799.48	0.74	12 347.67
5	25 044	8 264.52	16 799.48	0.681	11 440.45
合计	125 220	41 322.60	83 997.4		67 000.47

表 21-3 借款方案的现金流出现值计算

单位：元

年限	还本付息	付息	还本	欠款数	折旧	费用合计	抵缴所得税	现金支出	贴现系数	现金流出现值
栏次	1	2	3=1-2	4	5	6=2+5	7=6×25%	8=1-7	9（1元复利现值系数）	10=8×9
0				100 000						
1	25 044	8 000	17 044	82 956	20 000	28 000	7 000	18 044	0.925 9	16 706.94
2	25 044	6 636.48	18 407.52	64 548.48	20 000	26 636.48	6 659.12	18 384.88	0.857 3	15 761.36
3	25 044	5 163.88	19 880.12	44 668.36	20 000	25 163.88	6 290.97	18 753.03	0.793 8	14 886.16
4	25 044	3 573.47	21 470.53	23 197.83	20 000	23 573.47	5 893.37	19 150.63	0.735 0	14 075.71
5	25 044	1 846.17	23 197.83	0	20 000	21 846.17	5 461.54	19 582.46	0.680 6	13 327.82
合计	125 220	25 220	100 000		100 000	125 220	31 305	93 915		74 757.99

21.6　发行债券的税务筹划

21.6.1　企业债券溢价发行

1. 企业债券溢价发行的直线摊销法

直线摊销法下，将债券的溢价按债券年限平均分摊到各年冲减利息费用。

案例 1　企业债券溢价发行的直线摊销法举例。

某公司 2013 年 1 月 1 日发行债券 100 000 元，期限 5 年，票面利率为 10%，每年支付一次利息。该公司按 108 030 元发行，市场利率为 8%。若采用直线摊销法摊销溢价，则相关摊销如表 21-4 所示。

表 21-4　债券溢价发行的直线摊销表

单位：元

付息日期	实付利息	利息费用	溢价摊销	未摊销溢价	账面价值
	实付利息 = 债券面值 × 票面利率	利息费用 = 实付利息 - 溢价摊销	溢价摊销 = 溢价总额 ÷5（年）	未摊销溢价 = 期初未摊销溢价 - 本期溢价摊销	账面价值 = 期初账面价值 - 本期溢价摊销
2013-1-1				8 030	108 030
2013-12-31	10 000	8 394	1 606	6 424	106 424
2014-12-31	10 000	8 394	1 606	4 818	104 818
2015-12-31	10 000	8 394	1 606	3 212	103 212
2016-12-31	10 000	8 394	1 606	1 606	101 606
2017-12-31	10 000	8 394	1 606	0	100 000
合计	50 000	41 970	8 030	—	—

2. 企业债券溢价发行的实际利率法

实际利率法下，将以应付债券的现值乘以实际利率计算出来的利息与名义利息比较，将其差额作为溢价摊销额。实际利率法的特点是：负债递减，利息也随

263

之递减，而溢价摊销额相应地逐年递增。

案例 2 企业债券溢价发行的实际利率法举例。

某公司 2013 年 1 月 1 日发行债券 100 000 元，期限 5 年，票面利率为 10%，每年支付一次利息。公司按 108 030 元发行，市场利率为 8%。若采用实际利率法摊销溢价，则相关摊销如表 21-5 所示。

表 21-5 债券溢价发行的实际利率摊销表

单位：元

付息日期	实付利息	利息费用	溢价摊销	未摊销溢价	账面价值
	实付利息 = 债券面值 × 票面利率	利息费用 = 账面价值 × 市场利率	溢价摊销 = 实付利息 - 利息费用	未摊销溢价 = 期初未摊销溢价 - 本期溢价摊销	账面价值 = 期初账面价值 - 本期溢价摊销
2013-1-1				8 030	108 030
2013-12-31	10 000	8 642.4	1 357.6	6 672.4	106 672.4
2014-12-31	10 000	8 533.8	1 466.2	5 206.2	105 206.2
2015-12-31	10 000	8 416.5	1 583.5	3 622.7	103 622.7
2016-12-31	10 000	8 289.8	1 710.2	1 912.5	101 912.5
2017-12-31	10 000	8 087.5	1 912.5	0	100 000
合计	50 000	41 970	8 030	—	—

注：8 087.5=41 970-8 642.4-8 533.8-8 416.5-8 289.8

债券溢价摊销方法不同，不会影响利息费用总和，但会影响各年度的利息费用摊销额。

如果采用实际利率法，则前几年的溢价摊销额小于直线法下的溢价摊销额，而前几年的利息费用大于直线法下的利息费用。因此，在实际利率法下，公司前期缴纳的税款较少，后期缴纳的税款较多，可获得延期纳税的财务利益。

21.6.2　企业债券折价发行

1．企业债券折价发行的直线摊销法

直线摊销法下，将债券的折价按债券年限平均分摊于各年转化为利息费用。

案例 1　企业债券折价发行的直线摊销法举例。

某公司 2013 年 1 月 1 日发行债券 100 000 元，期限为 5 年，票面利率为 6%，每年支付一次利息。公司按 92 058 元发行，市场利率为 8%。若采用实际利率法摊销折价，则相关摊销如表 21-6 所示。

表 21-6　债券折价发行的直线摊销表

单位：元

付息日期	实付利息	利息费用	折价摊销	未摊销折价	账面价值
	实付利息＝债券面值×票面利率	利息费用＝实付利息＋折价摊销	折价摊销＝折价总额÷5（年）	未摊销折价＝期初未摊销折价－本期折价摊销	账面价值＝期初账面价值＋本期折价摊销
2013.1.1				7 942	92 058
2013.12.31	6 000	7 588.4	1 588.4	6 353.6	93 646.4
2014.12.31	6 000	7 588.4	1 588.4	4 765.2	95 234.8
2015.12.31	6 000	7 588.4	1 588.4	3 176.8	96 823.2
2016.12.31	6 000	7 588.4	1 588.4	1 588.4	98 411.6
2017.12.31	6 000	7 588.4	1 588.4	0	100 000
合计	30 000	37 942	7 942	—	—
注：37 942－30 000＝7 942，100 000－7 942＝92 058					

2．企业债券折价发行的实际利率法

实际利率法下，将以应付债券的现值乘以实际利率计算出来的利息与名义利息比较，将其差额作为折价摊销额。实际利率法的特点是：摊销折价，负债递增，利息也随之递增，折价摊销额则相应地逐年递增。

案例 2　企业债券折价发行的实际利率法举例。

某公司2013年1月1日发行债券100 000元，期限为5年，票面利率为6%，每年支付一次利息。公司按92 058元发行，市场利率为8%。若采用实际利率法摊销折价，则相关摊销如表21-7所示。

表21-7　企业债券折价发行的实际利率摊销表

单位：元

付息日期	实付利息	利息费用	折价摊销	未摊销折价	账面价值
	实付利息 = 债券面值 × 票面利率	利息费用 = 账面价值 × 市场利率	折价摊销 = 利息费用 - 实付利息	未摊销折价 = 期初未摊销折价 - 本期折价摊销	账面价值 = 期初账面价值 + 本期折价摊销
2013-1-1				7 942	92 058
2013-12-31	6 000	7 364.6	1 364.6	6 577.4	93 422.6
2014-12-31	6 000	7 473.8	1 473.8	5 103.6	94 896.4
2015-12-31	6 000	7 591.7	1 591.7	3 511.9	96 488.1
2016-12-31	6 000	7 719	1 719	1 792.9	98 207.1
2017-12-31	6 000	7 792.9	1 792.9	0	100 000
合计	30 000	37 942	7 942	—	—
注：7 792.9=37 942-7 364.6-7 473.8-7 591.7-7 719					

债券折价摊销方法不同，不会影响利息费用总和，但会影响各年度的利息费用摊销额。

如果采用实际利率法，则前几年的折价摊销额小于直线法下的摊销额，前几年的利息费用也小于直线法下的利息费用。因此，在实际利率法下，公司前期缴纳税款较多，而后期缴纳税款较少。

21.7　优化资本结构的税务筹划

21.7.1　资本结构与税务筹划

资本结构是指公司使用负债和权益的比率。

资本成本是指投资资本的机会成本。这种成本不是实际支付的成本，而是一种失去的收益，是将资本用于本项目投资所放弃的其他投资机会的收益，因此被称为机会成本。资本结构是指企业各种资本的价值构成及其比例关系，是企业一定时期筹资组合的结果。资本结构与成本对比表举例如表 21-8 所示。

表 21-8　资本结构与成本对比表举例

项目	数量（万元）	资本成本率	比例	加权资本成本率
债务	3 000	8%	30%	2.4%
优先股	1 000	10%	10%	1.0%
普通股	6 000	14%	60%	8.4%
合 计	10 000		100%	11.8%

21.7.2　税盾与税盾效应

税盾，是指可以产生避免或减轻企业税负作用的工具或方法。

税盾效应，即企业如果要向债权人和股东支付相同的报酬，就要赚取更多的利润。

例如，设企业所得税税率为 25%，企业向债权人支付 100 元利息，由于利息在税前列支，企业只需产生税前利润 100 元即可保证能按时支付利息；但如果要向股东支付 100 元投资报酬，则企业需产生 133.33 元 [100÷（1-25%）] 税前利润，只有这样，才能保证向股东支付 100 元投资报酬。

第 22 章
企业投资税务筹划

22.1　投资行业的税务筹划

22.1.1　行业间的税收待遇

在进行投资行业的税务筹划前，必须对行业间的税收待遇进行比较，可将其分为 3 个层次：一是生产性行业间的税收待遇比较；二是非生产性行业间的税收待遇比较；三是生产性行业与非生产性行业间的税收待遇比较。

22.1.2　投资行业选择过程

投资行业选择过程中应注意 3 个问题及可供选择的渠道。首先，应以利润最大化为目标；其次，要充分估计筹划获利的机会成本；最后，必须充分考虑所选行业享受优惠政策的条件。选择渠道有出口退税、"三废"利用等。

（1）企业所得税法中有关税收优惠政策的要点如下。

①"以产业优惠为主，区域优惠为辅"，高新技术企业适用企业所得税税率为 15%。

②农业企业：免征、减半征收企业所得税。

③国家重点扶持的公基础设施项目的投资经营所得："免三减三"。

④ 符合条件的环境保护、节能节水项目所得："免三减三"。

⑤ 符合条件的技术转让所得：500 万元以下免税，500 万元以上减半征收企业所得税。

⑥ 综合利用资源项目：规定的资源作为主要原材料，按 90% 收入计入收入总额。

⑦ 我国境内新办软件生产企业："两免三减半"。

⑧ 国家规划布局内的重点软件生产企业：如当年未享受免税优惠，减按 10% 的税率征收企业所得税。

（2）行业性优惠：在增值税方面，纳税人可以享受的税收优惠主要是对农业产品、自来水、书报杂志等特殊行业实行 9% 的低税率。再如，自 2007 年 1 月 1 日起，音像制品和电子出版物的增值税税率由 17% 下调至 13%，2018 年 5 月 1 日起调至 10%，2019 年 4 月 1 日起调至 9%。

例如，某企业处于筹备阶段，企业所在地初步选择在市郊，计划主要生产草皮，供城市绿化、体育场馆等使用。由于当地近两年城市建设较快，且当地没有生产类似产品的厂家，所以预计开业当年销售规模会比较乐观。

但同时产生的问题是，该企业可以抵扣的增值税进项税额很少，只有种子、农药、水电等项目可以产生为数不多的进项税额，而其产品市场价格较高，因而从增值税角度考虑，其增值率较高，可能会承担比较多的增值税。

22.2　投资方式的税务筹划

22.2.1　有形资产投资方式

我国现行税法规定：按中外合资经营企业中外双方所签合同中规定作为外方出资机械设备、零部件及其他物件，以及经审批，合营企业以增加资本新出口的国内不能保证供应的机械设备、零部件及其他物件，可以免征关税和进口环节的增值税。这种规定的目的是鼓励中外合资创办企业。

经营企业需要引进国外先进机械设备的，同时也可将其作为一种节税的投资方式。

22.2.2　无形资产投资方式

无形资产包括专利权、商标权、著作权、非专利技术、土地使用权等。采用无形资产投资方式，不仅可以获得一定的超额利润，还能达到节税的目的。

例如，在企业创办过程中，甲方需向乙方购买一项技术，价值 50 万美元，须缴纳 10 万美元的预提所得税。在筹划过程中，乙方可以将该技术作为无形资产投资，则巨额的预提所得税便可省去。

22.2.3　投资期限的方式

按投资期限不同，投资方式可分为分期投资方式和一次性投资方式。在投资方式选择中，一般选取前者。

我国现行税法规定：中外合营企业合营双方应在合营合同中注明出资期限，并按合营合同规定的期限缴清各自出资额；合同中规定一次缴清出资的，合营双方应自营业执照签发之日 6 个月内缴清；合同中规定分期缴付出资的，双方第一期出资不得低于各自认缴出资额的 15%，且应自营业执照签发之日起 3 个月内缴清。由此可见，分期投资可获得资金的时间价值。

22.3　投资结构的税务筹划

22.3.1　投资结构税务筹划原则

利用投资结构进行税务筹划的目的是使企业最大限度地获取投资收益。应使收益来源主要集中于低税率的投资成分上，如国库券（其投资收益免缴所得税），这样，投资收益额便是税后利润额。

22.3.2　投资结构税务筹划与税收优惠

投资结构是一个有机的经济体，不同的投资成本结构形成不同的投资结构。而不同的投资成本因为行业优惠、地域优惠等优惠政策不同而受到不同的税收待遇，于是由投资成分整合而成的投资结构也会受到不同的税收待遇。这便是投资结构筹划的依据。

投资结构对企业税负以及税后利润的影响主要受 3 个因素的变化影响，即税率的总体水平、有效税基的综合比例以及综合成本的高低。从这个角度上讲，投资结构的构成和变动决定应税收益来源的构成和变动，应税收益来源的构成和变动决定应税收益来源的构成和变动，应税收益来源的构成和变动又决定企业纳税筹划成效的高低。

在投资结构筹划的具体操作中，应使收益来源主要集中于零税率或低税率的投资成分上，如国库券投资收益税率为零，其投资收益额便是税后利润额。另外，在经济特区、保税区、经济技术开发区投资经营往往能享受低税率的优惠。显而易见，多投资于零税率或低税率的行业、地区能达到较好的节税效果。当然，在节税成本大大减少了应税收益总额的条件下，投资结构的优化组合活动还需继续进行。

22.4　金融投资税务筹划

22.4.1　投资过程的税务筹划

1. 投资规模的筹划

首先，对企业自身营运能力进行分析；其次，把握企业经营外部环境变动情况；最后，对税前收益最大化的投资额规模进行实证分析。投资规模应该趋近于企业营运负荷能力的极限，即投资的追加边际成本等于其边际收益。

2．投资项目的筹划

企业应根据自身的优缺点，紧扣税法的规定，在生产经营过程中选择恰当的投资项目。

3．投资伙伴的筹划

选择投资伙伴时主要考察两个方面的因素：一是合作伙伴的税收待遇；二是合作伙伴的实力。

4．投资意向的筹划

如果企业自身资金紧缺，可以选择收购部分股份来增强企业的生产控制力；如果企业自身资金充足，而且新增项目多，就可以选择组建新企业。

5．税收屏蔽

税收屏蔽有时又称为税收庇护，是指纳税人为了降低税负而设计的投资活动。税收屏蔽的目的并不是直接为企业减少税基、减轻税负，而是使企业的应税所得延迟纳税，暂时减轻企业的税收负担。

22.4.2　金融投资的税务筹划

（1）商业票据、利息要缴纳所得税。

（2）商品、外汇期货、交易合同要缴纳印花税，其收益要缴纳所得税。

（3）政府债券。企业与个人购买国债的利息所得，均免征所得税；可流通政府债券的转让要缴纳印花税。

（4）金融债券。金融债券的利息，收益人通常需要缴纳所得税。以国家名义发行的金融债券利息所得，免征个人所得税。

（5）企业债券。企业债券可以转让，当发行企业破产清债时，债券优于股权清偿，所以购买企业债券的风险要小于股票投资风险。在我国，企业债券所得要缴纳所得税，当转让企业债券时要缴纳印花税。

（6）企业间资金拆借。企业间资金拆借有一定限制，对拆借资金所获得的利息需缴纳所得税。

22.5　项目投资与企业并购税务筹划

22.5.1　项目投资的税务筹划

（1）利用固定资产计提折旧可以冲减利润的办法进行节税。

（2）积极主动地去适应税制的变化。

（3）在利用固定资产进行投资时，应充分筹划后再投资项目。

22.5.2　企业并购的税务筹划

在吸收合并企业的税务筹划活动中，主要应考察以下两个方面的问题：一是合并后整体税负的增减；二是合并行为中产权支付方式的选择。

高利润企业兼并高亏损企业会冲减盈利企业的利润，这样就会减轻企业的所得税税负。

案例　振邦集团税务筹划。

振邦集团是生产型的企业集团，由于近期生产经营效益不错，集团预测今后几年的市场需求会有进一步扩大的趋势，于是准备扩展生产能力。离振邦集团不远的 A 公司生产的产品正好是其生产所需的原料之一，A 公司由于经营管理不善正处于严重的资不抵债状态，已经无力经营。经评估，A 公司资产总额为 4 000 万元，负债总额为 6 000 万元，但 A 公司的一条生产线性能良好，正是振邦集团生产原料所需的生产线，其原值为 1 400 万元（不动产 800 万元、生产线设备 600 万元），评估值为 2 000 万元（不动产作价 1 200 万元，生产线设备作价 800 万元）。

请为振邦集团进行税务筹划，使振邦集团的税负最低。

方案一：产权交易行为——承债式整体并购。

根据国家税务总局公告 2011 年第 13 号文件的规定，企业的产权交易（所谓产权交易，是指企业的整体资产、负债和劳动力全部转移到购买方的经济行为）行为不缴纳增值税。A 公司资产总额为 4 000 万元，负债总额为 6 000 万元，已严重资不抵债。A 公司通过清算程序后，不缴纳企业所得税。

该方案对于合并方振邦集团而言，其需要购买 A 公司的全部资产，从经济核算的角度讲，这是没有必要的，而且振邦集团还要承担大量的不必要的债务，这对集团以后的运作不利。

方案二：产权交易行为——先分后并。

A 公司先将原料生产线重新包装成一个全资子公司（B 公司），其资产为生产线评估价 2 000 万元，负债为 2 000 万元，净资产为 0，即先分设出一个独立的 B 公司，然后再实现振邦集团对 B 公司的并购，将资产买卖行为转变为企业产权交易行为。

同方案一，A 公司产权交易行为不缴纳增值税。在企业所得税方面，当 A 公司分设出 B 公司时，被分设企业应视为按公允价值转让其被分离出去的部分或全部资产，计算被分离资产的财产转让所得，依法缴纳企业所得税：A 公司分设 B 公司后，A 公司应按公允价值 2 000 万元确认生产线的财产转让所得 600 万元（评估公允价 2 000 万元 – 成本 1 400 万元），计算出应纳企业所得税为 150（600×25%）万元。

B 公司被振邦集团合并后，根据企业合并有关税收政策，应视为按公允价值转让、处置全部资产，计算资产转让所得，缴纳企业所得税。由于 B 公司转让所得为 0，所以不缴纳企业所得税。

22.6　固定资产投资的税务筹划

22.6.1　利用固定资产计提折旧可以冲减利润的办法进行节税

案例　利用固定资产计提折旧进行税务筹划举例。

某有限公司固定资产原值为 200 000 元，预计残值为 10 000 元，预计使用年限为 5 年。该有限公司未扣除折旧的利润和产量如表 22-1 所示，该企业适用 25% 的企业所得税税率，资金成本率为 10%。

表 22-1　未扣除折旧的利润和产量

年限	未扣除折旧的利润（元）	产量（件）
第一年	100 000	1 000
第二年	120 000	1 200
第三年	90 000	900
第四年	80 000	800
第五年	70 000	700
合计	460 000	4 600

不同折旧方法下企业应纳企业所得税的比较如下。

1. 年限平均法

年限平均法下各年度应纳企业所得税如表 22-2 所示。

表 22-2　各年度应纳企业所得税（年限平均法）

年限	年折旧额（元）	应纳企业所得税（元）	应纳企业所得税现值（元）
第一年	38 000	15 500	
第二年	38 000	20 500	
第三年	38 000	13 000	
第四年	38 000	10 500	
第五年	38 000	8 000	
合计	190 000	67 500	52 470.5

2. 工作量法

工作量法下各年度应纳企业所得税如表 22-3 所示。

表 22-3　各年度应纳企业所得税（工作量法）

年限	年折旧额（元）	应纳企业所得税（元）	应纳企业所得税现值(元)
第一年	41 300	14 675	
第二年	49 560	17 610	
第三年	37 170	13 207.5	

年限	年折旧额（元）	应纳企业所得税（元）	应纳企业所得税现值(元)
第四年	33 040	11 740	
第五年	28 930	10 267.5	
合计	190 000	67 500	52 205
注：会计制度规定，在固定资产预计使用年限的最后两年，应将固定资产的余额扣除预计净残值后平均摊销，并作为每个年度计提折旧的余额			

3. 双倍余额递减法

双倍余额递减法下各年度应纳企业所得税如表22-4所示。

表22-4　各年度应纳企业所得税（双倍余额递减法）

年限	年折旧额（元）	应纳企业所得税（元）	应纳企业所得税现值(元)
第一年	80 000	5 000	
第二年	48 000	18 000	
第三年	28 800	15 300	
第四年	16 600	15 850	
第五年	16 600	13 350	
合计	190 000	67 500	50 019.2

4. 年数总和法

年数总和法下各年度应纳企业所得税如表22-5所示。

表22-5　各年度应纳企业所得税（年数总和法）

年限	年折旧额（元）	应纳企业所得税(元)	应纳企业所得税现值（元）
第一年	63 333.33	9 166.67	
第二年	50 666.67	17 333.33	
第三年	38 000	13 000	
第四年	25 333.33	13 666.67	
第五年	12 666.67	14 333.33	
合计	190 000	67 500	50 648.17

通过以上不同折旧方法下企业应纳企业所得税税额的比较可以看出，采用双倍余额递减法计算出的第一年应纳税额最少，为 5 000 元，而年限平均法下计算出的第一年应纳税额最多，为 15 500 元。

由此来看，加速折旧法使该有限公司在最初的年份提取的折旧较多，冲减了税基，从而减少了应纳税款，考虑到货币的时间价值，相当于该有限公司在最后的年份内取得了一笔无息贷款。这对该有限公司来说达到了合法避税的效果。

利用固定资产折旧方法进行税务筹划时应注意的问题如下。

（1）固定资产折旧方法的选择要符合国家相关的法律规定。

《中华人民共和国企业所得税法》第十一条规定，在计算应纳税所得额时，企业按照规定计算的固定资产折旧，准予扣除。

因此，企业在利用固定资产折旧方法进行税务筹划时必须以不违背税法为前提。

企业固定资产确需缩短折旧年限或采取加速折旧方法的，企业应先提出申请，经主管税务机关审核批准后方可进行。

（2）固定资产折旧方法的选择应考虑折旧年限的影响。

我国现行会计制度和税法对固定资产折旧年限都给予了企业一定的选择空间，企业可根据自己的具体情况，来选择最为有利的固定资产折旧年限。

通常的做法是：在创办初期，企业可能享受一些减免税优惠政策，这样企业可以延长固定资产折旧年限，将计提的折旧递延到减免税优惠政策期满后计入成本，从而达到节税的效果。

而对一般性企业来说，可以以技术进步等为由，缩短固定资产的折旧年限，加快固定资产成本的回收速度，使企业后期的成本费用前移，前期的利润后移，从而得到延期纳税的益处。

（3）固定资产折旧方法的选择应考虑货币时间价值因素的影响。

由于受货币时间价值因素的影响，在不同时点，同一单位货币的价值含量是不相等的。

所以，企业在为固定资产选择不同的折旧方法并计算其带来的税收收益时，应先将计提的折旧按当时的货币资本市场利率进行贴现，准确计算出不同折旧方法下折旧费的现值总和及节税额现值总和并加以比较，在遵守国家有关税法的前提下，选择能给企业带来最大税收规避额现值的折旧方法。

22.6.2　积极主动地去适应税制变化

企业要充分认识税制变化对我国发展的重大意义，以更加积极、主动、进取的姿态把握机遇、迎接挑战。部分有关政策如下。

财政部 税务总局关于设备 器具扣除有关企业所得税政策的通知

财税〔2018〕54号

各省、自治区、直辖市、计划单列市财政厅（局）、国家税务局、地方税务局，新疆生产建设兵团财政局：

为引导企业加大设备、器具投资力度，现就有关企业所得税政策通知如下：

一、企业在2018年1月1日至2020年12月31日期间新购进的设备、器具，单位价值不超过500万元的，允许一次性计入当期成本费用在计算应纳税所得额时扣除，不再分年度计算折旧；单位价值超过500万元的，仍按企业所得税法实施条例、《财政部 国家税务总局关于完善固定资产加速折旧企业所得税政策的通知》（财税〔2014〕75号）、《财政部 国家税务总局关于进一步完善固定资产加速折旧企业所得税政策的通知》（财税〔2015〕106号）等相关规定执行。

二、本通知所称设备、器具，是指除房屋、建筑物以外的固定资产。

财政部 税务总局

2018年5月7日

财务部 税务总局关于创业投资企业和天使投资个人有关税收政策的通知

财税〔2018〕55号

各省、自治区、直辖市、计划单列市财政厅（局）、国家税务局、地方税务局，新疆生产建设兵团财政局：

一、税收政策内容

（一）公司制创业投资企业采取股权投资方式直接投资于种子期、初创期科技型企业（以下简称初创科技型企业）满2年（24个月，下同）的，可以按照投资额的70%在股权持有满2年的当年抵扣该公司制创业投资企业的应纳税所得额；当年不足抵扣的，可以在以后纳税年度结转抵扣。

（二）有限合伙制创业投资企业（以下简称合伙创投企业）采取股权投资方式直接投资于初创科技型企业满2年的，该合伙创投企业的合伙人分别按以下方式处理：

1.法人合伙人可以按照对初创科技型企业投资额的70%抵扣法人合伙人从合伙创投企业分得的所得；当年不足抵扣的，可以在以后纳税年度结转抵扣。

2.个人合伙人可以按照对初创科技型企业投资额的70%抵扣个人合伙人从合伙创投企业分得的经营所得；当年不足抵扣的，可以在以后纳税年度结转抵扣。

（三）天使投资个人采取股权投资方式直接投资于初创科技型企业满2年的，可以按照投资额的70%抵扣转让该初创科技型企业股权取得的应纳税所得额；当期不足抵扣的，可以在以后取得转让该初创科技型企业股权的应纳税所得额时结转抵扣。

二、相关政策条件

（一）本通知所称初创科技型企业，应同时符合以下条件：

1.在中国境内（不包括港、澳、台地区）注册成立、实行查账征收的居民企业；

2.接受投资时，从业人数不超过200人，其中具有大学本科以上学历的从业人数不低于30%；资产总额和年销售收入均不超过3 000万元；

3.接受投资时设立时间不超过5年（60个月）；

4.接受投资时以及接受投资后2年内未在境内外证券交易所上市；

5.接受投资当年及下一纳税年度，研发费用总额占成本费用支出的比例不低于20%。

（二）享受本通知规定税收政策的创业投资企业，应同时符合以下条件：

1.在中国境内（不含港、澳、台地区）注册成立、实行查账征收的居民企业或合伙创投企业，且不属于被投资初创科技型企业的发起人；

2.符合《创业投资企业管理暂行办法》（发展改革委等10部门令第39号）规定或者《私募投资基金监督管理暂行办法》（证监会令第105号）关于创业投资基金的特别规定，按照上述规定完成备案且规范运作；

3.投资后2年内，创业投资企业及其关联方持有被投资初创科技型企业的股权比例合计应低于50%。

（三）享受本通知规定的税收政策天使投资个人，应同时符合以下条件：

1.不属于被投资初创科技型企业的发起人、雇员或其亲属（包括配偶、父母、子女、祖父母、外祖父母、孙子女、外孙子女、兄弟姐妹，下同），且与被投资初创科技型企业不存在劳务派遣等关系；

2.投资后2年内，本人及其亲属持有被投资初创科技型企业股权比例合计应低于50%。

（四）享受本通知规定的税收政策的投资，仅限于通过向被投资初创科技型企业直接支付现金方式取得的股权投资，不包括受让其他股东的存量股权。

22.6.3　在固定资产投资时，充分筹划再投资项目

这里要讲的再投资优惠政策主要是针对外国投资者而设的，对于中外合作经营企业和中外合资经营企业，这类筹划方式有较为现实的意义。

外商投资企业的外国投资者，将从企业取得的利润直接再投资于该企业，增加注册资本，或作为资本投资开办其他外商投资企业，经营期不少于5年的，经投资者申请和税务机关批准，退还其再投资部分已缴纳所得税的40%税款。

外国投资者在中国境内直接再投资举办、扩建产品出口企业或者先进技术企业，以及外国投资者将从海南经济特区内的企业获得的利润直接再投资于海南经济特区内的基础设施建设项目和农业开发企业，经营期不少于5年的，经批准可全部退还其再投资部分已缴纳的企业所得税税款。

再投资退税后，税务机关要进行再投资退税的管理。若发现再投资不满5年撤出的，应当缴回已退税款；再投资后3年内未达到产品出口企业标准的，考核不合格被撤销先进技术企业称号的，应缴回已退税款的60%。上述规定是一种约束条件。但即使将来缴回已退税款，对再投资者来说，仍获得了一定利益，因为其已利用了货币资金的时间价值。

亏损弥补是对外商投资企业和外国企业的一项重要税收优惠政策。但是，有些外商投资企业和外国企业对这项政策没有用足、用好。

有关政策规定，外商投资企业和外国企业在中国境内设立的从事生产、经营的机构和场所发生年度亏损，可以用下一纳税年度的所得弥补，下一年度的所得不足弥补的，可以逐年延续弥补，但最长不得超过5年。企业开办初期有亏损的，可以按照上述办法逐年结转弥补，以弥补后有利润的纳税年度为开始获利年度。

案例 广州某外资企业亏损弥补。

广州康利特电子有限公司经营过程中，第一年亏损 60 万元，第二年亏损 45 万元，第三年亏损 25 万元，第四年亏损 1.5 万元，第五年盈利 25 万元，第六年盈利 30 万元，第七年盈利 35 万元，第八年盈利 45 万元。

分析：该公司第一年亏损的 60 万元，可以用后 5 年的利润来弥补，但是后 5 年中，只有第五年、第六年盈利，两年共实现利润 55 万元，弥补第一年亏损后，仍有 5 万元未能弥补。第七年企业实现利润 35 万元，这 35 万元不能再用于弥补第一年的亏损，而只能用来弥补第二年的亏损 45 万元，第七年的利润弥补第二年的亏损后仍有 10 万元亏损弥补不了。

第八年的利润 45 万元，只能用来弥补第三年的亏损 25 万元和第四年的亏损 15 万元，因为对第三年、第四年而言，第八年是它们的法定弥补期。弥补后还有 5 万元盈利，这标志着该企业在第八年才真正进入获利年度。

相磁税收政策汇编

增值税

《财政部 国家税务总局关于调整铁路和航空运输企业汇总缴纳增值税总分机构名单的通知》（财税〔2019〕1 号）

《国家税务总局关于小规模纳税人免征增值税政策有关征管问题的公告》（国家税务总局公告 2019 年第 4 号）

《财政部 税务总局关于冬奥会和冬残奥会企业赞助有关增值税政策的通知》（财税〔2019〕6 号）

《财政部 税务总局关于明确养老机构免征增值税等政策的通知》（财税〔2019〕20 号）

《国家税务总局关于发布出口退税率文库 2019A 版的通知》（税总函〔2019〕53 号）

《国家税务总局关于调整增值税专用发票防伪措施有关事项的公告》（国家税务总局公告 2019 年第 9 号）

《财政部 税务总局关于继续实施支持文化企业发展增值税政策的通知》（财税〔2019〕17 号）

《财政部 海关总署 税务总局 药监局关于罕见病药品增值税政策的通知》（财税〔2019〕24号）

《国家税务总局关于进一步做好纳税人增值税发票领用等工作的通知》（税总函〔2019〕64号）

《国家税务总局关于做好2019年深化增值税改革工作的通知》（税总发〔2019〕32号）

《国家税务总局关于稀土企业等汉字防伪项目企业开具增值税发票有关问题的公告》（国家税务总局公告2019年第13号）

《国家税务总局关于异常增值税扣税凭证管理等有关事项的公告》（国家税务总局公告2019年第38号）

《财政部 税务总局 海关总署关于深化增值税改革有关政策的公告》（财政部 税务总局 海关总署公告2019年第39号）

《国家税务总局关于深化增值税改革有关事项的公告》（国家税务总局公告2019年第14号）

《国家税务总局办公厅关于印发〈2019年深化增值税改革纳税服务工作方案〉的通知》（税总办发〔2019〕34号）

《国家税务总局关于做好2019年深化增值税改革第一阶段"开好票"相关工作的通知》（税总函〔2019〕81号）

《国家税务总局关于发布出口退税率文库2019B版的通知》（税总函〔2019〕82号）

《国家税务总局关于调整增值税纳税申报有关事项的公告》（国家税务总局公告2019年第15号）

《财政部 税务总局 国务院扶贫办关于扶贫货物捐赠免征增值税政策的公告》（财政部 税务总局 国务院扶贫办公告2019年第55号）

《国家税务总局关于做好2019年深化增值税改革第二阶段"报好税"相关工作的通知》（税总函〔2019〕108号）

《国家税务总局关于办理增值税期末留抵税额退税有关事项的公告》（国家税务总局公告2019年第20号）

《财政部 国家税务总局关于延续免征国产抗艾滋病病毒药品增值税政策的公告》（财政部 税务总局公告2019年第73号）

《国家税务总局 财政部 海关总署关于在综合保税区推广增值税一般纳税人资格试点的公告》（国家税务总局公告 2019 年第 29 号）

《财政部 税务总局关于继续执行边销茶增值税政策的公告》（财政部 税务总局公告 2019 年第 83 号）

《财政部 税务总局关于明确部分先进制造业增值税期末留抵退税政策的公告》（财政部 税务总局公告 2019 年第 84 号）

《财政部 税务总局关于明确生活性服务业增值税加计抵减政策的公告》（财政部 税务总局公告 2019 年第 87 号）

《国家税务总局关于增值税发票管理等有关事项的公告》（国家税务总局公告 2019 年第 33 号）

《财政部 税务总局关于资源综合利用增值税政策的公告》（财政部 税务总局公告 2019 年第 90 号）

《财政部 商务部 税务总局关于继续执行研发机构采购设备增值税政策的公告》（财政部 商务部 税务总局公告 2019 年第 91 号）

《国家税务总局关于异常增值税扣税凭证管理等有关事项的公告》（国家税务总局公告 2019 年第 38 号）

《国家税务总局关于取消增值税扣税凭证认证确认期限等增值税征管问题的公告》（国家税务总局公告 2019 年第 45 号）

《国家税务总局关于开展网络平台道路货物运输企业代开增值税专用发票试点工作的通知》（税总函〔2019〕405 号）

企业所得税

《国家税务总局关于哈萨克斯坦超额利润税税收抵免有关问题的公告》（国家税务总局公告 2019 年第 1 号）

《科技部火炬中心关于开展 2019 年科技型中小企业评价工作的通知》（国科火字〔2019〕87 号）

《国家税务总局 财政部 中国人民银行关于非居民企业机构场所汇总缴纳企业所得税有关问题的公告》（国家税务总局公告 2019 年第 12 号）

《财政部 税务总局关于实施小微企业普惠性税收减免政策的通知》（财税〔2019〕13 号）

《财政部　税务总局关于 2017 年度 2018 年度中国红十字会总会等公益性群众团体捐赠税前扣除资格名单的公告》（财政部　税务总局公告 2019 年第 37 号）

《国家税务总局关于发布〈中华人民共和国非居民企业所得税预缴申报表（2019 年版）〉等报表的公告》（国家税务总局公告 2019 年第 16 号）

《财政部　税务总局关于上海国际能源交易中心有关风险准备金和期货投资者保障基金支出企业所得税税前扣除政策问题的通知》（财税〔2019〕32 号）

《财政部　税务总局　国务院扶贫办关于企业扶贫捐赠所得税税前扣除政策的公告》（财政部　税务总局　国务院扶贫办公告 2019 年第 49 号）

《财政部　税务总局关于铁路债券利息收入所得税政策的公告》（财政部　税务总局公告 2019 年第 57 号）

《财政部　税务总局　国家发展改革委　生态环境部关于从事污染防治的第三方企业所得税政策问题的公告》（财政部　税务总局　国家发展改革委　生态环境部公告 2019 年第 60 号）

《财政部　税务总局关于永续债企业所得税政策问题的公告》（财政部　税务总局公告 2019 年第 64 号）

《财政部　税务总局关于扩大固定资产加速折旧优惠政策适用范围的公告》（财政部　税务总局公告 2019 年第 66 号）

《财政部　国家税务总局关于集成电路设计和软件产业企业所得税政策的公告》（财政部　税务总局公告 2019 年第 68 号）

《财政部　税务总局　民政部关于 2017 年度第二批和 2018 年度第一批公益性社会团体捐赠税前扣除资格名单的公告》（财政部　税务总局　民政部公告 2019 年第 69 号）

《财政部　税务总局关于保险企业手续费及佣金支出税前扣除政策的公告》（财政部　税务总局公告 2019 年第 72 号）

《财政部　国家税务总局关于石油石化企业办社会支出有关企业所得税政策的通知》（财税〔2019〕59 号）

《国家税务总局关于修订 2018 年版企业所得税预缴纳税申报表部分表单及填报说明的公告》（国家税务总局公告 2019 年第 23 号）

《国家税务总局关于修订〈中华人民共和国政府和印度共和国政府关于对所

得避免双重征税和防止偷漏税的协定〉的议定书生效执行的公告》（国家税务总局公告 2019 年第 28 号）

《财政部 税务总局关于横琴新区企业所得税优惠目录增列旅游产业项目的通知》（财税〔2019〕63 号）

《财政部 税务总局关于企业改制上市资产评估增值企业所得税处理政策的通知》（财税〔2019〕62 号）

《财政部 税务总局关于金融企业涉农贷款和中小企业贷款损失准备金税前扣除有关政策的公告》（财政部 税务总局公告 2019 年第 85 号）

《财政部 税务总局关于金融企业贷款损失准备金企业所得税税前扣除有关政策的公告》（财政部 税务总局公告 2019 年第 86 号）

《财政部 税务总局 民政部关于 2017 年度第二批和 2018 年度第一批公益性社会团体捐赠税前扣除资格名单的公告》（财政部 税务总局 民政部公告 2019 年第 69 号）

《工业和信息化部关于公布 2019 年国家技术创新示范企业名单的通知》（工信部科〔2019〕204 号）

《国家税务总局关于发布〈非居民纳税人享受协定待遇管理办法〉的公告》（国家税务总局公告 2019 年第 35 号）

《财政部 税务总局关于确认中国红十字会总会等群众团体 2019 年度公益性捐赠税前扣除资格的公告》（财政部 税务总局公告 2019 年第 89 号）

《国家税务总局关于跨境电子商务综合试验区零售出口企业所得税核定征收有关问题的公告》（国家税务总局公告 2019 年第 36 号）

《国家税务总局关于〈中华人民共和国政府和博茨瓦纳共和国政府对所得避免双重征税和防止偷漏税的协定〉生效执行的公告》（国家税务总局公告 2019 年第 40 号）

《国家税务总局关于修订企业所得税年度纳税申报表有关问题的公告》（国家税务总局公告 2019 年第 41 号）

《国家税务总局关于〈中华人民共和国政府和新西兰政府对所得消除双重征税和防止逃避税的协定〉及议定书生效执行的公告》（国家税务总局公告 2019 年第 50 号）

《国家税务总局关于〈内地和香港特别行政区关于对所得避免双重征税和防

止偷漏税的安排〉第五议定书生效执行的公告》（国家税务总局公告 2019 年第
51 号）

个人所得税

《个人税收递延型商业养老保险业务管理暂行办法》（银保监发〔2018〕
23 号）

《教育部高校学生司关于做好高等学校学生数据信息核准和补录工作的通
知》（教学司函〔2019〕1 号）

《国家税务总局关于修订个人所得税申报表的公告》（国家税务总局公告
2019 年第 7 号）

《财政部 税务总局 发展改革委 证监会关于创业投资企业个人合伙人所得
税政策问题的通知》（财税〔2019〕8 号）

《财政部 税务总局关于在中国境内无住所的个人居住时间判定标准的公
告》（财政部 税务总局公告 2019 年第 34 号）

《财政部 税务总局关于粤港澳大湾区个人所得税优惠政策的通知》（财税
〔2019〕31 号）

《财政部 税务总局关于非居民个人和无住所居民个人有关个人所得税政策
的公告》（财政部 税务总局公告 2019 年第 35 号）

《中国人民银行办公厅 财政部办公厅 税务总局办公厅关于做好个人所得
税住房贷款利息专项附加扣除相关信息归集工作的通知》（银办发〔2019〕71 号）

《国家税务总局关于调整〈中国税收居民身份证明〉有关事项的公告》（国
家税务总局公告 2019 年第 17 号）

《财政部 税务总局关于个人取得有关收入适用个人所得税应税所得项目的
公告》（财政部 税务总局公告 2019 年第 74 号）

《财政部 税务总局 证监会关于继续实施全国中小企业股份转让系统挂牌
公司股息红利差别化个人所得税政策的公告》（财政部 税务总局 证监会公告
2019 年第 78 号）

《财政部 税务总局 证监会关于继续执行沪港、深港股票市场交易互联互通
机制和内地与香港基金互认有关个人所得税政策的公告》（财政部 税务总局 证
监会公告 2019 年第 93 号）

《财政部 税务总局关于个人所得税综合所得汇算清缴涉及有关政策问题的公告》（财政部 税务总局公告 2019 年第 94 号）

《财政部 税务总局关于远洋船员个人所得税政策的公告》（财政部 税务总局公告 2019 年第 97 号）

《国家税务总局关于办理 2019 年度个人所得税综合所得汇算清缴事项的公告》（国家税务总局公告 2019 年第 44 号）

《财政部 税务总局关于公益慈善事业捐赠个人所得税政策的公告》（财政部 税务总局公告 2019 年第 99 号）

《国家税务总局关于修订部分个人所得税申报表的公告》（国家税务总局公告 2019 年第 46 号）

土地使用税

《财政部 税务总局关于中国兵器工业集团公司和中国兵器装备集团公司所属企业城镇土地使用税政策的通知》（财税〔2019〕10 号）

《国家税务总局关于修订城镇土地使用税和房产税申报表单的公告》（国家税务总局公告 2019 年第 32 号 ）

车船税

《财政部 税务总局关于国家综合性消防救援车辆车船税政策的通知》（财税〔2019〕18 号）

《工业和信息化部 国家税务总局关于发布〈享受车船税减免优惠的节约能源 使用新能源汽车车型目录（第七批）〉的公告》（工业和信息化部 国家税务总局公告 2019 年第 9 号）

《工业和信息化部 国家税务总局关于发布〈享受车船税减免优惠的节约能源 使用新能源汽车车型目录（第八批）〉〈汽车生产企业名称变更名单〉的公告》（工业和信息化部 国家税务总局公告 2019 年第 18 号）

《工业和信息化部 国家税务总局关于发布〈享受车船税减免优惠的节约能源 使用新能源汽车车型目录（第九批）〉的公告》（工业和信息化部 国家税务总局公告 2019 年第 25 号）

《工业和信息化部 国家税务总局关于享受车船税减免优惠的节约能源 使

用新能源汽车车型目录（第十批）》（工业和信息化部 国家税务总局公告 2019年第 31 号）

《工业和信息化部 国家税务总局享受车船税减免优惠的节约能源 使用新能源汽车车型目录（第十一批）》（工业和信息化部 国家税务总局公告 2019年第 47 号）

《工业和信息化部 国家税务总局享受车船税减免优惠的节约能源 使用新能源汽车车型目录（第十二批）》（工业和信息化部 国家税务总局公告 2019年第 60 号）

车辆购置税

《中华人民共和国工业和信息化部 国家税务总局关于发布〈免征车辆购置税的新能源汽车车型目录〉（第二十三批）的公告》（工业和信息化部公告2019 第 10 号）

《国家税务总局 公安部关于应用车辆购置税电子完税信息办理车辆注册登记业务的公告》（国家税务总局 公安部公告 2019 年第 18 号）

《中华人民共和国工业和信息化部 国家税务总局关于发布〈免征车辆购置税的新能源汽车车型目录〉（第二十四批）的公告》（工业和信息化部公告2019 年第 15 号）

《财政部 工业和信息化部 交通运输部国家发展和改革委员会关于支持新能源公交车推广应用的通知》（财建〔2019〕213 号）

《财政部 税务总局关于车辆购置税有关具体政策的公告》（财政部 税务总局公告 2019 年第 71 号）

《中华人民共和国工业和信息化部 国家税务总局关于发布〈免征车辆购置税的新能源汽车车型目录〉（第二十五批）的公告》（工业和信息化部公告2019 年第 21 号）

《国家税务总局 交通运输部关于城市公交企业购置公共汽电车辆免征车辆购置税有关事项的公告》（国家税务总局 交通运输部公告 2019 年第 22 号）

《国家税务总局 工业和信息化部关于加强车辆配置序列号管理有关事项的公告》（国家税务总局 工业和信息化部公告 2019 年第 25 号）

《国家税务总局关于车辆购置税征收管理有关事项的公告》（国家税务总局公告 2019 年第 26 号）

《财政部 税务总局关于继续执行的车辆购置税优惠政策的公告》（财政部 税务总局公告 2019 年第 75 号）

《国家税务总局关于废止〈车辆购置税征收管理办法〉的决定》（国家税务总局令第 47 号）

《中华人民共和国工业和信息化部 国家税务总局关于免征车辆购置税的新能源汽车车型目录（第二十六批）汽车生产企业名称变更名单撤销〈免征车辆购置税的新能源汽车车型目录〉的车型名单的公告》（工业和信息化部公告 2019 年第 32 号）

《中华人民共和国工业和信息化部 国家税务总局关于发布〈免征车辆购置税的新能源汽车车型目录〉（第二十七批）的公告》（工业和信息化部公告 2019 年第 45 号）

《中华人民共和国工业和信息化部 国家税务总局关于免征车辆购置税的新能源汽车车型目录（第二十八批）》（中华人民共和国工业和信息化部 国家税务总局公告 2019 年第 57 号）

《中华人民共和国工业和信息化部 国家税务总局免征车辆购置税的新能源汽车车型目录（第二十九批）》（中华人民共和国工业和信息化部 国家税务总局公告 2019 年第 62 号）

耕地占用税

《财政部 税务总局 自然资源部 农业农村部 生态环境部关于发布〈中华人民共和国耕地占用税法实施办法〉的公告》（财政部公告 2019 年第 81 号）

《国家税务总局关于耕地占用税征收管理有关事项的公告》（国家税务总局公告 2019 年第 30 号）

印花税

《国家知识产权局关于停止代征代缴印花税业务的公告》（国家知识产权局公告第 317 号）

《国家知识产权局关于恢复代征代缴印花税业务的公告》（国家知识产权局

公告第 326 号）

《国家税务总局关于发行 2019 年印花税票的公告》（国家税务总局公告 2019 年第 42 号）

资源税

《中华人民共和国资源税法》（中华人民共和国主席令第三十三号）

关税

《财政部关于利比里亚共和国籍的应税船舶适用船舶吨税优惠税率的通知》（财关税〔2019〕1 号）

《国家发展改革委 科技部 财政部 海关总署 税务总局关于发布 2018 年（第 25 批）新认定及全部国家企业技术中心名单的通知》（发改高技〔2019〕36 号）

《海关总署 国家市场监督管理总局关于〈报关单位注册登记证书〉（进出口货物收发货人）纳入"多证合一"改革的公告》（海关总署 国家市场监督管理总局公告 2019 年第 14 号）

《海关总署关于修订〈中华人民共和国海关进出口货物报关单填制规范〉的公告》（海关总署公告 2019 年第 18 号）

《海关总署关于增列海关监管方式的公告》（海关总署公告 2019 年第 20 号）

《海关总署关于实施综合保税区"四自一简"监管创新措施有关事项的公告》（海关总署公告 2019 年第 26 号）

《海关总署关于支持综合保税区开展保税研发业务的公告》（海关总署公告 2019 年第 27 号）

《海关总署关于支持综合保税区内企业承接境内（区外）企业委托加工业务的公告》（海关总署公告 2019 年第 28 号）

《海关总署关于境外进入综合保税区食品检验放行有关事项的公告》（海关总署公告 2019 年第 29 号）

《财政部 海关总署 国家税务总局关于 2019 年度种子种源免税进口计划的通知》（财关税〔2019〕7 号）

《国务院关税税则委员会关于中国－智利自由贸易协定项下部分进口货物适用协定税率的通知》（税委会〔2019〕8 号）

《海关总署关于公布〈海关认证企业标准〉财务状况类指标认定标准的公告》（海关总署公告 2019 年第 46 号）

《海关总署关于简化综合保税区进出区管理的公告》（海关总署公告 2019 年第 50 号）

《海关总署关于启用出境加工电子账册的公告》（海关总署公告 2019 年第 57 号）

《海关总署关于特许权使用费申报纳税手续有关问题的公告》（海关总署公告 2019 年第 58 号）

《国务院关税税则委员会关于对原产于美国的汽车及零部件继续暂停加征关税的公告》（税委会公告〔2019〕1 号）

《财政部 海关总署 税务总局关于调整部分项目可享受返税政策进口天然气数量的通知》（财关税〔2019〕12 号）

《国务院关税税则委员会关于调整进境物品进口税有关问题的通知》（税委会〔2019〕17 号）

《国务院关税税则委员会关于试行开展对美加征关税商品排除工作的公告》（税委会公告〔2019〕2 号）

《国务院关税税则委员会关于对原产于美国的部分进口商品提高加征关税税率的公告》（税委会公告〔2019〕3 号）

《海关总署 国家外汇管理局关于取消报关单收、付汇证明联和海关核销联的公告》（海关总署 国家外汇管理局公告 2019 年 93 号）

《海关总署关于海关行政审批网上办理平台启用电子印章的公告》（海关总署公告 2019 年第 106 号）

《财政部 国家税务总局 海关总署 商务部 文化和旅游部关于印发〈口岸出境免税店管理暂行办法〉的通知》（财关税〔2019〕15 号）

《财政部 海关总署 税务总局关于享受国有公益性收藏单位进口藏品免税政策的第三批国有公益性收藏单位名单的公告》（财政部 海关总署 税务总局公告 2019 年第 79 号）

《财政部 海关总署 国家税务总局关于第四批享受进口税收优惠政策的中资"方便旗"船舶清单的通知》（财关税〔2016〕40 号）

《海关总署关于执行〈鼓励外商投资产业目录（2019 年版）〉有关问题的

公告》（海关总署公告 2019 年第 125 号）

《国务院关税税则委员会关于对原产于美国的部分进口商品（第三批）加征关税的公告》（税委会公告〔2019〕4 号）

《国务院关税税则委员会关于对原产于美国的汽车及零部件恢复加征关税的公告》（税委会公告〔2019〕5 号）

《国务院关税税则委员会关于第一批对美加征关税商品第一次排除清单的公告》（税委会公告〔2019〕6 号）

《海关总署关于处理主动披露涉税违规行为有关事项的公告》（海关总署公告 2019 年第 161 号）

《海关总署关于简单案件快速办理有关事项的公告》（海关总署公告 2019 年第 162 号）

《财政部　海关总署　税务总局关于第二届中国国际进口博览会展期内销售的进口展品税收优惠政策的通知》（财关税〔2019〕36 号）

《海关总署关于调整优惠贸易协定项下进出海关特殊监管区域〔场所〕货物申报要求的公告》（海关总署公告 2019 年第 178 号）

《海关总署关于开展"证照分离"改革全覆盖试点的公告》（海关总署公告 2019 年第 182 号）

《财政部　工业和信息化部　海关总署　税务总局　能源局关于调整重大技术装备进口税收政策有关目录的通知》（财关税〔2019〕38 号）

《国务院关税税则委员会关于暂不实施对原产于美国的部分进口商品加征关税措施的公告》（税委会公告〔2019〕7 号）

《海关总署公告关于执行〈产业结构调整指导目录（2019 年本）〉的公告》（海关总署公告 2019 年第 196 号）

《海关总署　交通运输部　国家移民管理局关于统一通过国际贸易"单一窗口"办理主要申报业务的公告》（海关总署　交通运输部　国家移民管理局公告 2019 年第 197 号）

《财政部　海关总署　税务总局关于有源矩阵有机发光二极管显示器件项目进口设备增值税分期纳税政策的通知》（财关税〔2019〕47 号）

《国务院关税税则委员会关于第一批对美加征关税商品第二次排除清单的公告》（税委会公告〔2019〕8 号）

《海关总署关于发布〈海关统计贸易方式代码〉等5项海关行业标准的公告》（海关总署公告2019年第201号）

《国务院关税税则委员会关于2020年进口暂定税率等调整方案的通知》（税委会〔2019〕50号）

《财政部 海关总署 税务总局关于取消新型显示器件进口税收政策免税额度管理的通知》（财关税〔2019〕50号）

《财政部 科技部 发展改革委 海关总署 税务总局关于取消科技重大专项进口税收政策免税额度管理的通知》（财关税〔2019〕52号）

《海关总署关于取消报关企业和报关企业分支机构注册登记有效期的公告》（海关总署公告2019年第213号）

《海关总署关于全面推广"两步申报"改革的公告》（海关总署公告2019年第216号）

《海关总署关于精简和规范作业手续促进加工贸易便利化的公告》（海关总署公告2019年第218号）

《财政部等13部门关于调整扩大跨境电子商务零售进口商品清单的公告》（财政部 发展改革委 工业和信息化部 生态环境部 农业农村部 商务部 人民银行 海关总署 税务总局 市场监管总局 药监局 密码局 濒管办公告2019年第96号）

《国务院关税税则委员会关于调整部分本国子目注释的通知》（税委会〔2019〕51号）

《海关总署关于修订市场采购贸易监管办法及其监管方式有关事宜的公告》（海关总署公告2019年第221号）

《海关总署关于不再验核〈外商投资企业批准证书〉的公告》（海关总署公告2019年第226号）

《国务院关税税则委员会关于发布〈中华人民共和国进出口税则（2020）〉的公告》（税委会公告〔2019〕9号）

《海关总署关于执行2020年进口暂定税率等调整方案的公告》（海关总署公告2019年第227号）

《海关总署关于公布〈海关认证企业标准〉的公告》（海关总署公告2019年第229号）

《海关总署关于调整进出口货物报关单报文格式的公告》（海关总署公告2019年第232号）

综合

《财政部 税务总局关于实施小微企业普惠性税收减免政策的通知》（财税〔2019〕13号）

《国家税务总局关于增值税小规模纳税人地方税种和相关附加减征政策有关征管问题的公告》（国家税务总局公告2019年第5号）

《财政部 税务总局关于继续实行农产品批发市场 农贸市场房产税 城镇土地使用税优惠政策的通知》（财税〔2019〕12号）

《财政部 税务总局关于高校学生公寓房产税 印花税政策的通知》（财税〔2019〕14号）

《财政部 国家税务总局 中央宣传部关于继续实施文化体制改革中经营性文化事业单位转制为企业若干税收政策的通知》（财税〔2019〕16号）

《财政部 税务总局 退役军人部关于进一步扶持自主就业退役士兵创业就业有关税收政策的通知》（财税〔2019〕21号）

《国家税务总局 人力资源社会保障部 国务院扶贫办 教育部关于实施支持和促进重点群体创业就业有关税收政策具体操作问题的公告》（国家税务总局公告2019年第10号）

《财政部 税务总局关于延续供热企业增值税 房产税 城镇土地使用税优惠政策的通知》（财税〔2019〕38号）

《财政部 税务总局 证监会关于创新企业境内发行存托凭证试点阶段有关税收政策的公告》（财政部 税务总局 证监会公告2019年第52号）

《财政部 税务总局关于公共租赁住房税收优惠政策的公告》（财政部 税务总局公告2019年第61号）

《财政部 国家税务总局关于继续实行农村饮水安全工程税收优惠政策的公告》（财政部 税务总局公告2019年第67号）

《国家税务总局关于城镇土地使用税等"六税一费"优惠事项资料留存备查的公告》（国家税务总局公告2019年第21号）

《财政部 税务总局 发展改革委 民政部 商务部 卫生健康委关于养老、托育、家政等社区家庭服务业税费优惠政策的公告》（财政部 税务总局 发展改革委 民政部 商务部 卫生健康委公告 2019 年第 76 号）

《财政部 税务总局关于部分国家储备商品有关税收政策的公告》（财政部 税务总局公告 2019 年第 77 号）

《财政部 税务总局关于民用航空发动机、新支线飞机和大型客机税收政策的公告》（财政部 税务总局公告 2019 年第 88 号）

《财政部 税务总局 海关总署关于北京 2022 年冬奥会和冬残奥会税收优惠政策的公告》（财政部 税务总局 海关总署公告 2019 年第 92 号）

管理

《国家税务总局关于深入贯彻落实减税降费政策措施的通知》（税总发〔2019〕13 号）

《国家税务总局关于修改〈税务部门规章制定实施办法〉的决定》（国家税务总局令第 45 号）

《国家税务总局关于建立小微企业涉税诉求和意见快速响应机制的通知》（税总函〔2019〕40 号）

《国家税务总局关于 2019 年开展"便民办税春风行动"的意见》（税总发〔2019〕19 号）

《财政部 税务总局 人民银行关于进一步加强代扣代收代征税款手续费管理的通知》（财行〔2019〕11 号）

《国家税务总局关于取消一批税务证明事项的决定 国家税务总局令第 46 号国家税务总局关于公布已取消税务行政许可事项的公告》（国家税务总局公告 2019 年第 11 号）

《国家税务总局关于开展第 28 个全国税收宣传月活动的通知》（税总函〔2019〕85 号）

《国家税务总局关于印发〈优化税务执法方式全面推行"三项制度"实施方案〉的通知》（税总发〔2019〕31 号）

《国家税务总局 中国人民银行 财政部关于明确小微企业普惠性税收减免等政策退库办理有关事项的通知》（税总发〔2019〕40 号）

《国家税务总局关于坚决查处第三方借减税降费服务巧立名目乱收费行为的通知》（税总发〔2019〕44号）

《国家税务总局 国家发展改革委 财政部 国务院国有资产监督管理委员会 国家市场监督管理总局 国家档案局关于坚决查处第三方涉税服务借减税降费巧立名目乱收费行为的通知》（税总发〔2019〕49号）

《国家税务总局关于进一步做好减税降费政策落实工作的通知》（税总发〔2019〕54号）

《国家税务总局关于优化房地产交易办税方式的公告》（国家税务总局公告2019年第19号）

《国家税务总局关于深化"放管服"改革 更大力度推进优化税务注销办理程序工作的通知》（税总发〔2019〕64号）

《国家税务总局办公厅关于印发〈2019年税务系统政务公开工作要点〉的通知》（税总办发〔2019〕58号）

《国家税务总局关于加强新时代税务文化建设的意见》（税总发〔2019〕66号）

《国务院国有资产监督管理委员会 财政部 自然资源部 国家税务总局 国家市场监督管理总局关于中央企业公司制改制土地权属变更、企业清理注销等有关事项的通知》（国资发改革〔2019〕61号）

《国家税务总局关于修订〈纳税服务投诉管理办法〉的公告》（国家税务总局公告2019年第27号）

《国家税务总局关于实施便民办税缴费十条新举措的通知》（税总函〔2019〕223号）

《国家税务总局关于印发〈税务UKey技术规范〉的通知》（税总发〔2019〕81号）

《国家税务总局办公厅关于印发〈税收管理领域基层政务公开标准指引〉的通知》（税总办发〔2019〕65号）

《文化和旅游部 财政部 税务总局关于公布2018年通过认定动漫企业名单的通知》（文旅产业发〔2019〕94号）

《国家税务总局关于发布〈企业自建和第三方电子发票服务平台建设标准规范〉的通知》（税总发〔2019〕84号）

《国家税务总局关于公布取消一批税务证明事项以及废止和修改部分规章规范性文件的决定》（国家税务总局令第 48 号）

《国家税务总局关于实施第二批便民办税缴费新举措的通知》（税总函〔2019〕243 号）

《文化和旅游部产业发展司关于 2019 年动漫企业认定工作有关事项的通知》（文产发〔2019〕18 号）

《国家发展改革委办公厅 国家税务总局办公厅关于加强个人所得税纳税信用建设的通知》（发改办财金规〔2019〕860 号）

《国家税务总局关于印发〈开展税务证明事项告知承诺制试点工作方案〉的通知》（税总函〔2019〕266 号）

《国家税务总局关于 12366 纳税服务平台涉税专业服务模块上线运行有关事项的通知》

《国家税务总局关于印发〈自助办税终端管理办法〉〈自助办税终端业务规范（1.0 版）〉的通知》（税总发〔2019〕90 号）

《交通运输部 国家税务总局关于印发〈网络平台道路货物运输经营管理暂行办法〉的通知》（交运规〔2019〕12 号）

《国家税务总局办公厅关于坚持组织收入原则 确保减税降费政策进一步落地见效的通知》（税总办发〔2019〕76 号）

《国家税务总局关于进一步简化税务行政许可事项办理程序的公告》（国家税务总局公告 2019 年第 34 号）

《国家税务总局 中国银行保险监督管理委员会关于深化和规范"银税互动"工作的通知》（税总发〔2019〕113 号）

《国家税务总局关于纳税信用修复有关事项的公告》（国家税务总局公告 2019 年第 37 号）

《国家税务总局关于实施便利小微企业办税缴费新举措的通知》（税总函〔2019〕336 号）

《税收违法行为检举管理办法》（国家税务总局令第 49 号）

《国家税务总局关于修改〈税收规范性文件制定管理办法〉的决定》（国家税务总局令第 50 号）

《国家税务总局关于支持和服务长江三角洲区域一体化发展措施的通知》

（税总函〔2019〕356号）

《国家税务总局关于发布〈税务文书电子送达规定（试行）〉的公告》（国家税务总局公告2019年第39号）

《国家税务总局关于进一步简化企业开办涉税事项办理程序压缩办理时间的通知》（税总发〔2019〕126号）

《国家税务总局办公厅关于明确2020年度申报纳税期限的通知》（税总办函〔2019〕449号）

《科技部火炬中心关于印发〈科技企业孵化器评价指标体系〉的通知》（国科火字〔2019〕239号）

《科技部关于公布2019年度国家级科技企业孵化器的通知》（国科发火〔2019〕450号）

《国家税务总局关于进一步完善涉税专业服务监管制度有关事项的公告》（国家税务总局公告2019年第43号）

《国家税务总局关于开具〈无欠税证明〉有关事项的公告》（国家税务总局公告2019年第47号）

《国家税务总局关于税收征管若干事项的公告》（国家税务总局公告2019年第48号）

《国家税务总局关于进一步加强税务系统政府信息公开工作的通知》

行政收费

《财政部　自然资源部关于进一步明确矿业权出让收益征收管理有关问题的通知》（财综〔2019〕11号）

《国务院办公厅关于印发〈降低社会保险费率综合方案〉的通知》（国办发〔2019〕13号）

《人力资源社会保障部　财政部　税务总局　国家医保局关于贯彻落实〈降低社会保险费率综合方案〉的通知》（人社部发〔2019〕35号）

《国家税务总局关于认真落实降低社会保险费率政策的通知》

《财政部关于调整部分政府性基金有关政策的通知》（财税〔2019〕46号）

《财政部　国家发展改革委关于减免部分行政事业性收费有关政策的通知》（财税〔2019〕45号）

《国家税务总局关于调整部分政府性基金有关征管事项的公告》（国家税务总局公告 2019 年第 24 号）

《国家发展改革委 财政部关于降低部分行政事业性收费标准的通知》（发改价格规〔2019〕1931 号）

《财政部 国家发展改革委关于免征易地扶贫搬迁有关政府性基金和行政事业性收费政策的通知》（财税〔2019〕53 号）

《财政部 国家发展改革委关于同意收取和取消部分考试考务费有关事项的复函》（财税〔2019〕58 号）

《人力资源社会保障部办公厅关于实施中国－日本社会保障协定的通知》（人社厅发〔2019〕81 号）

《财政部 人力资源社会保障部 国资委 税务总局 证监会关于全面推开划转部分国有资本充实社保基金工作的通知》（财资〔2019〕49 号）

《政府定价的经营服务性收费目录清单》（国家发展和改革委员会公告 2019 年第 10 号）

《关于印发〈关于完善残疾人就业保障金制度更好促进残疾人就业的总体方案〉的通知》（发改价格规〔2019〕2015 号）

《财政部关于调整残疾人就业保障金征收政策的公告》（财政部公告 2019 年第 98 号）

《国家税务总局关于修订〈残疾人就业保障金缴费申报表〉的公告》（国家税务总局公告 2019 年第 49 号）